重庆大学出版社

主编 程然

中国传统文化十讲

ZHONGGUO CHUANTONG WENHUA SHI JIANG

内容提要

本教材共分十讲,第一讲为文化与中国文化的概述,其余各讲分别为服饰、饮食、科举、礼制、文学、艺术、哲学、宗教、语言文字与图书。在内容上注重知识性与趣味性相结合,既通俗浅易,又具有一定的理论深度,并为学生的拓展性学习提供了引导。本教材可作为高校通识性课程教材使用,适用于除文学、历史学之外其他各专业学生,也可作为教师参考用书。

图书在版编目(CIP)数据

中国传统文化十讲 / 赵昭主编. -- 重庆:重庆大学出版社, 2019.1(2024.1重印)

ISBN 978-7-5689-1399-7

Ⅰ. ①中… Ⅱ. ①赵… Ⅲ. ①中华文化 Ⅳ. ①K203

中国版本图书馆CIP数据核字(2018)第296166号

中国传统文化十讲

主 编 赵 昭

责任编辑:陈 力 夏 宇 版式设计:唐笑水
责任校对:万清菊 责任印制:张 策

*

重庆大学出版社出版发行

出版人:陈晓阳

社址:重庆市沙坪坝区大学城西路21号

邮编:401331

电话:(023)88617190 88617185(中小学)

传真:(023)88617186 88617166

网址:http://www.cqup.com.cn

邮箱:fxk@cqup.com.cn(营销中心)

全国新华书店经销

重庆愚人科技有限公司印刷

*

开本:787mm×1092mm 1/16 印张:15.25 字数:269千 插页:16开3页

2019年8月第1版 2024年1月第9次印刷

ISBN 978-7-5689-1399-7 定价:48.00元

前　言

文化是人类在社会历史发展过程中创造的物质财富和精神财富的总和，中国传统文化则是中华民族在数千年历史发展过程中创造和积累的优秀文化成果的总称。

党的二十大报告明确指出："中华优秀传统文化源远流长、博大精深，是中华文明的智慧结晶，其中蕴含的天下为公、民为邦本、为政以德、革故鼎新、任人唯贤、天人合一、自强不息、厚德载物、讲信修睦、亲仁善邻等，是中国人民在长期生产生活中积累的宇宙观、天下观、社会观、道德观的重要体现，同科学社会主义价值观主张具有高度契合性。"我们要把马克思主义思想精髓同中华优秀传统文化精华贯通起来，夯实马克思主义中国化时代化的历史基础和群众基础，让马克思主义在中国牢牢扎根。在党的二十大精神的指引下，我们编写了这部教材。

作为高校通识性课程的教材，我们力图在内容上明白浅易、深入浅出，力图做到学术性与通俗性的统一。中国传统文化内容丰富，涉及历史、地理、风土人情、传统习俗、生活方式、文学艺术、行为规范、思维方式、价值观念等方方面面。考虑到高校教学的实际情况，教材对内容做了取舍。全书分为十讲，从传统文化的不同领域分别选取一项内容，构成相对独立的一讲，十讲内容涵盖物质文化、制度文化和思想文化三个方面，由此形成对传统文化总体上的认识和把握。

在编写过程中，我们参考了诸多相关论著与教材，凡直接引用的都加注了出处。由于教材的编写性质，许多对我们有启发或被我们采用的说法并未一一注明，而统一列于参考文献和推荐阅读材料中，以便于读者参考，在此向所有对我们提供了帮助的文献作者表示感谢。

　　参加本教材编写的人员均为河南工业大学新闻与传播学院中文教研室的教师，具体分工如下：第一、三、八、十讲，赵昭；第二讲，黄蜜；第四讲，张超；第五讲，刘保庆；第六讲，李冰；第七讲，皇甫风平；第九讲，张雁泉。全书由赵昭策划并统稿，皇甫风平对全书做了审订和校对。

　　限于编者的水平，不妥之处在所难免，敬请专家、学者及使用该教材的广大师生提出宝贵意见。

编　者

目 录

参考文献

第一讲

文化与中国文化

学习目标

1.了解文化的定义与特征。

2.掌握中国文化的特点。

3.了解中国文化形成与发展的客观条件。

4.能够辨析传统文化中的精华与糟粕。

第一节 文化的定义与特征

一、"文化"界说

（一）"文化"一词的含义

文化是中国古已有之的概念，但古代汉语中"文化"一词，与今天文化的概念是有一定差距的。汉语中"文化"一词的现代含义是近代以来随着西学东渐而被赋予的，它是中国学者基于"文化"这个概念的传统解释，把它与西方语言，如英语中的culture对译的结果。我们学习中国文化，必须从本国的历史特点出发，要了解文化的含义，也有必要从它在汉语中最早的词义开始。

"文"与"化"两个字在甲骨文中分别写作"ᐅ"和"⺦"。可以看出，"文"是象形字，像交错的纹路，其本义为"纹"。"化"是会意字，两个"人"字并列，一个正立一个倒立，其本义为"变化"。

查中国古籍，"文"和"化"最初并未连用。《周易·系辞下》："古者包牺氏之王天下也，仰则观象于天，俯则观法于地。观鸟兽之文与地之宜……"这里的"文"指斑纹。《尚书·序》中"由是文籍生焉"则是指文字。《论语·雍也》称："质胜文则野，文胜质则史。文质彬彬，然后君子。"这里的"文"具有加工、修饰、造作的含义，如果"野"表示"自然状态"，"史"就是"人为状态"，相应的，质是人的先天素质，文是人的后天修养，两者完美结合才算得上真正的君子。

"化"的本意是变化、改变，有自然界的变化，也有人的变化。《老子》中"我无为而民自化"，指的是改变人类蒙昧状态的教化。佛教所谓"化人""化土"，古代中国所谓"化外"，都是教化的意思。

文和化最早的连用，是在《周易·贲卦》中，"文明以止，人文也。观乎天文，以察时变。观乎人文，以化成天下"。这里的天文指天道自然，人文指社会人伦，"文"与"化"尚未构成一个词。最早把"文"和"化"连在一起的是西汉学者刘向，他在《说苑·指武》中称："圣人之治天下也，先文德而后武力。凡武之兴，为不服也；文化不改，然后加诛。"这里，刘向所言的"文化"还不是一个整词，"文"指"文德"，与"武力"对应，"化"指教化。晋代束皙《补亡诗·由仪》称"文化内辑，武功外悠"。《文选》李善注曰："言以文化辑和于内，用武德加于外远也。"这里的"文化"已是一个整词，并且成为具有名词意义的概念。至于它的具体内容，唐孔颖达的解释为"诗书""礼乐"，宋程颐的解释为"礼俗"，清彭申甫的解释为"大而言之，则国家之礼乐制度；小而言之，则一身之车服，一家之宫室"。

概而言之，古汉语中文化的含义有两种理解：其一指历代统治者所施行的文治教化的总和；其二指文物典章、朝政纲纪、道德人伦和礼制风俗。总之，随着时代的发展，汉语中"文化"一词的含义与现代意义的文化有了不少相通之处。

西方语言中"文化"一词来自拉丁文 cultura，其原型为动词，有耕种、居住、练习、注意等含义，英文、法文中的 culture 一词也表示栽培、耕种的意思，后引申为对人的品德的培养、情操的陶冶，这就接近了中国古代"文化"一词"文治教化"的含义。中世纪晚期的欧洲，文化的含义逐渐偏向道德完美和心智或艺术成就。启蒙运动时期，法国启蒙思想家和德国古典哲学家把文化同人类理性的发展联系在一起，以此区别于原始民族的"不开化"和"野蛮"。18 世纪，法国启蒙思想家伏尔泰在《风俗论》中用"文化"来概括欧洲的文艺复兴运动，认为文化是一个不断向前发展的、使人得到完善的社会生活的物质要素和精神要素的统一。19 世纪下半叶到 20 世纪初，文化被看成人类精神现象——宗教、信仰、思维、心理、语言、艺术等的反映。

（二）文化的定义

近代以来，随着人类学、文化学的兴起，文化问题成为与人类命运相关的重大问题，"文化"这一概念受到越来越多的关注，其内涵也更加丰富。1952 年，美国著名文化人类学家克罗伯与克拉克洪曾对以往西方文化学研究进行了一次回顾，共搜罗到 164 种文化的定义。这一结果充分说明文化这个概念内容之丰富和外延之宽泛。受西方学术界影响，中国学者也曾掀起文化研究的热潮，不同学者给出的文化定义也是见仁见智、各有特色。

归纳起来，迄今所见的文化定义大致有四种类型：第一，成果论，认为一切人类创造的成果都是文化。如文化学奠基人泰勒在其《原始文化》中称："文化，或文明，就其广泛的民族学意义来说，是包括全部的知识、信仰、艺术、道德、法律、风俗以及作为社会成员的人所掌握和接受的任何其他的才能和习惯的复合体。"[1] 第二，能力论，即把文化解释为人类的能力。第三，精神论，即认为文化是人类的一种精神现象。第四，行为模式论，即认为文化是人类从社会中习得和传递的行为模式。[2] 不同类型的定义，分别从不同的侧面把握文化的本质，也为我们认识文化概念提供了不同的角度。

我国较权威的工具书《辞海》对文化的定义是：

> 从广义上说，指人类社会历史实践过程中所创造的物质财富和精神财富的总和。从狭义上来说，指社会的意识形态，以及与之相适应的制度和组织机构。

这个定义对文化作了广义和狭义的区分。广义文化是指人类创造的全部财富，强调了财富的历史性，今天的手机、电脑是文化，原始人类简陋的石制工具也是文化；现代科学是文化，先秦诸子也是文化。狭义文化则是指精神财富部分，意识形态是其核心。广义文化着眼于人的创造能力，着眼于人类区别于自然的生存方式，把社会历史生活的全部都纳入文化的概念。狭义文化则专注于人的精神创造活动及其成果，所谓意识形态其实可分为基层和高层，基层意识形态是政治思想和政治制度，是经济基础的集中表现；高层意识形态包括哲学、文学、艺术、宗教等内容，与经济基础保持一定的距离，因而具有较强的独立性。

广义文化和狭义文化的区别在于是否包括人类创造的物质财富。其实人类文化很难将物质创造和精神创造截然分开，一切形态存在的创造物都凝聚着创造者的思想、观念、智慧和技巧。

知识链接

钟敬文对文化含义的界定

要讨论文化的种种问题，必须先大略弄清楚什么是文化。对这个术语，许多学

---

①爱德华·泰勒.原始文化[M].连树声，译.上海：上海文艺出版社，1992:1.
②曹锡仁."文化"概念辨说[J].海南大学学报：社会科学版，1990（1）：64-68.

者只把文学、艺术、哲学、伦理、宗教等算作它的内容；有的学者定得宽泛些，包括科学、技术、语言等在内。也有的学者定得非常狭隘，只限于文艺或某些学说（如孔孟哲学、宋元理学之类）。总之，大家对于"文化"这个古老词语改变出来的新术语的含义，在理解上彼此颇为分歧。……我认为：在这个问题上，我们与其沿用某些哲学家、思想史家或文化史家等的文化概念，倒不如采用现代一般人类学者（文化人类学或社会人类学者）所使用的概念更为合适些。自然，人类学者的文化定义或范围，彼此也不是完全一样，但是大体上是相同或比较接近的，这种定义的特点就是范围广泛。凡人类（具体点说，是各民族、各部落乃至于各氏族）在经营社会生活过程中，为了生存或发展的需要，人为地创造、传承和享用的东西，大都属于文化范围。它既有物质的东西（如衣、食、住、工具及一切器物），也有精神的东西（如语言、文学、艺术、道德、哲学、宗教、风俗等），当然还有那些为取得生活物资的活动（如打猎、农耕、匠作等）和为延续人种而存在的家族结构以及其他各社会组织。①

（三）文化的构成

文化，从本质上来说是人类区别于自然的生存方式，这类似于中国古代学者所言的"人禽分际"。如果说人类早在茹毛饮血的时代就开启了"人猿揖别"的历程，那么随着文明的不断发展，人与自然的区别越来越大、越来越多，这是文化包罗万象、丰富多彩的原因。那么，这个内涵丰富的文化其结构是怎样的呢？关于这个问题，有物质文化、非物质文化两分说，物质、制度、思想（或称文化心理）三层次说，物质、制度、习俗、思想与价值四层次说，物质、社会关系、精神、艺术、语言符号、风俗习惯六大子系统说，等等。这里，我们介绍三层次说。

1. 物质文化

所谓物质文化，就是指人类创造的各种器物，是人的物质生产活动及其产品的总和，是物质形态的文化事物。物质文化是为了满足人类的生存需要，直接反映人与自然的关系，反映人类对自然的认识、改造、利用的能力和深入程度，反映社会生产力的水平。它主要包括两大类，一是人类为日常生活的衣、食、住、行而创制的各种产品、器物和设施，二是人类为生产劳动而创制的各种工具和工程。

---

① 钟敬文. 话说民间文化 [M]. 北京：人民日报出版社，1990:35.

2. 制度文化

所谓制度文化，是指人类在社会实践过程中建立的各种社会组织和社会规范。人类在创造物质财富的同时，还创造了一个属于人类自己、服务于自己，同时也约束自己的社会环境，创造出一系列处理人与人相互关系的社会规范。人之所以能结成群体和社会，正是因为有大家共同认可与遵循的规范。这个规范可分为两大类：一类是人为制定的，包括经济制度、政治制度、法律制度、家族制度、婚姻制度等；一类是约定俗成的，即风俗或民俗。民俗是自发形成、主要靠自觉遵守的社会规范，是具有鲜明的民族、地域特色的行为模式。古代中国由于特殊的社会历史条件，还有一个超越了民俗的社会规范，即礼制。古代社会的礼制对各地民俗都有很强的制约性，一旦二者发生矛盾必须移风易俗。因而，中国虽因地域辽阔而"十里不同风，百里不同俗"，却拥有统一的中国文化，形成了统一的中华民族。

3. 思想文化

所谓思想文化，是指人类在长期社会实践和意识活动中化育出的价值观念、审美情趣和思维方式。这是文化的核心，也称文化心理。文化心理可分为社会心理和社会意识形态两个层次。社会心理指人们的精神状态和思想面貌，是未经理论加工和艺术升华的大众心态，如人们的诉求、愿望、情绪等，它受到物质文化和制度文化的制约。社会意识形态是经过加工的社会意识，它经过文化方面的专家对普遍的社会心理进行理论归纳、逻辑整理或艺术加工与完善，并形成物化的形态，如学术著作或文艺作品，再播于四海，传之后世。

文化的这三个层面是有序排列的，物质文化是最外层，制度文化是中间层，思想文化是最里层。我们对一个文化做整体认识的时候也是由表及里、循序渐进的。在近代的中西文化碰撞中，中国人最先认识到的西方文化的优势在于其"坚船利炮"，由此开启了洋务运动。甲午战争的失败使中国人认识到君主立宪制的优越，因此尝试变法维新。到新文化运动时期，中国学者已认识到中国人在文化心理方面与西方人的不同，如中国人讲天人合一，倡导与自然和谐相处，西方人则通过认识自然来征服自然。

同时，文化的三个层面都不是独立存在的，而是相互关联的。社会规范和思想观念的形成都受到人的物质生活条件与方式的制约；各种人造器物也都反映社会规范及人们的审美观念。因此，当我们学习物质文化成果时，不仅要了解器物的形制与功用，还要注意它所承载的时代的、社会的观念；当我们学习古代思想文化成果时，也要关注造成这种观念的客观物质生活。

二、文化的特征

一般来说，我们讲一个事物的特征是指它与其他事物相比较的差异性，但这里所说的文化的特征，并不是文化与非文化的差异。我们是讲中国文化的，因此，这个文化的特征指的是站在民族文化的立场与角度分析和认识文化需要关注的要点。

（一）文化的民族性

文化的民族性是指不同民族文化的差异性，也是文化在一个民族内部的共享性。文化的民族性源于文化的生成机制，不同地区的不同民族由于其生存环境的差异，他们为自己族群生存而创造的文化也必然具有不同的特征。例如，坎儿井只会出现在干燥少雨的沙漠而不可能出现在雨量充沛的海岸和陆地；因纽特人居住圆顶屋室、以狗拉雪橇、使用皮筏等文化特点，完全是由北极高寒气候决定的；中国人有"身体发肤，受之父母，不敢毁伤"的观念，但古代吴越地区的男子却断发文身，因为他们常年在水中劳作，短发较为方便，在身上文上龙纹，则是为求得图腾祖先的保佑。

文化民族性的重要表现是对外来文化的排斥性。一个民族的固有文化传统越是悠久，越根深蒂固，对外来文化的排斥越强烈。因为，每个民族对外来文化的接受都是有选择的，最容易接受的是具有直观利益的物质文化，当文化的交流进入深层时，便会发生冲突，清康熙年间的礼仪之争便是这种冲突的体现。从明中期开始，来自西方的传教士把欧洲的科学知识带到中国，征服了部分中国的士大夫，天主教也因为早期传教士较为灵活的传教方式吸引了一些中国人，有证据表明，徐光启、李之藻生前都已皈依天主教。康熙年间，罗马教廷下令禁止中国的教徒敬天、祭祖和祭孔，康熙帝从中调停、耐心解释无果，遂断然下令禁止天主教在华传播。

民族性是文化的重要属性。一个民族是否存在取决于这个民族的文化是否存在并得以传承，历史上几乎没有一个民族是从肉体上被彻底消灭的，民族的消亡都是文化的消亡。曾经强盛一时的匈奴、契丹等民族已退出历史舞台，但这并不表明他们在肉体上消失了，而是他们在民族融合的过程中逐渐放弃了本民族的文化传统，融入到了其他民族之中。犹太民族之所以能够历经数千年的坎坷，在离开故园近 2 000 年后重新建国，正是因为他们无论处在哪个民族文化的汪洋大海中都保存着自己的民族文化，书写希伯来文、信奉犹太教、恪守犹太民族的道德规范和生活习俗。因此，在今天世界范围的文化大交流中，保存和捍卫本民族的文化传统，从而维护世界文化的多样性是我们面临的重要课题。

从文化本身的特点而言，民族性与普同性是并存的。人类虽有种族、肤色的区别，但都有着相同的生命结构和身体机能，都经历着相同的生命过程；人类生活的不同地区的生态环境千差万别，但都能满足人类生存的需要，因而都具有某种共性。这是文化普同性的基础。文化普同性的特征在人类文明的早期表现得更为明显，"由于人类起源只有一个，所以经历基本相同，他们在各个大陆上的发展，情况虽有所不同，但途径是一样的，凡是达到同等进步状态的部落和民族，其发展均极为相似"。① 但与普同性特征相较，文化的民族性或内部共享性对人类的生存与发展更具有不可或缺的意义。具体表现在以下几个方面：

首先，民族性带来人类文化的多样性。不同的国家、不同的民族往往拥有不同的物质生活方式和生产方式，由此形成不同的社会制度和行为模式，以及不同的社会意识和文化心理，从而形成整个世界多姿多彩的文化面貌。而各民族之间的文化交流则是推动世界文化发展的重要动力。即使在同一个国家内的不同区域，其文化面貌也会有不同的特征。中国是一个多民族国家，汉族和55个少数民族都有自己独具特色的民族文化。汉民族因人口众多，生活区域极为广阔，在历史上也形成了三秦文化、三晋文化、燕赵文化、齐鲁文化、吴越文化、楚文化、巴蜀文化、中原文化、岭南文化等诸多区域文化。不同民族、不同地区的文化共同构成了丰富多彩的中国文化。

其次，内部共享性是民族内部凝聚力的基础。一个民族内部的成员总是共享一套价值观念和行为准则，人们在相互理解中获得一种情感和文化的认同，每个人的生活都因此而被赋予了意义。这种文化的内部共享性成为民族内部凝聚力的基础和民族文化向前发展的动力。中国文化是以占主导地位的汉民族的农耕文化为主体的，虽有地域性的差别，但从古至今的中国人都共享一套中华民族的价值观念，由此使分散于天南地北的中国人都具有强烈的民族认同感，形成强大的民族凝聚力。

再次，内部共享性有利于打破种族界限。文化是后天习得的而不是通过生物遗传获得的，因此，在同一文化环境中成长的不同种族的人就会共享一套价值观和行为模式。可见，人与人之间的主要差异不是种族与体质的，而是文化的。例如，李白出

---

① 路易斯·亨利·摩尔根. 古代社会：上 [M]. 杨东莼，等，译. 北京：商务印书馆，2009：5.

生于西域地区的碎叶城，且有胡人血统，但他自幼随家族内迁之后就生活在中国文化的环境中，受的是中国文化的教育，他的作品也成为汉语言文学的经典。种族的特征是人类对环境气候的生物学适应，并通过遗传方式传递，它与文化差异无关。文化的内部共享性特征使不同种族共享同一文化体系，这在某种程度上有利于打破种族的界限，使不同的族群能相互理解和沟通。

（二）文化发展的不平衡性

文化发展的不平衡性有两个方面的表现：首先，历史上不同的国家或民族，文化的发展不是齐头并进的，而是有差别的，在某个特定的历史时期，总有一些民族的文化发展水平是先进的，而另有一些民族处于相对落后的地位。其次，在一个国家或民族内部，构成其民族文化的各个方面不是均衡发展的，有些文化成果是先进的，有些则是相对落后的。

经验证明，民族文化越是独立地发展，其间的差异就越大。这些差异可以表现在社会制度、思维方式、生产和生活方式、宗教、文学艺术、风俗习惯等社会生活的各个方面，在与外来文化接触时会显现出"高"与"低"的差别。文化水平的高低，最根本的决定因素是物质生产水平，即生产力的发展水平。一般来说，社会经济形态处在较高阶段的民族，其文化水准也高，政治体制、科学技术、思想文化都处在相对较高的水平。但在整个世界文化的发展进程中，一个民族文化的领先或落后是暂时的而不是永恒的，不同的民族在不同的历史时期往往是交替领先的。对每一个民族来说，在领先的时候不能骄傲自满、故步自封；在落后的时候也不能自暴自弃，产生民族虚无主义情绪，这才是对待文化的正确态度。

文化的发展具有错综复杂性，它常常是不规则的，一个民族在某个历史时期，其文化的某些方面可能取得巨大的成就，而在另一些领域则未能取得突破性发展。古代印第安人从野生植物中培育出了几十种作物，如马铃薯、玉米、番茄、辣椒等。这些作物传播到世界各地，对人类文明做出了巨大的贡献，但其社会形态却始终停留在原始部落阶段，在西方殖民者入侵之前，印第安人的社会生活仍未脱离此种状态。民族文化的发展受各种客观因素的制约，一个内陆国家的造船业和航海业不会发达，一个矿产资源匮乏的国家的采矿业和冶金业也不会居于领先地位。文化成果的产生也与特定的历史背景相关，希腊史诗艺术的伟大成就正如马克思所说，"只有在艺术发展的不发达阶段上才是可能的"，它们"仍然能够给我们以艺术享受，而且就某方面说还是一种规范和高不可及的范本"。①后世的西方虽"江山代有才人出",却无法创造出能与《伊利亚特》和《奥德赛》相媲美的史诗艺术。中国历史上在春秋战国时期出现了"百家争鸣"的局面,秦以降,我们缔造出了令后世景仰的两汉盛世、大唐盛世等盛世王朝,却很难重现那个思想文化最具创造力的时代。

由此可见,经济发达程度是衡量文化水平高低的重要因素,但却不是唯一因素。或者说文化发展的总体水平和各不同领域的发展水平并不完全一致。经济发达的民族,其文化的某些成分可能是落后的;经济落后、文化总体水平相对较低的民族也会有先进的文化成果。中国人很早就懂得了这个道理,赵武灵王胡服骑射,汉武帝学习匈奴建立骑兵,都是在向文化水平相对落后的民族学习。

(三)文化交流的必然性

由于世界上各国家、民族和地区文化发展的不平衡所造成的差异性,彼此的交流是必然的。文化的传播和交流也是促使文化发展的重要因素。

由于人类早期文明发展的相似性特点,一些上古时期的文化成果我们很难归功于某个民族,如火的使用、轮子的使用,再如原始巫术、图腾崇拜、原始艺术等。但随着文明的生长与扩张,当不同文化区域的人们开始频繁与稳定地接触的时候,文化交流就成为一个民族发展自身的重要途径。7世纪,日本实行大化改新,以唐帝国为样板建立天皇制的封建国家,其经济制度和政治制度均效仿唐朝。近代以后日本学习欧洲,第二次世界大战之后又学习美国,至20世纪60年代跻身发达国家行列,可以说日本历史上每一次对外来文化的学习和吸纳,都使自己的文化水平完成了一次超越。国家间、民族间如此,一个国家内部也往往通过区域文化的相互交流而发展。春秋时期的吴国立足于江南一隅却能够称霸中原,就是因为吴文化不保守,对外来文化有强大的融合、吸纳能力。吴国的强大正是因为它广泛汲取了其他文化的优势,包括以孙武为代表的齐文化和以伍子胥为代表的楚文化。秦汉以降,吴地成为统一中国的一部分后,每一次中原动乱,都给它一个吸收中原文化的机会,宋代民谚称"苏常熟,天下足",说明此时吴地的经济发展水平已超过了中原地区。明代以后,吴地又接受西方科技文化,兴建新式学堂,培养新型人才,使这一地区的经济发展始终居于前列,这都和吴文化开放、包容的精神分不开。

---

①中共中央马克思恩格斯列宁斯大林著作编译局.马克思恩格斯选集:第二卷[M].北京:人民出版社,1972:113-114.

通过文化传播和交流，先进的科学技术被更多的民族享用。中国人发明了造纸术和活字印刷术，今天世界上每个地方的人都在领受这一发明的惠泽。借助这一成果，欧洲中世纪的羊皮纸、古代两河流域的泥版、埃及的纸草、印度的贝叶经都可以变成精美的图书，它已成为世界文化的一部分而不再为中国人所独享。

文化交流是一个复杂的过程，它不是文化成果在不同民族之间的简单传递，文化传播的过程也是文化成果发展的过程。中国人发明的活字印刷术使用的是陶活字和木活字；13世纪末，朝鲜半岛的高丽人将它改造为铜活字；15世纪，德国人古腾堡将其改造为铅活字并发明了印刷机，由此带来了西方的媒体革命。历史上许多伟大的文化成果，都是凝聚了多个民族的聪明才智。同时，文化成果的输出者也会成为文化传播的受益者。16世纪末，葡萄牙人占据澳门，被西方人改造的印刷术又输回到中国，至19世纪，上海出现了最早的西式汉文铅印活字设备。人类文明的水平能发展到今天这样的高度，文化交流在这个发展过程中的作用至关重要。

第二节　中国文化的特点

分布于世界各地的不同民族，由于不同的自然环境和客观条件，创造了各自不同的文化，形成了不同的文化传统。历史上，不同民族之间的经济、文化交流从未中断过，因此，每个民族的文化都不同程度地受到其他文化的影响。在文化交流的过程中，有些民族逐渐放弃了自己的文化传统，融入其他的民族。世界上至今尚存的民族文化都具有自身鲜明的特点。中国文化博大精深、丰富多彩，与其他民族文化相比较，其特点是多方面的，我们这里讲几个重要的方面：

一、历史悠久，世代沿袭，从未中断

对中国人来说，中国文化的历史悠久是一个常识，我们常用"上下五千年"的说法来形容其久远。其实，与世界上其他一些古代文明相比，中国文化算不上最久远的。两河地区的楔形文字和古埃及的象形文字的产生年代都可以上溯到

5 000 年以上，而我们能看到的中国最早的文字——甲骨文只有 3 000 多年。但中国文化在世界主要古代文化中，是唯一未曾发生过中断的。两河文明、古埃及文明、古印度文明等古代文明在历史上曾盛极一时，但由于内部和外部的各种原因，都发生了中断。

汉字是中国文化从未发生过中断的有力证据。世界上的上古文字几乎都是表意文字，都具有象形的特征，但当今世界的主要通行文字几乎都是字母文字，唯有汉字作为表意文字依然保持象形的特征。中国的甲骨文和两河地区的楔形文字、古埃及的象形文字有一段大致相同的历史，在漫长的古代史上都曾被历史的尘埃封存上千年，在近代才重见天日。不同的是，楔形文字和古埃及文字出土之后，专家学者们耗费了数十年甚至上百年的时间才将其破译，它和当地的现有文字完全是两个系统。而甲骨文出土之后随即便可以释读，其中一些较为简单的字，即便是没有任何甲骨文知识的中国人也能一眼认出，因为它和我们今天的汉字是一脉相传的。

中国文化自唐虞以来便自成系统，其发展过程虽有曲折，但从未中断过。汉以降，佛教等外来文化对中国的文化传统形成了一定的冲击，但中国文化的核心精神，如"敬天法祖"的观念从未更改过，也没有因受外来宗教的影响而发展成为一种宗教。比中国文化历史更悠久的古埃及文明，自公元前 7 世纪开始，先后被亚述、波斯、马其顿和罗马帝国征服，4 世纪，随着罗马帝国的分裂，埃及被并入东罗马帝国的版图，并且成为当时世界上重要的基督教国家。到 7 世纪中叶，埃及被阿拉伯人占领，至 12 世纪，已普遍使用阿拉伯语，皈依伊斯兰教，延绵数千年的古埃及文明几经波折，最终被阿拉伯文明取代。

中国文化历经数千年从未发生中断，首先是由于中国文化在历史上的领先地位，在同其他民族文化的交流中能始终处于较高的位置，汉族政权可以被异族用武力征服，但征服者的最终选择仍是融入中国文化。所谓"宋亡之后无中国，明亡之后无华夏"的说法完全是不了解中国的历史和文化的结论。其次是因为中国文化强大的生命力和适应能力，在不同的历史条件下都能找到新的增长点，不断发展自身以适应时代。黑格尔在比较各个文明古国之后说，"只有黄河、长江流过的那个中华帝国是世界上唯一持久的国家"。①

---

① 黑格尔. 历史哲学 [M]. 王造时，译. 上海：上海书店出版社，2001:117.

二、对外来文化有极强的包容和融汇能力

所谓包容能力是指中国文化有宽阔的胸怀，它能够宽容地对待外来文化，能与之和平相处，而不是采取排斥的态度。所谓融汇是指中国文化不保守，而是非常善于吸收外来文化的因素。中国文化发展的过程就是一个不断吸收外来文化、不断丰富和发展自己的过程，而在这个吸收的过程中，中国文化始终没有丧失自己的民族性。

公元70年，罗马军队攻陷耶路撒冷，犹太人被迫离开圣城、圣地，从此开始了近2 000年的漂泊，但散居于世界各地的犹太人始终保持着自己的文化传统。一个地区的犹太人可能人数很少，但他们之间会坚持讲希伯来语，使用希伯来文字，信仰犹太教。北宋时期，一支犹太人来到都城汴京，并在此定居，这支犹太人至今仍有后裔生活在开封，但他们已不懂希伯来文，也不再是犹太教徒。犹太民族能保存至今是个奇迹，它表现了这个民族的坚毅。在漫长的中世纪，分布在世界各地的犹太人都备受歧视。在欧洲，犹太人不能与当地居民住在同一个社区，而是被隔离在特定的区域，并且有一道高高的隔离墙把犹太社区和当地居民社区分开，这道"墙"直到拿破仑大军横扫欧洲时才被推翻。只有中国人宽容地接纳了他们，这种宽容反而让他们放松了防范和戒备心理，在共同生活的过程中渐渐接受了中国文化。

知识链接

开封犹太人

开封犹太人来自何处？

开封犹太人的发现和在华西方传教士密不可分。1605年，传教士利玛窦无意中结识了中国犹太人艾田，发现了开封的犹太社团，这一发现随即震惊了西方，成为学术研究长期的热点。

早在北宋时期，一批来自波斯的犹太人通过丝绸之路来到首都东京，即今天的开封。据史料记载，他们曾向北宋进贡西洋布，深得皇帝欢心，于是诏其"归我中夏，遵守祖风，留遗汴梁"，也就是说，皇帝允许犹太人在中国自由居住、迁徙、就业、就学、参加科举考试、参与土地买卖，既可以保持原来的宗教信仰，也可以与汉族

通婚。

不仅如此，皇帝还赐予他们 17 个汉人姓氏，其中主要有 7 个大姓：赵、艾、李、张、石、金、高，另包括源出张姓的章姓，总共八大家族。值得注意的是，这些姓氏与他们原来的犹太姓氏也有语音上的相似，这也在一定程度上尊重了他们的个体身份，比如，"李"来自"列维"（Levy），"石"来自"示巴"（Sheba），"艾"来自"亚当"（Adam），其中赵姓，则是中国宋代皇帝的赐姓。不要小看这些中文姓氏，它们极大地帮助这些犹太人融入中国社会。[①]

中国文化因其包容，所以有海纳百川的胸怀，能够吸纳其他民族文化的因素来发展自己，因而具有很强的融汇能力。中国文化的包容和融汇能力是由中国文化产生和发展的过程决定的。所谓中国文化本身就不是单一的，其发生就是多元的，它在上古时代的发展也主要是通过文化融合实现的。传说中的炎帝和黄帝是黄河中游地带的两个部落首领，曾战于河北涿鹿城东的阪泉，炎帝战败，两个部落合并。之后，黄帝又打败了以蚩尤为首领的黄河下游的九黎族部落。炎帝、黄帝和蚩尤的传说，反映了中国上古文化通过战争相互融合的事实，而这一事实现已被考古发掘证明，位于中原地区的仰韶文化晚期有与位于今山东地区的大汶口文化交流的情况。

关于中国文化的起源，学术界有多种说法，但各种说法都否定了中国文化一元发生的观点。苏秉琦先生提出了关于古代文化的"区系类型理论"，把中国古代文化划分为六个区域：陕豫晋邻境地区、山东及邻省一部分地区、湖北和邻近地区、长江下游地区、以鄱阳湖—珠江三角洲为中轴的南方地区、以长城地带为重心的北方地区。他强调各地区的古代文化以各自的特点和途径发展，在这个过程中，"中原给各地以影响，各地也给中原以影响"。[②] 严文明先生则提出中国史前文化具有不同层次的结构，呈现出"重瓣花朵"式的向心结构，而甘青、山东、燕辽、长江中游、江浙五个第二层次的文化区围绕处于核心地带的中原文化区，并被分布在更外围的第三层次的文化区所环绕。[③] 总之，中国文化在发生阶段是一个多元一体的结构，"多

① 杨梦 . 开封犹太人从哪来？ [N]. 澎湃新闻，2016-04-04.
② 苏秉琦，殷玮璋 . 关于考古学文化的区系类型问题 [J]. 文物，1981（5）：10-17.
③ 严文明 . 中国史前文化的统一性与多样性 [J]. 文物，1987（3）：38-50.

元"是指它在中国所在的这片广袤的东亚大陆上多点开花，"一体"则是指它自发生之初便相互交流与融合，共同构成统一的中国文化。这种多元一体的构成不仅使中国文化在内容上丰富多彩，同时也使其较其他文化更具包容性，因而降低了它对其他文化的排斥性。

三、在内容上重伦理道德，尚贤人政治，重民本政治

中国人的伦理道德是以血缘关系为基础的道德规范，处在血缘关系不同位置上的人所要遵循的道德规范是不同的，如《礼记·礼运》所称："何谓人义？父慈，子孝，兄良，弟弟，夫义，妇听，长惠，幼顺，君仁，臣忠，十者谓之人义。"中国古代的农业经济是以家庭为单位的自给自足的小农经济，因此古代社会的基本细胞是家庭或家族，由此形成的整个社会结构是家国同构的。国是放大了的家，家是缩小了的国，没有血缘关系的人们之间的关系也是仿照血缘关系来规范的。在古代中国，君为君父，臣为臣子；地方行政长官为父母官，其治下的百姓则为子民；老师称师父，学生为弟子；国民则互称同胞。讲究血缘关系，则人必有长幼、远近、尊卑的差异，身份、地位不同的人共处一个家庭或家族就需要有和睦的人际关系，因此中国人重视和谐社会的建设。而在西方，人与人之间的契约关系重于血缘关系，因而西方人更注重社会公德，社会公德是对所有的人一视同仁的社会规范。基督教认为，所有的人都是上帝创造的，都是上帝的子民，所以西方社会没有中国式的忠孝观念，也无长幼尊卑的区别，讲究人人平等。

中国的贤人政治从本质上讲就是人治，它是与法治相对而言的，中国自秦统一之后形成的专制集权的政治制度是人治道路发展的必然。我们不能抽象地论人治与法治的优劣，古代中国选择人治的政治模式是历史的必然，也是符合中国国情的选择。理想的贤人政治有两个特点：首先，领导者要以身作则，以榜样和表率作用统领万民，孔子说，"政者，正也。子帅以正，孰敢不正"，又说，"其身正，不令而行；其身不正，虽令不从"，表达的就是这个意思。其次，作为领导者要注意选用贤才，这个"贤"包含了德和才两方面的含义，还要广泛听取和采纳各种意见和建议，尤其是与自己的初衷相悖的意见，做到"兼听则明"。

中国古代的民本思想从本质上讲就是以人为本的思想。上古时代为神灵崇拜的时代，人们对于人与神之间关系的重视要高于人与人之间的关系。由于中国特殊的历史发展进程，人本思想较早地得到了确立。西周初年的统治者，吸取了商王朝覆灭的

历史经验教训，悟出了"天命靡常，惟德是辅"的道理，更注重德政建设，通过"制礼作乐"构建和谐的人际关系，由此标志着人本思想成为治理国家的基本理念，它也成为中国理性时代的发端。相比之下的西方，在古希腊时代，奥林匹斯山上的众神的旨意高于一切，到了中世纪更形成基督教一统天下的局面。西方的人本主义思想到了近代才出现，经过文艺复兴、宗教改革和启蒙运动这三次伟大的思想解放运动，才冲破神学的束缚。而中国文化始终是以人为本的，宗教神学的传入并未动摇它的地位。古代中国的人本思想表述为以民为本，如《尚书·五子之歌》称"民惟邦本，本固邦宁"，孟子说，"民为贵，社稷次之，君为轻"。不可否认的是，古代的民本思想带有强烈的封建色彩，它与近代意义的以人为本是有差别的。

第三节　影响中国文化形成与发展的环境因素

　　一个民族文化的特点不是随意产生的，也不是人主观意志决定的，而是要受到各种环境因素的综合影响。环境因素主要是自然的，同时也包括人文的。要正确理解中国文化的特点，就需要我们了解影响其形成与发展的客观环境。

一、适合于发展农业的自然环境

　　世界上的上古文化按照其生产方式可分为三种类型：农耕文化、游牧文化和工商业文化。中国文化是农耕文化的代表，中国人选择农业的发展道路也是客观条件使然。中国文化的核心发源地为黄河中下游地区，这里是黄土高原和黄土冲积的平原，土质较为疏松，使用简单的生产工具即可完成清除天然植被和开垦耕种的劳作。中国位于欧亚大陆的东端，太平洋的西岸，季风带来的太平洋上空的暖湿气流形成充足的降雨。中国的大部分地区处在中纬度，气候温和，且雨热同季，温度和水分条件配合良好，由此为发展农业提供了适宜的条件。从黄河中下游地区向西、向北，降雨量渐次减少，当年降雨量不足 400 毫米时，就不适于发展农业了。因此，从中国的东北到西北，再向西到西域和中亚的广泛地区就成为游牧民族的天下。今天的学者经过对气象观测数据的统计，从中国的东北到西南划出一条线，称"400毫米等雨线"，线的东南一侧农业茂盛，西北一侧则游牧发达，这条"等雨线"有相当长的一段与中国的长城高度重合。汉唐时代，汉族政权统治的区域已达到了长城以外，因此长城并非古代中国的国界，但它的确是农耕业和游牧业的分界线，也曾经是农业民族捍卫自己领地的防线。希腊文化是工商业文化的代表。希腊文化诞生于希腊半岛、爱琴海诸岛和小亚细亚半岛的西岸，与孕育了中国文化的大河流域、沃野千里相比，这里地小山多、海岸曲折、岛屿密布，冬季多雨、夏日干爽的地中海气候有利于橄榄、葡萄的生长。狭小的地域、可耕地的匮乏，使希腊人无法选择农业或游牧业，但与两河文明、埃及文明比邻的地理优势则便于发展海外贸易，橄榄油和葡萄酒正是早期重要的大宗出口商品。

古代中国以农业立国，历代封建政府都奉行重农主义的基本国策，数千年的农业经济形成中国人特有的思想观念和文化心理。农业使中国人聚族而居，安土重迁，由此形成强烈的家庭观念和乡土情结，中国特色的春运高峰就是这种观念和情结在当今社会的反映。农业可以自给自足，求发展需要向内用力而不是向外扩张，且发展农业需要安定的社会环境，因此，中国人历来爱好和平。农业生产需要付出艰辛的劳动，且因受制于自然规律，财富增长的速度较为缓慢，由此形成了中国人吃苦耐劳、脚踏实地、兢兢业业的文化性格。

二、地域广阔的大陆

世界上的主要古代文明大多以大河为依托，如古埃及文明依托于尼罗河，两河文明依托于幼发拉底河与底格里斯河，古印度文明依托于印度河与恒河，只有古希腊文明例外。传统上中国人称黄河为中华民族的母亲河，因为黄河中下游地区诞生了中国的上古文明，而近些年的考古研究证明，长江流域也是中国早期文明的诞生地，因此长江也是我们的母亲河。大河不仅为早期人类提供了生活用水，更提供了农田灌溉用水，两河地区的文明就是通过修造灌溉工程产生的。但中国文明与其他文明有一个明显的差别，它所依赖的不是黄河、长江的干流，而是其周边众多的支流、河曲、湖泊和湿地，由此极大地扩展了早期人类生活的区域。可以说，上天给予了中国的古代先民更多的恩赐，在中国文化诞生的这片土地上适合人类生存的区域极为广阔。

中国虽地域辽阔、地形复杂，但各区域之间并没有天然的屏障形成隔绝，而是有各种沟通的渠道。首先，众多的河流如血脉一般将整个大陆联系在一起，黄河、长江贯穿中国的三大阶梯，沟通中国的东西，汉水与淮河又将这两条大河联系在一起。

中国历史上不同时期的交通水利工程更大大拉近了各地区之间的距离，如春秋时吴国修建邗沟以连接淮河与长江；战国时魏国开凿鸿沟引黄河入颍水以通淮河；秦统一之后开凿灵渠引湘入漓，进而沟通了长江与珠江两大水系，使自中原至江南再至岭南的通道形成。其次，中国虽山岭众多，但无论多么险峻的地势都存在一些天然通道，因此，几乎没有一个地方是没有发生过人群交流的，而且这些交流很早就已经开始了。新疆是离内地最远的区域，过去人们把开通丝绸之路的功绩归于汉代的张骞，其实，中原地区与新疆所处的西域之间的经济文化交流比张骞"凿空西域"要早得多。1976年，在河南安阳殷墟发掘的商代妇好墓中共出土玉器755件，经专家鉴定，其中的大部分为来自新疆的玉料。今天，学术界也把丝绸之路的前身称为"玉石之路"。据战国时的作品《穆天子传》记载，西周的第五代天子周穆王曾驾着八匹马拉的车，经华山和西北到中亚会见西王母。《穆天子传》虽有很强的神话色彩，但它记载的许多地名，今天都能找到确切的位置，说明并非完全虚构。除了天然通道外，历史上还通过人工建筑来跨越天然的屏障，如战国时秦国在秦岭和大巴山区修筑栈道，军队可以从关中直达四川盆地。

地域广阔的大陆赋予中国文化多元一体的特征，形成中国文化宽广的胸怀，造就了中国文化的丰富多彩、博大精深。它还带给中国人"天下""四海之内皆兄弟"的观念，也使中国文化有一个更宽阔的发展平台和更大的回旋余地。中国文化从未发生过中断是各种因素造成的，其中的环境因素非常重要。历史上，每当强悍的游牧民族进入中原时，黄河流域的汉族政权和中原文化人群可以南渡至长江流域，不仅使政权在一定时间内得以延续，更重要的是文化成果得到了完整的保存和延续。

第四节　正确对待中国传统文化

文化是一个生生不息、不断发展变化的过程，每个民族的文化都有发生、发展的历史，都有它的昨天、今天和明天。所谓中国传统文化，就是中国文化的昨天，具体来说，就是 1840 年鸦片战争之前的中国文化。今天的我们应该怎样看待我们民族文化的昨天，应该以什么样的态度、什么样的方式对待它，这不仅是如何评价过去的问题，也是如何走向未来的问题。

一、近代以来对待传统文化的认识

在漫长的古代史上，中国文化以其独特的优越性长期处于世界文明的前列，在与周边民族的文化交锋中也几乎毫无例外地成为最终的文化征服者。这种历史状况使中国人对自己的民族文化充满自信心和自豪感，这种自豪感与天下之中、天朝大国的观念一起延续了上千年。但近代以来，在西方坚船利炮的淫威和西方文化的大量输入面前，中国传统文化的弱点和缺陷暴露无遗。西方的强大，中华民族日益加深的民族危机，中西文化的明显差异，引发人们对中国文化进行反思，在如何看待中国文化的价值和前途方面产生了种种认识。

洋务运动的领袖们最早提出了"中体西用"说，即以中国传统文化为治国之本，以西方先进的科学技术与文化为辅助物，具体来说，就是在维护清王朝封建统治的前提下，学习西方的先进科学技术，建立造船、铁路、通信、矿山等现代企业，兴办西式教育，以此来救亡图存。但甲午战争的失败说明，这个办法不可能挽救国家和民族的危亡，这个公式也不能为中国文化找到真正的出路。后来，作为这一观点的修正或补充，又有"西体中用""中西互为体用"等观点出炉，其谬误大致类同。

新文化运动中，一些激进的思想家提出"打倒孔家店"的口号，主张彻底否定以儒家文化为核心的中国传统文化。与此相联系，胡适、陈序经等人又提出了"全盘西化"论。胡适曾撰文称他的"全盘西化"是文化的充分世界化，即遵循民主与科学的原则去认识中国传统文化，进而改造它。但这个观点显然忽视了文化的民族属性，没有民族化就没有世界化。这种"全盘西化"论在 20 世纪 80 年代又曾喧嚣一时，有些人不仅全盘否定传统文化，要全方位引进西方文化，尤其是在社会政治经济制度上要全盘西化，甚至提出"中国要当三百年殖民地方能走上现代化"的观点。我国改革开放以来在经济建设方面取得的巨大成就已彻底否定了这一观点。"全盘西化"论是民族虚无主义理论，不仅在理论上是完全错误的，实践上也行不通。五四时期，一些守旧文人与"打倒孔家店"相对抗，提出了"保存国粹"和"儒学复兴"的口号，主张"全盘继承"，这就走向了另一个极端。与"全盘西化"相对应，这一派的观点被称为"国粹主义"。鲁迅先生对此种倾向给予尖锐的讽刺，"只要从来如此，便是宝贝。即使无名肿毒，倘若生在中国人身上，也便'红肿之处，艳若桃花；溃烂之时，美如乳酪'。国粹所在，妙不可言"。①

总体来看，近代以来在对待传统文化的态度上虽有诸多观点，但基本可分为三类：全面否定、全面肯定和折中。应该说，每一种观点都有其产生的社会历史条件，作为一种学术观点的提出，也都反映了学者们对传统文化的深入思考。毛泽东同志曾经说过："中国的长期封建社会中，创造了灿烂的古代文化。清理古代文化的发展过程，剔除其封建性的糟粕，吸收其民主性的精华，是发展民族新文化提高民族自信心的必要条件；……我们必须尊重自己的历史，决不能割断历史。"② 这段话清楚地告诉了我们正确对待中国传统文化应当持有的态度，即取其精华，去其糟粕。

二、中国传统文化的精华与糟粕

中国传统文化博大精深，值得吸取的精华很多，这里仅从思想道德教育方面，总结出如下几点：

第一，宽厚仁爱，推己及人。对人宽容厚道，关爱他人，以他人为重，形成和谐的人际关系，是中华民族传统美德的重要方面。孔子提出"仁者爱人"，"己所不欲，勿施于人"；孟子提倡"老吾老，以及人之老；幼吾幼，以及人之幼"。

第二，爱国主义精神。中华民族素有爱国主义的优良传统。伟大诗人屈原为表示对祖国"虽九死其犹未悔"的信念投汨罗江以身殉国；民族英雄岳飞被母亲刺字"精忠报国"以明志；明末清初著名学者顾炎武提出"天下兴亡，匹夫有责"。

第三，崇高的责任感、使命感。这是中国传统文化中的宝贵财产。宋代学者张载提出"为天地立心，为生民立命，为往圣继绝学，为万世开太平"；范仲淹提出"先天下之忧而忧，后天下之乐而乐"；明末东林党人在那首名联中说"家事、国事、天下事，事事关心"。

第四，坚贞的节操。中国传统文化中，十分重视节操的陶养。孔子说："三军可夺帅也，匹夫不可夺志也。"孟子认为："富贵不能淫，贫贱不能移，威武不能屈，此之谓大丈夫。"文天祥写下"人生自古谁无死，留取丹心照汗青"的诗句坦然面对死亡。

---

① 鲁迅. 鲁迅全集：第一卷 [M]. 北京：人民文学出版社，1956：394.
② 毛泽东. 毛泽东著作选读 [M]. 北京：人民出版社，1986：398.

第五，积极进取精神。在中华民族的历史上，到处都闪耀着积极进取精神的光芒。《周易》称："天行健，君子以自强不息。"屈原曰："路曼曼其修远兮，吾将上下而求索。"荀子提出"制天命而用之"，司马迁立志"究天人之际，通古今之变"，都是这种进取精神的体现。

第六，注重人格修养。这是作为伦理型中国传统文化一个突出的特点。孟子主张"养吾浩然之气"，即通过不懈的修养和锻炼，使自己具备伟大而崇高的精神力量。周敦颐以莲花"出淤泥而不染，濯清涟而不妖"喻高尚美好的情操。修养的方法有"内省"，如曾子"吾日三省吾身"，还有"慎独"，即在独处时也要按照道德规范要求自己。

第七，虚心好学精神。孔子强调"学而时习之""学而不厌""敏而好学，不耻下问"，提倡"知之为知之，不知为不知"，主张"三人行，必有我师焉"，甚至"朝闻道，夕死可矣"，即只要能够学到真理哪怕很快就死也心甘情愿。

中国传统文化经历了漫长的封建时代的发展，必然打上那个时代的烙印，存在许多与民主和科学的现代精神相悖的糟粕。

第一，复古保守。儒家的"克己复礼"就是典型的表现。孔子把春秋以来的社会变革视为"礼崩乐坏"，把恢复和完善西周的礼制作为自己孜孜以求的事业。西汉董仲舒继承了孔孟复古保守的思想，反对变革，主张"天不变，道亦不变"。这种思想倾向每每在社会变革的历史时期成为阻碍社会发展的逆流。

第二，消极无为。道家学说中突出表现了消极无为、小国寡民的思想和主张。老子的社会政治理想是"邻国相望，鸡犬之声相闻，民至老死不相往来"，为了这种理想社会，人类应当放弃已有的文明成果。

第三，纲常名教。董仲舒提出"三纲五常"之说，作为封建宗法家族制基础上的专制主义的理论依据，宋明理学家进一步提出"存天理，灭人欲"的反人道主张。这种封建的纲常名教是 2 000 多年来束缚人们思想和行为的巨大罗网，是阻碍社会进步的沉重枷锁。

第四，重义轻利。孔子称"君子喻于义，小人喻于利"；孟子更趋于极端，说"何必曰利？亦有仁义而已矣"；董仲舒则提出"仁人者，正其道不谋其利，修其理不急其功"。这种把义和利截然对立起来的思想不利于社会经济的发展。

第五，重道轻器。中国传统文化重视修身养性、道德文章，排斥科学思想和实用技术。在这一价值取向的驱使下，中国的知识分子往往"皓首穷经"，将全部精力和智慧投入满纸仁义道德的儒家经典中，鄙视自然科学知识，把科技发明视为"奇技淫巧"，甚至视为异端而加以攻击和排斥。这一价值取向是造成中国近代科学技术落后的重要原因之一，无疑也是与现代化的要求格格不入的。①

当然，对于传统文化的精华与糟粕不能机械地看待，两者不是截然分开的，而是相互交织与融合的，甚至是一个事物的两个方面。因此继承和弘扬传统文化是一项艰巨的任务，任重而道远。

三、学习中国传统文化的方法

学习中国传统文化有助于我们更深刻地认识我们民族自身，有助于更准确地把握我们当前的国情，有助于增强民族自尊心、自信心、自豪感，有助于更好地把科学精神和人文精神结合起来，有助于我们创造中华民族更美好的明天。同时，一个民族文化的传承是这个民族所有成员不可推卸的历史使命，要完成这个使命就需要我们通过行之有效的学习，对自己的文化有充分的认识和了解。

在学习中国传统文化的方法上，要做好三个方面的结合：

第一，历史梳理和逻辑分析相结合，也就是我们通常说的史论结合。中国文化历经数千年的发展和积淀，内容非常丰富，我们需要对它的发展脉络有一个清楚的了解。同时，也需要在丰富多彩、纷繁复杂的文化现象背后寻找规律。只有把历史的方法和逻辑分析的方法结合起来，我们的认识才能够深入，才能真正把握中国文化的核心。

第二，书本学习和社会考察相结合。中国文化的内容，多半记录在各种古代典籍当中。研读这些典籍，尤其是其中有经典意义的作品，是学习中国文化的必然途径。同时，中国文化的许多要素也以非文本的方式存留于我们的社会生活中，如我们今天的道德规范，以及节庆、婚丧等民间习俗，仍大量保存着传统文化的内容。我们需要拓展自己的视野，在生活中留心、留意，把社会考察和书本知识结合起来，互相比照和印证，对生生不息的中国文化有一个动态的、全面的了解。

第三，批判继承与开拓创新相结合。中国传统文化是中华民族数千年历史的积淀，是先辈留给我们的宝贵遗产。我们没有任何理由拒绝这份遗产，否定历史、苛求

---

① 关于传统文化的精华与糟粕，参照赵洪恩，李宝席. 中国传统文化通论 [M]. 北京：人民出版社，2003：11-13.

前人、站在历史的高度嘲笑古人都是不可取的态度。同时，我们也不能囿于前人的认识，因循守旧、故步自封只会窒息文化的生命。中国文化不仅需要我们去传承，更需要我们弘扬与发展，我们需要批判地继承前贤的成就，与时俱进、开拓创新，中国文化才能不断发展，我们才能无愧于先辈，无愧于历史。

思考题

1. 怎样理解文化是人区别于自然的生存方式？

2. 文化的三个层面分别包含什么内容？相互之间是怎样的关系？

3. 根据自己的经历和体验谈谈中国文化在内容上的特点。

4. 学习中国传统文化的意义是什么？

推荐阅读材料

1. 钱穆. 中国文化史导论 [M]. 北京：商务印书馆，1994.

【推荐理由】国学大师钱穆先生毕生致力于探索中国历史和文化的主要精神及其现代意义，对文化的含义和中国文化的特点均有独到的见解。

2. 陆挺，徐宏. 人文通识讲演录：文化卷 [G]. 北京：文化艺术出版社，2007.

【推荐理由】本书为国内诸多知名学者参加东南大学的人文学术讲演活动——"人文大讲座"的讲演稿汇编，内容包括文化与中国文化、传统与现代、中学与西学、中国文化与全球化等。另外，该系列丛书的历史卷、文学卷等也值得一读。

第二讲

中国传统的服饰文化

学习目标

1.了解服饰的产生与作用。

2.掌握中国传统服饰的基本形制和演变过程。

3.掌握中国传统服饰所反映的等级制度。

服饰是人类文化的重要组成部分，是人类创造出的独有的生活方式，极大地促进了人类的发展。中华民族的传统服饰是中华民族在不同时代的生活习俗、社会制度、审美情趣及精神风貌的外在体现。

第一节 中国传统服饰的产生与作用

服饰出现在人类社会发展的早期，远古时代的中国人把周边能找到的各种材料做成粗陋的"衣服"，用以护体。最初的衣服是用兽皮制成的，而包裹身体的最早"织物"是用麻、葛等植物纤维制成的。在原始社会，中国人就开始了简单的纺织生产——采集野生的植物纤维编织后做成衣服。随着农牧业的发展，纺织原料渐渐增多，制作服装的工具由简单到复杂不断发展，服装用料品种也日益增加。织物的原料、纺织技术决定了服装形式，粗糙坚硬的织物只能制作结构简单的服装，有了柔软、细薄的织物才有可能制出复杂而有轮廓的服装。中国传统的服装用料主要有麻、丝绸和棉布，其中最能代表中国文化特色的传统服装——丝绸服装的出现，使中国成为举世瞩目的丝绸之国。

服饰是人类生活的基本需求，主要有以下三大功能。

一、防护

服饰的起源与实用有关。在原始社会时期，人类学会了直立行走，手与脚的功能开始发生明确分工。当人类学会使用火来取暖，体毛逐渐退化，服饰也应运而生。服饰的出现抵御了寒冷，保护了身体，墨子说："故圣人之为衣服，适身体和肌肤而足矣。"（《墨子·辞过》）

服饰的功能首先是防护，包括御寒、防晒和护体。"服装的产生，还可能是出于猎捕猛兽、应付战争的需要，为避免利爪与矢石的伤害，或出于伪装与威吓，人们向某些有鳞甲与甲壳的动物学习，即所谓'孚甲自御'办法。"①服饰的这种防护功能从古至今都没改变过，比如，古代的鲜卑族和满族的上衣袖口都比较窄，是为了方便骑射；即使是汉人将帅出征时所着戎装也是束袖口，而且前后都有护身铁甲。

另外，中国的传统服饰还有象征意义上的防护，比如给婴儿做虎头鞋、虎头帽，认为能除恶魔保平安；端午节时给幼儿缝绣有"五毒"（蝎子、蜈蚣、蛤蟆、蛇、壁虎）图案的肚兜，据说穿上能以毒攻毒。

二、审美

服饰的另一功能是审美。穿衣装扮是一种精神行为，它能展现人的精神风貌，唤起人对生活的美好向往，满足人们的审美诉求。服饰的美化作用不仅是审美的需求，也是礼仪的需要，在参与社会活动时，着装美观得体既是对别人的尊重，也是对自己的尊重。不同时代的人们穿着不同的服饰展现了不同的审美追求。古代中国人的着装大都宽衫大袖，这种服饰完全是基于缓慢的生活节奏和方式。到了现代，人们的生活节奏加快，宽袍大袖不再适合快节奏的生活方式，人们对服饰的要求除了实用外，还要求以外在的形式美展现各自的个性特点。

三、标志

服饰还具有标志功能，这种功能从古代一直延续至今。在中国古代封建等级制度下，衣冠服饰突破了原来的实用与美化功能，成为区分尊卑、显示身份的一种标志，中国传统服饰的存在意义就从纯粹实用、审美的意义层面上升到了社会学意义的层面。可以说，服饰就是身份的标志，所谓"簪缨之族"和"黔首布衣"即是以服饰来区分社会等级。高官显贵、生于钟鸣鼎食之家的人肥马轻裘，生活极尽奢侈，而庶民百姓则短褐穿结，箪瓢屡空。在中国封建时代的工商业者，即使家财万贯也不能穿丝质的衣服，这是那个时代等级制度的规定。至今，服饰的标志功能仍然存在，许多职业都有特定的职业装，如军人、警察、医务工作者、厨师等，其着装都有明显的职业特征。另外，现今服饰的标志功能还可以传递个人信息，如戴戒指，不仅是财富的象征，还可以表明已婚或独身。

---

① 沈从文. 中国古代服饰研究 [M]. 上海：上海书店出版社，2002:3.

知识链接

衣着得体

所谓的衣着得体是从礼仪的角度出发对一个人着装的评价。生活中的着装不能简单地等同于穿衣，要和着装人的自身阅历、修养、审美情趣、身材特点相结合，并根据不同的时间、场合、目的，力所能及地对自身的服装进行精心的选择、搭配和组合。在各种各样的场合，尤其是正式场合中，衣着得体的人不仅能体现仪表美，更能增加交际魅力，给人留下良好的印象。所以，衣着得体也是社会人应具备的基本素养。

第二节　中国传统服饰的基本形制及其演变

形制就是形状和款式。中国传统服饰有着相对成熟的形制，并形成了相对完整的形制体系。当然，中国传统服饰形制随着时代变化也在发生着演变。

中国传统服饰形制主要包括头衣、体衣、足衣等部分。

一、头衣

头衣，又称元衣、首服等，是古代中国对帽子的统称。

在先秦文献中没有"帽"这个字，古人所谓的冠、冕、弁、巾等相当于现在帽子的几个种类，总称为头衣。古时的冠、冕、弁、巾有着明显的等级差异，冠、冕、弁是贵族所戴的头衣，而庶人是在头上裹头巾。先秦时期，冠和巾有严格的区别，"二十成人，士冠，庶人巾"（《释名·释首饰》）。贵族弟子到了 20 岁时举行"士冠礼"，加冠；而庶人弟子 20 岁成人，戴的是巾。

（一）冠

冠是贵族到一定年龄必戴的头饰，也是贵族区别于平民的标志。古时的冠与现

图 2.1 西周人形铜车辖（洛阳庞家沟西周墓出土）

代的帽子外观有极大的差别，不像现代的帽子把头顶全部罩住，而是用冠圈罩住梳于头顶的发髻（图 2.1）。冠圈上有冠梁从前到后固定于头顶之上，冠圈上还有两根带子，叫作"缨"，可以在额下打结，打结后垂下的部分叫"緌"。冠的主要作用是固定头发，同时也是一种装饰。冠是成人的标志，因而也是贵族男子的常服，该戴冠而不戴者是"非礼"的。古人十分看重戴冠，凡入朝参拜、祭祀、参加婚礼等正式场合必须戴冠，以表示态度严肃和尊重他人，即使在平时也不能披头散发。《左传》记载，鲁哀公十五年（前 480 年），卫国发生内乱，孔子的弟子子路在与人格斗中被砍断了系冠的缨，他说："君子死，冠不免。"在激烈的战斗中放下武器"结缨"，结果被人杀死。我们从其迂执的行为中可以看出冠对于"君子"的重要。《史记·汲郑列传》载，汉武帝休闲时接见亲近大臣，有时不戴冠，但每当汲黯求见则"不冠不见"，因为汲黯极其严肃认真，敢于当面批评皇帝的不礼行为。《后汉书·马援传》载，马援未做官时，"敬事寡嫂，不冠不入庐"。可见不仅是帝王将相，就连一般有教养的士人，也以不冠为不礼貌之举。

（二）冕与弁

冕是古代帝王、诸侯、卿、大夫所戴的礼帽，也是他们在参加祭典等重大活动时所戴的等级最高的礼冠。冕的上方是一长方形木板，叫作"延"，延覆在头上，延的前后各用五彩丝绳挂着一串串小玉珠，叫作"旒"，旒的多少代表官职等级的高低。先秦时，天子十二旒，诸侯九旒，上大夫七旒，下大夫五旒。汉代以后只有皇帝才能戴有旒的冕，"冕旒"成了皇帝的代称和象征，所以王维在《和贾至舍人早朝大明宫之作》中有这样的诗句："九天阊阖开宫殿，万国衣冠拜冕旒。"

弁也是古时贵族所戴的比较尊贵的冠，为男子穿平常礼服时所戴。吉礼之服用冕，通常礼服用弁。弁有爵弁、皮弁两种，爵弁是没有上延的冕，颜色似雀头，所以又叫"雀弁"。皮弁用白鹿皮做成，在鹿皮的缝合处缀有一行行闪光玉石，用于田猎战伐。

（三）巾

巾也称帻、帻巾，是庶民成年后在梳于头顶的髻上包的一块布。巾的颜色一般是黑色或青色的，最早是地位低微的庶民、仆役所戴。到了秦代唯庶民服巾的传统礼制被打破，尤其是西汉以后，上至皇帝下至庶民皆可服巾。据史书记载，三国时期的袁绍、诸葛亮、关羽等人皆戴巾。东汉末年张角聚众起义，起义者全部头戴黄巾，成为历史上著名的"黄巾起义"。那时不同身份的人戴不同颜色的巾，文吏戴青巾，武吏戴赤巾，卑贱者戴绿巾。巾的戴法是用纱或绢包在头上，系在脑后打成耳状结，文官长耳，武官短耳。魏晋南北朝时期士大夫很崇尚束巾，并以戴巾为雅尚，此时巾的戴法发生了改变，出现了四方巾，两个巾角向前系住发髻，另两个巾角在脑后系结自然下垂，称为"幞头"。到唐代，巾的形制发生了很大变化，人们将铜丝或硬的薄片夹于纱内，使原本下垂的幞脚向左右两边展开，成为硬脚幞头。到宋代，幞头已成为男子的主要头衣，上自皇帝，下至百官，除祭祀、隆重朝会需服冠冕之外，一般都戴幞头。幞头的形制，也和前代有明显的不同，官宦多用直脚，仆从、公差或身份低下的乐人多用交脚或曲脚。幞头内衬木骨，或以藤草编成巾的内里，外罩漆纱，称作"幞头帽子"。因幞头所用纱罗通常为青黑色，故也称"乌纱"，后世俗称"乌纱帽"。

二、体衣

穿在身上的衣服称"体衣"，分为上衣和下衣。上衣叫衣，下衣叫裳。

《周易·系辞下》称："黄帝、尧、舜垂衣裳而天下治。"从古代典籍和出土的陶俑可知，上衣下裳是中国最早的服装形制，这一形制在商周时期就已经形成。《释名·释衣服》曰："凡服，上曰衣。衣，依也，人所依以芘寒暑也。下曰裳。裳，障也，所以自障蔽也。"

（一）商周先秦时期的上衣下裳与深衣

"衣"为缝有袖筒，前开式的上衣。其衣领有两种，一种是交领，即衣领左右相交；另一种是直领，即两侧领子平行地垂直下来左右不相交。古代上衣的衣襟是与衣领相对应的部分，交领的衣襟向右掩的称为右衽，向左掩的称为左衽。汉服上衣的主要特点是交领右衽，在右边腋下用细带系紧，而少数民族的服装多为左衽，当时的人们认为左衽是落后的、不开化的民族的着装。孔子曾说，"微管仲，吾其被发左衽矣"（《论语·宪问》），表扬管仲辅佐齐桓公的尊王攘夷之功。"夷"是指当时的北方少数民族，披发左衽是他们的习俗，而管仲辅佐齐桓公成功抵御了当时北方少数民族对中原地区的侵扰，保护了周王室与诸侯国，所以孔子说这句话表扬他。由此可知汉人束发右衽的衣冠形制在孔子心目中的重要地位。汉服中的襟正好在胸前的位置，今成语"正襟危坐"一词即指敛正衣襟端正地坐着。因为衣襟正当胸部，所以汉语中有"胸襟""襟怀"等词语。袂指衣袖，也是汉服中的重要部分。汉服衣袖一般都长而肥大，和当时少数民族服装的窄袖形成鲜明对比。古人的上衣外面要系带，有大带和革带之分，大带用以束衣，革带用以佩物，革带不直接系在身上而是系在大带上。汉服的上衣按其长短分为深衣与裋褐，深衣为衣连裳，长度及足部。它用途很广，贵族以深衣为便服，而庶人则以深衣为礼服，以裋褐为便服。裋褐之"裋"即短的意思，"褐"是用粗毛混杂粗麻织成的劣等衣料，当时的贫民也被称为"褐夫"，《诗经·七月》有"无衣无褐，何以卒岁"。周时御寒的衣服有裘和袍，裘是皮衣，袍是有夹层的长袄，天气冷的时候可在夹层中加填充物增强保暖性。周代的贵族穿轻裘，而贫民则穿裋褐。

商周时期的下身服装被称作裳。裳不是裤子，而是类似裙子的下体服装，男女都穿。最早的裳由前后两片面积大小一样的布料组成，后来裳有了一定的发展变化，《仪礼·丧服》郑玄注："凡裳，前三幅，后四幅也。"由此可知古时的裳一般由七幅布帛组成，前面三幅，后面四幅，穿有带子，系于腰间，成筒状，与现在的裙子相似。古代下体服饰还包括系在裳之外的蔽膝。《方言》："蔽膝，江淮之间谓之袆……自关东西谓之蔽膝。"这是一种长及膝部的服饰，是一块长方形的布，其形制与现在的围裙类似而稍窄，而且长度一定要遮住膝盖。所谓"束带系韍"中的"韍"即为蔽膝，它不是直接围到腰上，而是系到大带上，起装饰作用。《诗经·采菽》中提到过"韍"："赤韍在股，邪幅在下。"（邪幅类似后世的绑腿）郑玄为这首诗作的注说，"韍，大古蔽膝之象"，生动地解释了蔽膝与远古时期人们用兽皮遮盖有一定的关联（图2.2）。

图2.2　商代奴隶陶俑（安阳小屯村出土）

先秦时庶人服劳役时不穿裳，而穿裤或绔。春秋战国以前的裤被称作"绔"，也叫"胫衣"，是一种无裆裤，只有两个独立的裤筒套于腿上，上端有绳系于腰间。到了春秋战国时期，出现了类似今天的裤子，被称为"裈"。这种有裆裤曾出现在《战国策》中，《战国策》记载赵武灵王为方便作战，要求士兵穿着胡人的短上衣、长裤子，从而提高了军队的作战能力，可以说这是中国服饰史上的第一次变革。后来一些古典文献上提到的"穷绔"，其形制与现在的裤子差不多。《汉书·外戚传》记载："左右及医皆阿意，言宜禁内，虽宫人使令皆为穷绔，多其带。"服虔注："穷绔，有前后裆。"颜师古注："即今绲裆袴也。"除了长裤，汉代也有短袴，即裤裆缝合的短裤，这种短裤也为平民百姓所穿，名为"犊鼻裈"，意为这种短裤的两个裤筒是短而粗的，像牛犊的鼻子。

除了上衣下裳制外，衣裳连属制也是中国古代流行的服装形制。春秋战国时期，社会处于大动荡、大变革时期，而这一切也带动了服饰的变革。对周代的上衣下裳服装形制变革的结果，就是深衣作为服装的主流款式开始在社会上流行，并从此成为人们广泛穿着的一种服装。深衣是将上衣和下裳相连缝合为一个整体的服装，其上下整个贯通，用不同色彩的布料作为边缘，因其"被体深邃"故而称作深衣。深衣的特点是长度能遮蔽全身，袖口很宽大，交领右衽，背后有一条直缝贯通上下，腰间系上大带，总体呈现出飘逸、空灵、典雅的美感。深衣在人们的生活中发挥了多种作用，《礼记·深衣》云其"可以为文，可以为武，可以摈相，可以治军旅"。正是由于深衣具有这样的特点，所以被广泛地用作礼服和常服。当时，诸侯、士大夫以及有身份的人除祭祀活动以外，其他场合都穿深衣。对贵族来说深衣是常服，而庶民则把深衣作为礼服来穿用。春秋时期的深衣大多是用白色细麻布做成的，战国以后则多以彩帛来制作，领、袖、襟、裾等部位通常都以彩锦作缘边。汉代主要通行深衣，按衣裾绕襟与否，分为两种，一种是曲裾，另一种是直裾（见彩图），流行于不同的年代，男女皆可穿。从春秋战国到秦及西汉，一直流行曲裾深衣。深衣的出现，大致显示了中国传统服饰的定型，后世的中国传统服饰一直以袍服为基本款式。从汉代的袍服、魏晋南北朝的杂裾垂髾（shāo）服、隋唐时代的长裙、明清时代的长衫长袍等，都与深衣有着一脉相承的渊源关系。

知识链接

司马相如与犊鼻裈

犊鼻裈因司马相如而出名。《史记·司马相如列传》中记载了司马相如和新寡的卓文君相爱，为了让卓文君的父亲卓王孙接受他，他"令文君当垆"，就是让卓文君在闹市卖酒，而自己则"自著犊鼻裈，与保庸杂作，涤器于市中"。犊鼻裈古代为贫贱劳作者所穿，而司马相如在市场上大穿犊鼻裈，是为了显其贫贱让卓王孙出丑。果然，卓王孙为了不再丢面子，接受了女儿的再婚。

（二）民族服饰的融合与新潮发展

魏晋南北朝时期，中国社会内部分化加剧，由于战乱，北方文化、西域文化与汉族文化互相碰撞、融合，使得中国服饰文化进入一个胡汉交融、新潮发展的时期。这一时期，胡服的一些特点被吸收进汉族服饰中，如胡服中的窄袖、紧身、圆领等样式逐渐出现在汉人的服饰中。与此同时，受先进的汉文化的影响，北方少数民族纷纷推行了汉化运动，他们仰慕汉族衣冠服饰，北朝甚至形成了"群臣皆服汉魏衣"的状况。三国时期的汉服与汉代基本相同，但到了魏晋，汉族服装日趋宽博，成为风气，并一直影响到南北朝服饰。那时上自王公名士，下及黎庶百姓，都以宽衫大袖、褒衣博带为尚。据记载，到南朝刘宋，衣袖之肥是"一袖之大，足断为两；一裾之长，可分为二"（《宋书·周朗传》）。这种宽松、肥大的服装款式，与当时人们寻仙访道、服食丹药的生活方式相呼应，也与当时文士的放浪形骸、超越洒脱密切相关。

隋唐时期是中国封建社会的鼎盛时期，经济繁荣，政治稳定，文化艺术繁荣昌盛，造就了独特的开放浪漫风格的服饰。尤其是唐代各民族交往频繁，文化交流融合成为一大趋势，这一特点体现在服饰上即为不管是官服还是民间流行的胡服，都呈现出兼容并蓄、绚丽多彩、新潮开放的特点。这一时期男子的常服是幞头、袍衫、长靴（图2.3）。唐代的袍衫与前朝略有不同，式样为圆领、右衽、窄袖，领、袖、裾均无缘边。这种袍衫主要受到胡服影响，又与汉族的传统服饰特点相结合。唐代妇女的服饰是历代女性服饰中的佼佼者。唐代的女装颜色鲜艳，造型雍容华贵，配饰富丽堂皇，主要由裙、衫和帔（相当于现在的披肩）组成，长裙拖地，衫的下摆裹在裙子里，肩上加帔。唐代以丰满为美，因而服装宽松，并喜欢以色彩艳丽的罗纱做衣料。这种装扮使唐朝女装形成袒胸、裸臂披纱等极为开放的服饰风格。

图2.3 唐太宗像

宋代服饰一改唐代华贵大气的特点，造型封闭，拘谨保守，颜色严肃淡雅。另外，两宋时期，边患不断，官僚队伍和军队不断壮大，为此统治者三令五申，要求服饰简约素淡，力戒奢侈铺张，从而形成了质朴淡雅的审美标准。官员的日常服装是小袖圆领衫，百姓则穿交领或圆领的棉麻布长袍或短褐（一种紧身窄袖的短上衣），女装多为上身窄袖短上衣，下身长裙，并且还在外面穿一件对襟长袖的褙子。褙子成为当时非常流行的一种女性外衣（宋代服装样式可参看《韩熙载夜宴图》，见彩图）。

元代为蒙古族建立的政权，他们的衣着习俗不同于汉族，服饰方面出现了汉服与蒙古服饰并存的情况。明代服饰又恢复了汉服的形制，样式仿效唐宋。男子多穿青布直身的宽大长衣，头上戴四方平定巾；女性服装款式有衫、霞帔、褙子、比甲、裙等。元明时期服装在用料上发生了一定的变化，元以前中国服装的用料多为丝、麻、皮、毛，而到了元明时期由于对棉花种植进行了推广，棉布逐渐成为衣料的主要材料。

（三）清代的服饰变革

清代是中国服饰史上一个重要的转变时期。入主中原的满族原是尚武的游牧民族，在戎马生涯中形成自己的生活方式，服饰形制与汉服不同。清王朝建立后，统治者强制推行满人的服饰，禁止汉人穿汉服，佩戴前朝方巾的儒生往往遭到杀戮；并且要求汉人要按满族的习俗在前额剃发，后脑留发梳成辫子。在汉人的强烈抵制下，清王朝采取男从女不从、生从死不从、阳从阴不从等所谓"十不从"的对策，这才使因"剃发易服"引发的民怨得到缓解，清代服饰也得以充分吸收汉服的特点。马褂最初为满洲贵族的马上装束，康熙以后日益普遍，一般民众多着此服。清代满、汉女装的情况不一样，在民间，汉族妇女至康熙、雍正年间还保留明代小袖上衣和长裙的款式，到乾隆朝以后衣服逐渐变短变肥，袖口渐宽，花样不断翻新。晚清城市女性已去裙着裤，衣上镶花边、滚牙子。清代的满族妇女则是穿着旗装，梳旗髻（俗称两把头），穿花盆底的鞋子。后世流行的旗袍长期用于宫廷和王室，清后期才被汉族妇女仿用。早期的旗袍比较宽大，后来才变得紧身束腰。旗袍外加上一件坎肩，成为晚清最时尚的女性服装。

总的来说，汉族服装的主要特点是宽衫大袖，在时代变迁中又不断受到少数民族服装短衣窄袖的影响，所以中国传统服装是在宽博与短窄之间不断摇摆、发展演变的。

三、足衣

足衣就是穿着于足上的装束。先秦时，足衣泛指鞋袜。汉代始有内外之分，足之内衣为袜，足之外衣指鞋。

（一）鞋

古代的鞋有屦、履、舄、屐、鞮等名目。屦、履是古今关系语，古曰屦，汉以后曰履。屦用草、麻、葛等制作，因有草屦、麻屦、葛屦等名称，是一种比较轻便的鞋，适合走远路。舄是一种重底鞋，在单底的屦下另加一块木板作为重底，适合在泥地上行走而不怕沾湿。据说古时舄在各种鞋当中最为尊贵，是帝王或大臣在举行朝会或祭祀时穿的，在最隆重的祭祀场合，天子要穿赤舄，王后则穿玄舄。到了唐代，百官的朝服已弃舄穿靴，但在祭祀时仍然穿舄，这种等级划分也和衣服一样受到礼的约束。屐是以厚木板为底的鞋，且前后有齿。《南史·谢灵运传》："（灵运）登蹑常着木屐，上山则去其前齿，下山去其后齿。"后人将这种屐叫"谢公屐"，李白的《梦游天姥吟留别》中有"脚著谢公屐，身登青云梯"的诗句。这种木屐至今仍保留在江南民间以及现代日本人的日常生活中。鞮是皮鞋，由胡地传入。鞋字在古代写作"鞵"，《说文》："鞵，革生鞮也。"可见它原是鞮的一种，后来成为鞋类的总称。

（二）袜

古代的袜子被称作"足衣""足袋"，是用皮或丝帛缝制的，样式像布袋，一般有一尺多高，袜口缝有带子，可系于腿上。考古发现证实，袜子出现于夏代。到西汉，袜子已经由整绢缝制而成，缝于脚面和后侧，脚底无缝，袜筒后开口，并有袜带。到了三国时期，袜子由夏代以来的三角形变成了与脚型相契的样式，与现在的袜型相似。古人对袜子是很看重的，袜子的穿着也与一定的礼仪相关。如古人以跣足（赤足）为敬，拜会别人、特别是赴宴时一定要脱袜，否则会被认为是大不敬。《左传·哀公二十五年》记载，卫侯宴请诸大夫，褚师声子着袜登席，卫侯大怒，褚师声子解释说自己有足疾，跣足不雅，但卫侯仍不肯原谅他，褚师声子只好退席而去，卫侯还怒气冲冲地指着他说："必断而足！"褚师声子在卫国待不下去只好出逃。脱袜之风至唐代渐渐消失。

第三节　中国传统的佩饰与面妆

中国古代的佩饰和面妆种类非常多。清末徐珂编撰的《清稗类钞》记载："某尚书丰仪绝美，妆饰亦趋时。每出，一腰带必缀以槟榔荷包，镜扇、四喜，平金诸袋，一钮扣必缀以时表练条、红绿坠、剔牙签诸件，胸藏雪茄纸烟盒及墨水、铅铁各笔、象皮图书、帐簿、手套、金刚钻戒指、羊脂班指、汉玉风藤等镯。统计一身所佩，不下二十余种之多。"由此可见古代的佩饰种类丰富异常。古人十分重视佩饰，在古代服饰中，佩饰一直发挥着多样的功能，不仅起到美化自身的作用，也以此标志等级地位。

一、佩饰

在各种佩饰中，中国人对玉佩情有独钟。《礼记·玉藻》云："古之君子必佩玉……君子无故，玉不去身。君子于玉比德焉。"一直以来，玉作为中国传统文化的重要组成部分，渗透到了古代社会生活的各个方面，上自天子，下至士庶，都以佩玉为时尚。玉石细腻坚韧，晶莹透明，有超凡脱俗的美，古人便借以作为美好的象征。后来，玉被赋予了道德内涵，并以玉之美来比喻人的品格。《诗经·汾沮洳》有："彼其之子，美如玉。美如玉，殊异乎公族。"

在古代社会，佩戴玉饰既美观，又可以显示佩戴者高洁的品行。古代玉佩中，圆玉按形制可分为四种：璧、瑗、环、玦。按《尔雅》的说法是：肉倍好谓之璧，好倍肉谓之瑗，肉好若一谓之环。这四种圆玉可以用来表达不同的意思："问士以璧，召人以瑗，绝人以玦，反绝以环。"（《荀子·大略》）最常见的玉饰是环和玦两种。环是指圆形而中间有孔的玉器，《礼记·经解》有云"行步，则有环佩之声"，是指古人一般用彩绳将环形玉器成串地系于腰间，行走时佩玉碰撞会发出清脆的声音，这就是所谓的"君子行则鸣佩玉"。所以《诗经·有女同车》中用"将翱将翔，佩玉将将"的诗句，形容贵族妇女身上的各种佩玉互相撞击发出悦耳的声音。玦是指半环形有缺口的佩玉。因为玦的名称来源于"决"，而且外形又有缺口，所以古人常以玦寓以"决"义。《史记·项羽本纪》记载鸿门宴一段就有示玦的情节，在宴会上，"范增数目项王，举所佩玉玦以示之者三"，以玦提醒项羽赶快决断杀掉刘邦。同时佩玦还有另外的寓意，《白虎通》中有"君子能决断则佩玦"。所以古代男子佩玦，旨在显示自己是男子汉的意思，而送人以玦，则是在要求受玦者要意志坚强。

古人不仅佩玉，还在身体的头、颈、腰、手等部位加相应的佩饰。

古人非常注重头部的装饰，常在帽子、头发、耳朵、额头、脸上佩戴饰物，《周礼》："王之皮弁，会五采玉璂（qí）。"璂是古代皮弁上结缝处的玉饰。帝王的冠冕更华贵一些，常佩有玉旒。《晋书·舆服志》："天子之冕，前后旒用真白玉珠。"除了用玉装饰帽子之外，鸟兽的羽毛也是一种头饰，如武将在冠的左右插雉尾，表示勇武，所以曹植《孟冬篇》有这样的句子："虎贲采骑，飞象珥鹖。"珥鹖指冠上插的野鸡的羽毛。男子头部的佩饰还有白鹿巾，是一种白色鹿皮做的头巾，为古代隐士所戴。古代的发饰有很多种类，常见的有簪、钗。古代女子15岁及笄，男子20岁弱冠，举行成人礼挽发束髻都要用簪。秦汉以前簪多为骨制，自唐代以后出现了玉做的簪，玉簪也称玉搔头，如白居易《长恨歌》："花钿委地无人收，翠翘金雀玉搔头。"还有用宝石装饰的金银制花簪，非常华丽精美。钗是由簪演变而来，与簪的单股不同，钗分双股，一般玉做的钗称作玉股。此外，还有珠花（即用珠子穿成的花状头饰）、假髻和步摇。《隋书·礼仪志》："首饰则假髻、步摇，俗谓之珠松是也。"假髻是用马尾、金银丝做成的髻形假发，可戴在头上，一般为妇女装饰用。步摇是汉族女子传统首饰中的一种，是由簪装饰了垂珠演变而成，一般形式是用金银玉石打制出凤凰、蝴蝶等带有翅膀的饰品，因上有垂珠，所以行走时珠子摇动，摇曳多姿。步摇最早属于汉代礼制首饰，是等级与身份的象征，汉以后才在百姓中流传。女性耳部的饰物主要是耳环，如玉环，也叫玉珥，指玉制的耳环。古代男子的耳饰也用玉，《晏子春秋》："冕前有旒，恶多所见也；纩纮珫耳，恶多所闻也。"珫耳就是玉瑱，玉瑱一般指古人冠冕上垂在两侧用以塞耳的玉器或耳饰，《诗经·君子偕老》中歌曰："玉之瑱也，象之揥也。"古代面部的饰物种类不多，面衣是常见的用以遮蔽脸部的饰物。还有一种面花，也是古代妇女的面部妆饰。宋代孔平仲《孔氏谈苑》："契丹鸭渌水牛鱼鳔，制为鱼形，妇人以缀面花。"在额头，有时使用抹额，就是束在额上的头巾。

颈饰也有很多种类。古代的颈饰主要有佩香、玉牌、珠璎、朝珠等。佩香，用金玉镶孔制成，可供佩用香块。玉牌是指挂在脖子下的玉饰。珠璎，也称珍珠璎珞，是用珠玉穿在项圈上的颈部装饰物，是一种比较大的项饰。此外，颈饰还有清代官员用的朝珠。《清稗类钞》中记载："五品以上文官，皆得挂朝珠。珠以珊瑚、金珀、蜜蜡、象牙、奇楠香等物为之，其数一百有八粒，悬于胸前。"

腰带是古人腰部的常见佩饰。古人服装宽博，要用腰带系结，用丝做的腰带古称"大带"或称"丝绦"，革做的古称"鞶革"或"鞶带"。在秦汉以前，革带主要用于男子，女子一般多系丝带。古时用玉装饰的腰带称玉带，玉带有各种各样的叫法，有的称玉抱肚，有的也称玉兔鹘，有时写作"玉兔胡""玉吐鹘"。古人腰间常佩有小袋，《礼记》记载："男女未冠笄者，鸡初鸣，咸盥漱，栉、縰（xǐ），拂髦，总角，衿缨，皆佩容臭。"容臭，就是古代人佩带的香囊。

古代的手饰主要是手镯、指环和扳指。在古代手镯叫作"钏"，关汉卿的杂剧《玉镜台》第二折里有这样的句子："他兀自未揎起金衫袖，我又早先听的玉钏鸣。"玉钏就是玉制的手镯。古人还佩戴指环，是以金属或宝石制成的小环，戴于指上，作为饰物或男女订婚时的信物，今称戒指。手部的佩饰还有扳指，扳指的前身叫作韘（shè），《说文解字》这样解释："韘，射决也。"说明韘为骑射之具，是射箭时戴在右手指上用以勾弦的工具，大多用象骨或玉石制成。自清兵入关后，扳指这种军事器械渐渐成为一种极为时髦的饰品，上自皇帝与王公大臣，下至满蒙各旗子弟及附庸风雅的富商巨贾，虽尊卑不同而皆喜佩戴。清代还出现了一种手饰叫金指甲，"妇女施之于指以为饰，欲其指之纤如春葱也"（《清稗类钞》）。

二、面妆

面妆主要指女子的面部妆容。古代女子面部的化妆品主要有黛、粉、胭脂、唇脂及花钿。黛是用来画眉的。中国女子画眉最早的记载见于战国时期，《楚辞》中有"粉白黛黑"之句，而古代文学作品中还有"翠眉"之说，可知黛的颜色除黑之外还有绿色，翠眉起于先秦，魏晋南北朝时极为流行。唐代流行黑眉，很大程度上是因为杨贵妃，徐凝《宫中曲》曰："一日新妆抛旧样，六宫争画黑烟眉。"唐代盛行阔眉，即把眉画得又粗又黑，又短又阔，甚至略成倒八字。古代妇女的眉形很多，如小山眉、五岳眉、山峰眉、拂云眉、横烟眉、倒晕眉等。古代的脂粉是用米碾成粉，再加入红色颜料做成的。夏商周时已出现了加入铅的白粉和用红花、苏木做成的胭脂。古时往往把胭脂做成膏汁或粉，涂在纸上或渗入丝棉，做成胭脂纸或胭脂棉。唇脂就是口红，《释名·释首饰》曰："唇脂，以丹作之，象唇赤也。"唇脂的点法很多，颜色也不同，唐宋时期流行用浅绛的檀色点唇，所谓"故着胭脂轻轻染，淡施檀色注歌唇"。古时还用唇脂点痣，有的还在眼旁稍下画一弯月牙形。花钿一般用金箔、纸、蜻蜓翅膀、花瓣做成，以红黄绿色为主，做工精巧，形状各异，贴在额间、鬓角、两颊及嘴角。《木兰辞》中"对镜贴花黄"指的就是贴花钿。

第四节　中国传统服饰的等级制度

服饰在发挥御寒防晒、遮身护体的实用功能的同时，也不断地被赋予政治、伦理等社会学意义。中国传统服饰是"礼"的重要内容，在等级制度的影响下，古代服饰标识身份的功能不断被强化，并被提高到了突出位置。

一、中国传统服饰的等级制度

作为"礼"的重要内容，中国传统服饰也确立了相应的等级制度，规范和制约社会成员的着装，防止僭越，以确保社会秩序。

早在西周时期，中国就形成了比较完整的冕服制度（天子公卿的礼服和礼帽合称冕服），此后历朝历代的统治者都参照《周礼》《仪礼》《礼记》等典籍制定服饰制度。总体来说，在周代冕服制度已初具规模，以后历朝历代虽有变化，但基本承袭周制。例如，冕服的种类有很多，最主要的有六种，即裘冕、衮冕、鷩（bì，鸟名）冕、毳（鸟兽的细毛）冕、希冕、玄冕。冕服的形制和用途有严格的区分，天子祭先王时服衮冕，其旒数为十二，每旒十二颗玉，前后二十四旒，共用玉二百八十八颗；祭社稷服希冕，九旒，前后十八旒。公卿大夫也服冕服，但所戴旒玉数量与天子不同。与冕服配套的还有笏（又称手板、朝笏或朝板），笏是古代臣子面君时的工具，为朝会时所执，古代自天子以下皆执笏。

周礼等级制度决定了先秦服饰的形制，影响了人们对服饰的态度。冕服制度体现出服饰的尊卑等级之分，自天子至大夫、士，服饰各有区别定制。到了汉代，在周冕服制度的基础上进行改进，形成了舆服制度，同周制一样，基本也是以不同的冠区分不同等级。随后的魏晋南北朝时期，由于九品中正制出现，品官等级正式确定，设置了九品官，每个品级的礼服、常服颜色都不一样。唐代是服饰最开放的年代，但从唐高祖李渊起就确立了非常详尽的服饰制度，对皇帝、皇后、群臣百官、命妇、士庶各级人等的衣着、色彩、服饰、佩饰诸方面都作了详细的规定。到宋代，服饰等级制度进一步明确并且规范，明朝的汉服仍沿袭唐宋不变。至此，汉服体系彻底完善，礼制分明。清朝统治者强迫汉人易服来表示对其"臣服"，此时服饰成为对一个王朝是否忠诚的标准。清王朝同时又秉承华夏"衣冠之治"的传统，制定了种种有关穿靴、戴帽、着装、佩饰的烦琐规定。

二、服色等级

在中国古代社会中，服饰色彩的政治标志功能远远超越了服饰的装饰美化功能。西周至春秋时期，已经产生了以服色区分尊卑秩序的观念。在古代服饰色彩的演变中，一般来讲，总是以正色为尊，所以青、赤、黄、白、黑五种正色受到了统治者的推崇。先秦时期，人们以赤、黑二色为尊，所以"大夫以上，赤芾乘轩"（《毛传》），证明了赤为贵色。杨伯峻先生在《论语译注》里说："古代大红色叫'朱'，这是很贵重的颜色。'红'和'紫'都属此类，也连带地被重视。"除赤色外，黑色也被周人视为吉色，贵族通常以黑色衣料做礼服，在祭祀、婚仪、冠礼等场合穿戴。

古代服饰的颜色要体现天尊地卑的观念，周代冕服为玄衣纁裳，后世皇帝的冕服也是上玄下纁。玄为黑色，即天之色；纁，《说文》解释为"浅绛"，郑玄注《周易》形容其为"黄而兼赤"，约略相当于今之橙黄色，为地之色。秦汉以降，不同朝代尊崇不同的颜色是受到"五德"观念的影响。"五德"的观念来自五行。中国人认为，世界是由金、木、水、火、土五种元素构成的，五种元素之间存在着相生相克的关系，战国时期的学者用这个关系来解释王朝更迭，由此形成"五德终始说"。五种德表现为五种颜色，金白色、木青色、水黑色、火赤色、土黄色，这五色也是中国人观念中的正色。不同的朝代尊崇不同的德，因而尊崇不同的颜色。《明实录》载："历代异尚，夏尚黑，商尚白，周尚赤，秦尚黑，汉尚赤，唐服饰尚黄，旗帜尚赤。今国家承元之后，取法周、汉、唐、宋以为治，服色所尚于赤为宜。"明代尚赤，但仍以黄色为皇家御用。黄色作为皇家专用颜色始于隋唐时期，并一直延续到清代。

服饰的色彩同样也是区分官场品阶地位高低的重要标志。隋大业元年（605

年），命"五品已上，通着紫袍，六品已下，兼用绯绿，胥吏以青，庶人以白，屠商以皂，士卒以黄"（《隋书·礼仪志》）。从这时起，历唐、宋、明各代，基本上都采用了以服装色彩区分等级的制度。隋代的服色等级制度还相当粗疏，至唐逐渐精细。唐武德年间规定，亲王及三品以上"色用紫"，五品以上"色用朱"，六品、七品"服用绿"，八品、九品"服用青"，流外官、庶人、部曲、奴婢"色用黄白"（《新唐书·车服志》）。上元元年（674年），高宗又"敕文武官三品已上服紫，金玉带（束腰之革带以金、玉为饰）；四品深绯，五品浅绯，并金带；六品深绿，七品浅绿，并银带；八品深青，九品浅青，鍮（tōu，铜矿石或天然铜）石带；庶人服黄，铜铁带"（《旧唐书·高宗下》）。这一规定极为详细，服色成为社会身份的鲜明符号，穿紫袍者煊赫，着青衫者寒酸，上下之间，悬若隔天。白居易诗中有云："座中泣下谁最多，江州司马青衫湿。"从诗中提到的服装颜色可知他被贬后的官职是卑微的八九品小官。唐诗中也多以服色代指人物，如"雪中退朝者，朱紫尽公侯"（白居易《歌舞》）；"翩翩两骑来是谁？黄衣使者白衫儿"（白居易《卖炭翁》）；"绿衣监使守宫门，一闭上阳多少春"（白居易《上阳白发人》，"上阳"即上阳宫，"绿衣监使"指掌宫太监，为七品内官）。与官宦等级分明的服色相比，平民士庶的服色也受到严格的规范与限定，不可随意僭越，如汉代限定"散民不敢服杂彩"，而唐代也规定"妇人衣青碧缬"等。

三、"十二章纹"和"补子"

中国传统服饰侧重于内涵表现，尤以图案装饰见长，栩栩如生的华美纹饰构成传统服饰审美的核心要素。作为重要的装饰手段，服装上的纹饰同样也是区分尊卑的标志。

古代官服上绣有"十二章纹"（图2.4），即十二种纹饰，依次是日、月、星辰、山、龙、华虫、宗彝、藻、火、粉米、黼、黻，图案分别是乌鸦、白兔（或蟾蜍）、相连的几个小圆圈、群山、龙形、雉、宗庙礼器、水藻、火焰、白米、黑白相间如斧的花纹、黑青相间如"亞"字形的花纹。十二章纹由来已久，大约在周代已经形成。十二章服制的最早记载是《尚书·益稷》，而真正实行在东汉初。十二章服是天子和三公九卿举行祭礼时的礼服，衣裳上玄下纁，天子十二章，王公、诸侯用山、龙以下九章，九卿以下用华虫以下七章。从东汉起一直延续了近2 000年。

明清时期皇帝朝服仍为十二章纹，而文武官员却改章服为补服。从明朝开始官

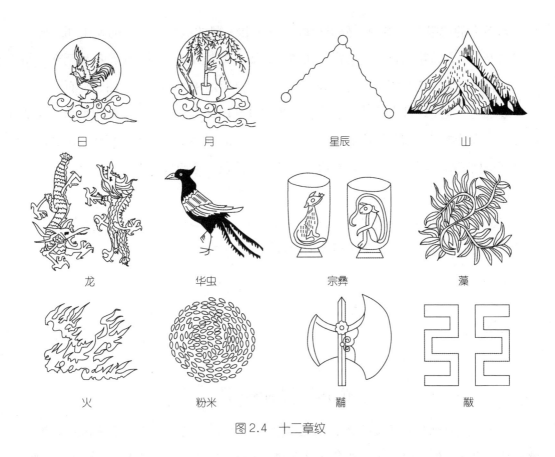

图2.4 十二章纹

服以"补子"为饰，也就是在官服的前胸和后背加上绣有纹饰的补子，文官绣鸟，武官绣兽。补子纹饰定为九品。据《明会典》记载，洪武二十四年（1391年）规定，补子图案：公、侯、驸马、伯是麒麟、白泽；文官绣禽，以示文明，一品仙鹤，二品锦鸡，三品孔雀，四品云雁，五品白鹇，六品鹭鸶，七品㶉鶒，八品黄鹂，九品鹌鹑；武官绣兽，以示威猛，一品、二品狮子，三品、四品虎豹，五品熊罴，六品、七品彪，八品犀牛，九品海马。明清官员所用补子都是以方补的形式出现，明代胸背前后一般是整块，但也有对襟的服装，前片对剖为二。

总体而言，清代基本沿用明代的补子，官服上标志品级的徽饰以金线及彩丝绣成，文官绣鸟，武官绣兽，缀于前胸及后背。但与明代的补子又有不同，清代的补子相对较小，前后成对，且前片一般是对开的，后片则是一整片。而且补子是绣在袍衫外面的大褂子上，称为"补褂"或"补服"。大褂的前胸是对襟的，所以补子也分为两块，禽兽的花样与明代也略有差异。由于补子是在成衣后缝上的，对于边角的加工更为精细，常常配以精致的花边，突出了装饰效果。明代的乌纱帽到清代换成花翎，用孔雀毛上的"眼"的多少，分出单眼、双眼和三眼的级别。官员的朝服和常服，里三层外三层，行袍、行裳、马褂、坎肩、补服，重重叠叠，还要佩戴各种朝珠、朝带、玉佩、彩绦、花金圆版、荷包香囊等。朝珠又有翡翠、玛瑙、珊瑚、玉石、檀木的等级限定，连丝绦都有明黄、宝蓝、石青之分。用什么款式、质料和颜色都有礼制的规定，违反规定的以犯罪论处。可见，清朝的官服制度非常繁缛，而且非常严格，所以雍正皇帝赐死年羹尧时，就有擅用鹅黄小刀荷包、穿四衩衣服、纵容家人穿补服等罪状。

总之，中国古代各时期的统治者都通过制定一套烦琐、复杂而又苛刻的衣冠制度维护社会的等级秩序，突显了服饰的伦理社会学意义。

知识链接

荀子论"衣服有制"

荀况是先秦儒家的重要代表，他生活在战国末期，试图把各家思想在新形势下做一总结发展，但仍归于孔子儒家体系之中。《荀子·修身》中提出："食饮、衣服、居处、动静，由礼则和节，不由礼则触陷生疾；容貌、态度、进退、趋行，由礼则雅，不由礼则夷固僻违，庸众而野。故人无礼则不生，事无礼则不成，国家无礼则不宁。《诗》曰：'礼仪卒度，笑语卒获。'此之谓也。"在这里，他反复阐述了"礼"的重要性，而且讲衣服是需要服从"礼"的规范的。《荀子·王制》中进一步强调："衣服有制，宫室有度，人徒有数，丧祭械用，皆有等宜。"《荀子·富国》中更具体："礼者，贵贱有等，长幼有差，贫富轻重皆有称者也。故天子袾（zhū）裷（gǔn）衣冕，诸侯玄裷衣冕。大夫裨冕，士皮弁服。"荀子这些观点对后世着装的等级思想影响很大，董仲舒即在此基础上提出"虽有贤才美体，无其爵不敢服其服"（《春秋繁露·服制》），贾谊也讲"贵贱有级，服位有等……是以天下见其服而知贵贱"（《新书·服疑》）。从此，"非其人不得服其服"的规制被记载在《舆服志》中。

思考题

1. 服饰在人类生活中主要发挥着哪几种作用？

2. 中国传统服饰的基本形制有哪两种？

3. 中国传统服饰的尊卑等级观念体现在哪几个方面？

4. 请简述中国传统服饰的演变历史。

推荐阅读材料

1. 沈从文.中国古代服饰研究 [M].上海：上海书店出版社，2002.

【推荐理由】《中国古代服饰研究》是一部系统考证和研究中国古代服饰文化的学术专著，对中国古代服饰制度的沿革与社会环境的关系作了深入的探讨，为该领域经典之作。

2. 周锡保.中国古代服饰史 [M].北京：中央编译出版社，2011.

【推荐理由】这是一部系统、完整地勾勒自上古至近代中国服饰的形成、演变及其传承关系的学术著作。该书引证大量文献资料和考古遗存，著述严谨，科学精当。

3. 电视连续剧《红楼梦》（1987 版）

【推荐理由】根据小说《红楼梦》改编的电视连续剧《红楼梦》（1987 版），以严谨的态度完美地诠释了中国传统服饰之美。需要注意的是，我们在电视连续剧中看到的服饰，是以明清服饰为基础，并吸收了越剧舞台服饰的元素，经抽象化、艺术化、典型化之后的结果，既非忠实于小说原著的服饰，亦非中国古代服饰的简单搬用。

中国传统的饮食文化

学习目标

1.了解古代中国的饮食结构及其发展演变。

2.了解古代主要烹调方法及炊具、食器。

3.了解中国烹调理论的要点。

4.了解中国茶和酒的发展历程和主要类别。

中国传统的饮食文化丰富多彩。首先，吃饭问题在中国受到高度重视，"民以食为天"；其次，中国人非常喜欢吃饭这项活动，在中国的各类活动中都少不了吃饭这个环节，大到国家庆典，小到家庭聚会，办喜事要吃，办丧事也要吃；再次，中国人非常善于吃，中国美食享誉世界。而且，在中国，许多与吃原本无关的事情也是用吃或饮食相关的词语表示的，如工作叫"饭碗"，谋生叫"混饭吃"，混得好叫"吃得开"，混不好就得被"炒鱿鱼"，受照顾叫"吃小灶"，不管他人叫"吃独食"，缺钱叫"吃紧"，钱存银行可以"吃利息"，花积蓄叫"吃老本"，花女人的钱叫"吃软饭"，犹豫不决叫"吃不准"，理解不到位叫"吃不透"，没事找事叫"吃饱了撑的"，等等。我们这一讲的内容主要关注于饮食活动本身，即古代中国人吃什么、怎么吃。

第一节 主 食

一、五谷和六谷

自进入农业社会后，粮食就成为中国人的主食。粮食作物在古代被统称为五谷或六谷，而五谷或六谷包括的品种则历来说法不一。许嘉璐先生认为，五谷是黍、稷、麦、菽、麻，再加上稻即构成六谷。[①]

黍就是现代北方的黍子，又称黄米，状似小米，比小米籽粒稍大，色黄而黏，因而也叫黄糯，北方人常用它来做年糕。

稷就是今天的小米，北方称其作物为谷子，它和黍是植物学上的近亲，同类作物还有糜子。谷子耐候性好，在"靠天吃饭"的古代能适应风雨不时的干旱气候，也

---

① 许嘉璐. 中国古代衣食住行 [M]. 北京：北京出版社，2002:65.

能一定程度地适应盐碱地，因此在相当长的历史时期里，稷是黄河流域最重要的粮食，被列为五谷之首。古代以"社稷"代表国家，其中的"社"为土地神，"稷"是五谷神，这两尊神是同时祭祀的，凡有国家必有社稷，自天子至庶民都要祭祀。直到今天我们还把粮食称为谷物，可见谷子曾经的重要地位。稷在上古有不同的品质，粱是其中的优良品种，贵族之家才可享用。稷的籽粒称粟①，后引申为粮食的统称。《诗经·小雅·黄鸟》："黄鸟黄鸟，无集于穀，无啄我粟。"稷的作物植株称禾，后引申为粮食作物的统称，《诗经·七月》："九月筑场圃，十月纳禾稼，黍稷重穋，禾麻菽麦。"第一个"禾"是泛指，第二个"禾"是稷。后来，禾又成为稻的专称，南方地区至今仍保留这一称呼。

麦子原产地是两河地区，大约在商代经西域传入中国，因为在中国的种植较晚，所以在上古时代的地位没有黍和稷那么突出。至周代，麦的种植已有所扩大，且有大麦小麦之分，《诗经·思文》："贻我来牟，帝命率育。"其中的"来"即小麦，"牟"即大麦。《诗经》中的一些作品还描写了麦田的风景，如《桑中》"爰采麦矣？沫之北矣"，可见当时已是非常重要的粮食作物。麦子夏季成熟，是收获较早的粮食，可作为青黄不接时救饥之粮，因此，收麦是生活中的大事，每年麦收之后都要以新麦祭祀宗庙，国君要先品尝一下，叫作"告麦"。《左传·成公十年》记载，晋景公病重，巫者断言他吃不上当年的新麦了，可见当时尝麦的重要性。两汉以后，麦子种植进一步普及，及至后世取代了黍和稷成为中国人的主粮。

菽就是豆子，原指黄豆，即大豆，后来又作豆类的总名。中国是大豆原产国，并最早开发了大豆的深加工。大豆抗干旱、耐贫瘠，对光照的要求也不太高，古人认为它有"保岁"的作用。孔子的弟子子路感慨自己贫困，不能养亲尽孝，孔子劝慰他说："啜菽饮水，尽其欢，斯之谓孝。"可见菽是穷人的食物。汉代大豆被加工成豆腐，此后又不断被开发成各种豆制品，为中国人所喜爱，也逐渐退出主食的行列。今天大豆还是最重要的食用油原料。

麻是中国古代重要的制衣材料，原则上讲，所有植物的种子都含有碳水化合物、脂肪和蛋白质，因而都可以成为人类的食物，区别在于其口感和味道。麻籽可以充饥，但因其味道不好，富贵人觉得难以下咽，却是穷人的主要食品之一。麻的籽叫作

---

① 关于黍、稷、糜子按照今天的植物学分类均属于禾本科、黍属植物，这三种作物以及粟的具体含义，在古代是常识，所以各种典籍提及这些作物时并无专门的解释和辨析，今人的说法也有相互矛盾之处，此为一说。

黂（fén）、苴、枲，《诗经·七月》："七月食瓜，八月断壶，九月叔苴，采荼薪樗，食我农夫。"这里提到的瓜、壶（葫芦）、苴等是农民的主要食物。

稻在中原地区种植比以上几种作物要晚，因其口感良好，故与粱一起被列为"细粮"，古代"稻粱"并称，供统治者享用。其实，中国是稻作物的原产国，上古时期在长江流域便广泛种植，河姆渡文化遗址出土了7 000年前的稻种，为世界最早。稻有黏与不黏的分别，"稻"最初专指黏者，不黏的称"粳"，黏稻适合做酒，"稻"作为稻类的总称是较晚的事了。稻主要生长在水田，故又称水稻，至周代已在黄河流域种植，《诗经·小雅·白华》称"滮池北流，浸彼稻田"，《小雅》产于关中，说明当时的渭水流域已有水田。此后，水稻的种植逐渐扩展到华北和东北，它也成为今天中国人的主粮之一。

二、渐次舶来的粮食品种

高粱，又称蜀黍，其原产地尚无定论，许多研究者认为原产于非洲，经由印度传入中国，但也有学者认为是中国原产。可以肯定的是，魏晋南北朝之前它在中国的种植并不普遍。高粱不仅可以食用，而且可以酿酒，今天中国的诸多名酒都以高粱为主要原料。

番薯，又称甘薯、红苕、山芋、白薯、红薯，原产地为美洲大陆，哥伦布到达美洲后将其带回欧洲，后又带到东南亚殖民地种植，16世纪末由旅居菲律宾的华侨带回中国大陆。番薯首先在福建种植成功，并以其高产和美味被人们视为备荒珍品。17世纪，江南地区水灾严重，人民流离失所，当时居住在松江的著名科学家徐光启通过他的学生送来番薯种，在当地试种成功。为此，徐光启写了《甘薯疏》，总结种植甘薯的各种优点，竭力倡导种植。

玉米，又称苞米、苞谷、棒子等，也是原产美洲的粮食作物，15世纪传入中国。关于它传入中国的途径尚存争议，有记载表明是从东南沿海首先传入我国的，也有人认为是从西域传入的。玉米和番薯都是高产作物，番薯不仅美味可口、营养丰富，且繁殖力极强，玉米强大的根须非常适合山地种植。这两种作物在中国的成功引种，极大地改善了食物供应状况。今天它们在我们的饮食结构中虽退居次要地位，但仍是饲料、食品工业的主要原料。

马铃薯，又称土豆，比番薯稍晚传入中国，它适应性极强，全国各地皆可种植，既可做主食，也可做副食，深受中国人喜爱。

第二节　副　食

把食物分为主、副两大类是中国饮食的特色。今天的副食包括肉类、禽蛋、豆制品、奶制品、蔬菜、水果等，种类非常丰富，它提供给我们蛋白质、脂肪、维生素、无机盐、微量元素等。我们能有这么丰富的副食可供选择，是饮食文化几千年发展的结果。

一、肉类

上古时期，肉食（包括水产）是副食的主体，这一方面是因为渔猎时代的生活习惯在进入农业社会之后不会很快消失，另一方面早期蔬菜栽培技术处于初级阶段，野生者多，家种者少，野菜是贫贱者的充饥之物。古人的肉食中，以牛、羊、猪最重要，狗肉和野味也是肉食的主要来源。古人以牛、羊、猪为三牲，祭祀或宴享时三牲齐备称太牢，只有猪、羊称少牢，太牢是最隆重的礼，只有天子可以使用。

牛是农业生产的重要工具，饲养也不及羊、猪迅速，所以《礼记·王制》规定："诸侯无故不杀牛，大夫无故不杀羊，士无故不杀犬豕，庶人无故不食珍（指稀有珍贵之物）。"所谓"故"即祭祀。汉以后的许多帝王也都颁布过禁止屠牛的诏令，史籍中也确有官员私自宰牛受处罚的记载，但这个禁令执行的实际情况其实是大打折扣的。《史记·冯唐列传》载，汉代魏尚守边时，为笼络人心，每隔五天就杀一头牛犒赏他的下属，下属都愿意为他效命，"是以匈奴远避，不近云中之塞"。可见杀牛几乎是任意的，且五天能吃上一次牛肉就可以效命，足见牛肉"功效"之大。宋代辛弃疾也有"八百里分麾下炙"的词句。

羊肉和猪肉是比较普通的肉食，当然这是对于贵族来说的，普通百姓很难享受到肉食。孟子在对梁惠王讲述治国方略时曾提到，如果能掌握各种牲畜的繁殖时机，70岁以上的百姓就可以吃到肉了。即便饲养得当，也只有70岁以上的人才能经常性地吃上肉，考虑到古代"人生七十古来稀"的社会状况，足见肉食的珍贵。古人认为，羔羊比大羊的肉好吃，豚（小猪）比成年猪的肉好吃，所以古代将"羔豚"并称代表美味。

成书于战国的《管子》中常把"六畜"与"五谷""桑麻"并称，这反映了当时的农业结构，所谓"六畜"即马、牛、羊、猪、狗、鸡，其中马是用来驾车的，一般不食用，而鸡和狗的宰杀没有限制。《论语·微子》记载，子路有一次迷了路，遇见一个隐士，那人留子路住宿，并"杀鸡为黍而食之"。古人也喜欢吃狗肉，东周秦汉之际，因为食狗者多，所以屠狗成了一种专门的职业，战国时期的著名刺客聂政、刘邦手下得力战将樊哙都曾以屠狗为业。此外，鱼也是古代重要肉食来源，江南水乡自不待言，古代黄河流域也有众多的河曲、湖泊可以捕鱼。孔子的妻子为他生下第一个儿子时，鲁昭公派人送去一条鲤鱼表示祝贺，孔子就给这个儿子取名孔鲤。《国语》有"庶人食菜，祀以鱼"的说法，说明鱼的食用是没有严格限制的。

二、果蔬

《诗经·七月》有"六月食郁及薁（yù），七月亨葵及菽"。"七月食瓜，八月断壶，九月叔苴，采荼薪樗。"其中的葵、瓜、壶是种植的蔬菜，郁、薁、荼则是野果野菜，瓜菜半年粮是劳苦大众的普遍情况。可以看出，当时已有蔬菜种植。《论语·子路》载，樊迟向孔子请教种菜，孔子回答说："吾不如老圃。"老圃就是老菜农，说明这时已有了蔬菜的专业化种植。今天的韭、葱、芥、瓜、瓠、萝卜、水芹当时都有种植。

考古发掘证实，仰韶文化时期已有榛子、栗子、核桃和柿子。甲骨文中有栗、桑、杏、芒果的字样，当时中原地区气候温润，可生长芒果。[①]周代已有果园，见诸记载的干鲜果品达数十种，仅《诗经》中出现过的就有桃、李、梅、枣、木瓜、栗、榛等，出现在其他典籍中的还有猕猴桃、沙果、樱桃、柿子等。

汉代张骞两次出使西域，打通了丝绸之路，仅汉代从西域传入中原的食物品种就有葡萄、石榴、甜瓜、金桃、波斯枣、无花果、巴旦杏、苜蓿、大蒜、莴苣、芫荽、菠菜、芹菜、胡萝卜、扁豆、大葱、胡椒、胡麻、茴香等。丝路的开通，极大地丰富了中国人的饮食结构。明清时期，通过海上交流引入中国的食物包括辣椒、番茄、甘蓝、向日葵、菜花等。可以说中国饮食文化的昌盛是建立在农业发展基础之上的，同时也是大量吸收外来文化成果才形成的。

[①] 刘振亚，刘璞玉.我国古代黄河中下游地域果树的分布与变迁 [J].农业考古，1982（1）：139–148.

知识链接

西瓜何时传入中国

西瓜原产于非洲，埃及栽培西瓜已有五六千年的历史。过去的传统观点一直认为它是五代时经西域传入中国的，因此名西瓜。其实，明代李时珍在《本草纲目》中认为，西瓜早在南北朝时期已在中国南方种植，当时名叫寒瓜。唐代段成式《酉阳杂俎》中记载南朝诗人沈约的《行园》诗云："寒瓜方卧垅（lǒng），秋蒲正满陂。紫茄纷烂漫，绿芋郁参差。"诗中提到寒瓜卧垅的时节，正与西瓜相符。这段文献印证了李时珍的说法。1976 年，广西贵县西汉墓葬曾发现西瓜籽。1980 年，江苏扬州邗江县西汉墓随葬漆笥中也有西瓜籽。这说明西瓜传入中国的时间不晚于西汉，只是当时不叫西瓜。它有可能是经海上丝绸之路进入中国的。[①]

第三节　烹调、炊具与食器

人类饮食的历史可以分为两个大的阶段——自然饮食和烹调饮食，第一个阶段是吃食物的自然状态，即"茹毛饮血"；第二个阶段是吃经过熟化和调味的食物。汉语"烹调"一词的顺序恰好说明了饮食发展的历程，人类最早应该是偶然吃到被野火烧熟的动物，从而逐渐学会熟食的方法，然后才对食物进行调味的。

一、烹调

把谷物通过蒸煮做成饭的方法产生较晚，上古时代粮食的熟化非常原始，炒熟或焙熟的麦、米等谷物称作糗、糒或糇，或者在炒熟之后再舂成粉状也叫作糗，它可

---

① 马执斌 . 西瓜何时传入中国 [M]//《文史知识》编辑部 . 古代礼制风俗漫谈：二 . 北京：中华书局，1986:97-99.

以长期保存，不必每餐举火，且便于携带，但不易消化，遇水会膨胀。大概汉代已有饼，但与今天的饼不同，它是把麦子捣成粉，加水做成饼状，然后蒸或煮，煮的叫汤饼，是面条的前身。用米做成饼的叫作粢，也称饵。古代粮食也用来煮粥，《战国策·赵策四》载，赵国大臣触龙劝太后让小儿子入齐作人质，为缓和气氛，先问候太后饮食状况，太后回答："恃粥耳。"粥易消化，适合老年人的肠胃。

发面技术大约始于东汉，南北朝时方有较详细的记载。北魏贾思勰《齐民要术》记载了用米粥和酒制作引子发酵的方法。宋代高承撰写的《事物纪原》把馒头的发明归功于诸葛亮，称诸葛亮南征渡泸水时，看到当地有用人头祭神的习俗，诸葛亮命用面皮包裹猪肉、牛肉、羊肉蒸熟了取代人头，其本名为蛮头。其实，古代这种蒸制的面食多称作蒸饼，蒸饼就是后世的馒头，带馅料的称包子，其馅料可以是肉类、果仁、干果等，后世的典籍记载有魏晋时期权贵之家食用蒸饼的各种偏好。宋仁宗名赵祯，为避其名讳，宋代蒸饼改称"炊饼"。胡饼在南北朝时传入中土，至唐代大为流行，与今天的烧饼类似，刚出炉的最好吃。大诗人白居易被贬为忠州刺史时，曾亲制胡饼寄给与其相邻的万州刺史杨敬之，并题诗云："胡麻饼样学京都，面脆油香新出炉。寄与饥馋杨大使，尝看得似辅兴无。""辅兴"就是辅兴坊，其胡饼长安最佳。

古代的肉食有生食和熟食两种。醢是把肉剁成酱加黍米、酒和盐发酵成的，它用作调料。腌是把新鲜的肉切薄片，用酒腌一昼夜，再加佐料食用。熬是把肉加桂、姜、盐等调料在火上烤干，然后捣碎食用。捣珍是把肉捣烂，去筋膜，加上佐料食用。古代的干肉叫"脯"，也叫"脩"，中国制作脯、脩的历史非常悠久，春秋时期就是比较常见的食品，孔子说："自行束脩以上，吾未尝无诲焉。"束脩就是十条干肉，孔子的意思是只要给我十条干肉做见面礼，就可以聆听我的教诲。熟食法中的烹是用油煎或炸，炙是把肉切小块儿在火上烤。炮则比较复杂，把小猪或小羊宰杀后掏空内脏填入枣子，用草包裹然后再裹上泥在火上烧，泥烧干之后掰开泥巴和草，剥去皮涂上米浆，然后浸在油锅里，把油锅放在一个大水锅里，水锅烧开保持三天三夜，把肉取出加佐料食用。汉语有成语脍炙人口，其中的脍是很细的肉丝，但具体做法已失传。孔子曾说过"脍不厌细"，也就是说切得越细越好，这需要很好的刀工。《诗经·六月》有"饮御诸友，炰（fǒu）鳖脍鲤"，其中的"脍鲤"应该是切得很细的生鲤鱼，由此看，生鱼片很可能起源于中国。《孟子·尽心下》载，孟子的弟子公孙丑问脍炙和羊枣哪个更好吃，孟子说当然是脍炙了，还说"脍炙所同也"。意思是脍和炙是人们共同喜爱的美食，后来被引申为广为人们喜爱的文学作品。

炖煮法出现后，肉常被做成羹来佐餐。《左传·隐公元年》载，郑武公宴请颖考叔，颖考叔请求郑武公允许他把宴席上的羹带回家让他母亲尝尝，因为母亲从未吃过。这里的羹应该是带汤的肉，因为肉中有胶质，肉汤热的时候比较黏稠，凉了以后会凝固。《史记·项羽本纪》载，项羽与刘邦在鸿沟对峙，项羽抓住了刘邦的父亲刘太公，就威胁刘邦说，你要不投降，"吾烹太公"。刘邦回答说，我和项羽同为怀王之臣，且约为兄弟，"吾翁即若翁，必欲烹而翁，则幸分我一杯羹"。肉可以做羹，菜也可以，所谓"东坡羹"即菜羹。唐代诗人王建有诗曰："三日入厨下，洗手作羹汤。未谙姑食性，先遣小姑尝。"说明当时做羹的手艺是衡量媳妇是否合格的重要标准。

宋以后，随着铁质炊具的普及，炒的烹饪方法出现了，由此带来中国烹饪革命性的变化。炒的特点是在较短的时间内同时完成熟化和调味。由于受热时间短，可以更好地保存食物原料的营养成分和风味特点。同时，因为短时间内就可以完成食物的加工，饭店可以按照客人指定的原料和加工方法制作，由此为饮食的商业化发展奠定了基础。今天，炒也是我们烹饪肉食和蔬菜最重要的方法。

知识链接

从汤饼到面条

汤饼的原始做法很简单，把面揪下来放入水里煮熟就是了。这大约就是今天的片儿汤之类。晋朝束皙的《饼赋》说："玄冬猛寒，清晨之会，涕冻鼻中，霜成口外，充虚解战，汤饼为最。"古时候做汤饼是用一只手托面，另一只手撕面，在锅边按扁，放进水中，所以又称"饦"。后来有了擀面杖，不再用手托了，所以称"不托"，也写成"馎饦"。馎饦到后来又成了面条。①

---

① 洪沉.说"饼"[M]//《文史知识》编辑部.古代礼制风俗漫谈：一.北京：中华书局，1983:157.

二、炊具、食器与酒器

最早的烹就是烧、烤，陶器发明之后出现了蒸煮法。蒸煮食品的炊具有釜、鼎、镬、鬲、甑等。釜是煮食器，作用相当于今天的锅，上古的陶釜为球形，它下面的支架就是灶。鼎是加了足的釜，有三足也有四足，后曾用作食器，进而演变为祭祀的礼器，如著名的商代后母戊鼎和周代的大盂鼎（见彩图）。镬是大锅，有带足的，也有无足的，其特点是体量大，通常用来煮牲肉。鬲（图3.1）是鼎的改进版，它把原来鼎的足做成中空的，并与腹相通，增大受热面积，提高热效率。甑（图3.2）是蒸食器，最初是用来蒸制主食的，它类似今天的蒸笼，最早的甑也是陶制的，底部有孔，甑上垫竹编的箪，箪上放食物。甑通常与鬲配合使用，先把谷物在鬲中预煮一下，然后捞出，置于铺了箪的甑上，再放到鬲上蒸。鬲中是预煮过谷物的水，还有少许残留的谷物，甑中的饭蒸熟后，鬲中的水也煮成了汤，这个汤叫浆，可作饮品。《孟子·梁惠王下》："以万乘之国伐万乘之国，箪食壶浆以迎王师，岂有他哉？""箪食壶浆"就是说用箪托着饭、用壶盛着浆去慰劳军队。

主食可以直接用箪来吃，孔子称赞他的弟子颜回"一箪食，一瓢饮，在陋巷，人不堪其忧，回也不改其乐"。讲究的贵族则是盛在簋（图3.3）中吃，簋类似现在的大碗，有两个把手。副食用笾和豆装盛，笾是竹编的盛器，用来装干肉以及果品，豆据说本是木质的，后来有了陶制的和青铜的（见彩图）。笾、豆下边都有足，这是为了适应古人跪坐饮食的习惯。后来它们也被用于祭祀，曾子说："笾豆之事，则有司存。"意思是，祭祀的礼节自有主管这方面事务的官员负责。古代其他名目的食器尚有许多，这里不再逐一介绍。

另外，古人是分餐，跪坐在席子上进餐，食器就放在席子上。后来有了带足的托盘，叫作案，案上用各种食器分盛主食、副食、酱料、酒等。南北朝时期，胡床等

图3.1 鬲

图3.2 甑

图3.3 簋

坐具引入中土，至隋唐，高足家具出现，逐渐演变为就着桌子进餐。一家人围着桌子坐更显团圆气氛，分餐也就逐渐变为了合餐。

《韩非子·喻老》言："昔者纣为象箸而箕子怖。"箸就是筷子。根据古代文献的记载，筷子可追溯到商代，民间传说甚至把筷子的发明归功于大禹，但实际上先秦时期人们吃饭和吃肉都是用手抓的。成书于西汉的《礼记·曲礼》说"共饭不泽手"，是说跟别人一起吃饭的时候不要揉搓手，否则别人会认为你的手不干净。又说"毋抟饭，毋放饭"，就是说不要揉搓饭团，不要把已经拿在手里的饭再放回食器中。还说"饭黍毋以箸"，就是吃黍米饭的时候不要用筷子，说明当时已有筷子，但用得不多，而且不该用的时候用了反倒是失礼的行为。另外，筷子在古代称"箸"，"筷子"一词是明以后才出现的。《红楼梦》中称箸是 28 次，称筷子才 4 次。筷子这个词完全取代箸是很近的事情。

酒在古人的社会生活中也很重要，这里顺便介绍一下酒器。商周时代的酒器名目繁多，其中盛酒器有尊（图 3.4）、壶、区（ōu）、卮、皿、觥、瓮、瓿、彝等，饮酒器有觚（图 3.5）、觯、角、爵（图 3.6）、杯、舟等，盛酒器为敞口造型，用勺取酒。这些酒器后来演变为祭祀的礼器，不同的酒器由不同等级的贵族使用，《礼记·礼器》："宗庙之祭……尊者举觯，卑者举角。"爵在古代是饮酒器的统称，作为专名的爵像鸟雀之形，深腹，三足，有流酒的槽和手持的把手。《说文解字》："爵，礼器也。象爵之形，中有鬯酒，又持之也。"商周时的壶也是敞口的，现在带嘴儿的壶始于晚唐，俗名注子。现今出土的上古时代的酒器为陶器或青铜器，汉代出现了漆器的耳杯，也有玉器，更晚一些则以瓷器居多，造型也越来越简洁。

图 3.4 尊

图 3.5 觚

图 3.6 爵

第四节　饮食习惯与观念

一、饮食习惯

　　上古时代，人们一日两餐，第一顿饭叫朝食，也称饔，在上午九点左右；第二顿饭叫铺食，又称飧，一般在申时，也就是下午四点左右。古代稼穑艰难，产量不高，取火也不易，所以，第二顿饭通常是吃第一顿剩下的，因此，飧就有熟食和剩饭的意思。《左传》和《公羊传》都记载了晋灵公派刺客杀赵盾的事，刺客早上去的时候，隔着门看见赵盾正在吃"鱼飧"，感叹赵盾如此节俭，必定是个仁人，所以没有下手。作为晋国的重臣，早饭吃剩的鱼肉，当然是节俭的表现。一日两餐，也符合古人"日出而作，日落而息"的生活习惯，因此古人是不睡午觉的。

　　到汉代，官僚贵族阶层已是一日三餐。《汉书·淮南厉王传》载，淮南王刘长谋反，被判流放蜀地，汉文帝念及他是宗室，特下令准许他每日可吃三餐，且给肉五斤，酒二斗。犯罪的贵族仍可一日三餐，一般贵族的饮食情况自不待言。皇帝甚至可以一日四餐，《白虎通义》称："平旦食，少阳之始也；昼食，太阳之始也；晡食，少阴之始也；莫食，太阴之始也。"这段话未必是陈述事实，但皇家与贵族在饮食方面的奢侈是可以想见的。不过当时普通百姓仍是一日两餐，晁错在《论贵粟疏》中说"人情一日不再食则饥"，是说一日两餐是人生存的起码条件，否则就会因饥寒交迫而造反。普通百姓一日两餐的饮食习惯持续了很多年，直至中华人民共和国成立之后，国内有些地区仍延续着这样的习惯。

　　古代有"钟鸣鼎食之家"的说法，当时的贵族宴享时用鼎作食器，不同等级的贵族可使用的鼎的数量不同，《春秋公羊传》称"天子九鼎，诸侯七，卿大夫五，元士三也"。在镬中煮熟的肉食先升入鼎中，罗列于庭院。再从鼎中取出，移至俎上入席，在俎上用刀切割，然后分给食者。做熟的饭则装入簋中入席。宴席开始时还要奏乐，即鸣钟。正式宴会的饮食分为四部分：饭、膳、羞、饮。饭是主食，膳是各种肉食，羞是装在豆中的果品，饮是酒或其他饮品。鼎只出现在正式宴会，是身份地位的象征，平时吃饭不用。这是上古时代的情况，随着中国人起居方式的改变，鼎最终彻底退出了饮食活动。

二、饮食礼仪

古代中国被誉为礼仪之邦，礼仪贯穿于人们社会生活的各个方面，饮食活动自然也不例外。这里仅就宴席的座次安排及用餐时的注意事项略述一二。

礼仪一个重要的元素就是讲究尊卑等级，原本在实用层面上没有差别的方向、位置也因此被赋予了尊卑的差别。《史记·淮阴侯列传》载，韩信在井陉之战中背水一战、大破赵军，并俘获了赵国的大将李左车，当属下把李左车押送过来时，韩信"解其缚，东向坐，西向对，师事之"。赵军之所以大败是因其主帅陈余迂腐固执、不听李左车的建议。韩信很佩服李左车，把他当老师对待，因此让他坐在面朝东的位置，自己则坐在面朝西的位置。东向为尊大约是因为东边是太阳升起的方位，代表阳，而西边则为阴。所以两人就座时，面朝东的西侧是上座，面朝西的东侧则是下座。如果人比较多，需要围坐一起的话还要参照另一项规则，左为上，右为下。中国人的观念，左为阳，右为阴，所以男左女右。这样如果有多人分四个方向围坐的话，以地位最高的东向位置为核心，其左手的南向位置次之，其右手的北向位置再次之，西向位置最下。餐饮时的座次也照此安排。如果是家庭内部宴会，则长辈、长者居东向的上座，其他人按照顺序分别南向、北向、西向依次排列。如果是宴请宾客，则客人居上座，主人居下座。当然也有例外的情况，《史记·武安侯列传》记载丞相田蚡举办家宴时，田蚡坐东向的首席，其兄则坐在南向的次席上。那是因为田蚡是丞相，官位比他哥哥高，政治地位和社会地位都更高，而且这个地位是皇帝给的，家宴遵循这个次序也表达对天子和国家秩序的尊重。《史记·项羽本纪》记载鸿门宴的座次是这样排列的："项王、项伯东向坐；亚父南向坐——亚父者，范增也；沛公北向坐；张良西向侍。"项羽和他的叔父项伯最尊，其次是范增，再次是刘邦，末席是张良。这个座次安排很有问题，鸿门宴为项羽宴请刘邦的宴会，作为客人的刘邦应该在上座才对，更何况刘邦还年长于项羽，且无论如何都不应该位置比亚父范增还低，项羽作为楚国的贵族不该连这个礼仪常识都没有。所以，这个座次是项羽刻意安排的，用它来表示对刘邦的蔑视，司马迁详细记载下当时的座次安排则是表现出项羽为人的特点——心胸狭隘。

此后，中国人的居室建筑发生了变化，起居方式也在不断改变，在这个过程中，方向的尊卑差别观念逐渐淡化了，但左尊右卑的观念却始终保持着。宴会时，最长者或主宾居中，这个位置为第一，然后左侧二、四、六，右侧三、五、七。《红楼梦》第七十五回写贾母在凸碧山庄举办中秋赏月家宴时，"凡桌椅形式皆是圆的，特取团圆之意。上面居中贾母坐下，左垂首贾赦、贾珍、贾琏、贾蓉，右垂首贾政、宝玉、贾环、贾兰，团团围坐"。这里方向的意味已经不重要了，但即便是使用圆桌，左上右下的顺序依然被严格遵循。居中的贾母应该是面朝着景观的方向，如果是在室内举行的宴会，则面朝门的方向为上座。

在正式的宴席上，有许多需要注意遵守的行为规范，这些规范在儒家经典《礼记》中有较为详细的记载。首先，各种食物要有序摆放，《礼记·曲礼上》："食居人之左，羹居人之右；脍炙处外，醯酱处内，葱渫（yì）处末，酒浆处右；以脯脩置者，左朐右末。"意思是说，主食靠左放，羹汤靠右放，肉丝、烤肉靠外些，醋、酱靠里些，蒸葱放在最外面，酒和浆放在右边。如果有干肉，弯曲的部分在左，末端在右。另外就是进食的时候要注意自己的举止，如不要大口喝汤，进食时口中不要发出声响；不要把咬过的鱼肉放回盘中，不要啃骨头，不要把骨头扔给狗吃；不要因饭烫而用手扇凉；不要拨弄牙齿；不要在羹中再加调料搅和，不要把调味用的肉酱当菜吃；不要把饭、汤撒出来；要小口吃，快点吞下，咀嚼要快，不要把饭菜留在颊间咀嚼；等等。还有就是要讲究揖让，如果和长辈共食，要等长辈开始吃了自己再开始，长辈吃完了再停止；而长辈吃饱后，也要向晚辈劝食。

古代的饮食礼仪固然过于烦琐，它也是等级社会的体现，其中的许多内容不适合今天的社会。但古人制定礼仪的初衷有非常重要的一条，就是用符合礼仪的行为展现人所应有的文明素养。我们今天在各种社会活动中也应该注重这一点，在具体规范上，古代的食礼也有一定的参考价值。

三、饮食观念

（一）饮食科学

中国人很早就注意到了饮食科学和饮食卫生的问题，先秦诸子的作品中多有对此问题的论述。孔子论饮食多与祭祀有关，如"祭于公，不宿肉。祭肉不出三日。出三日，不食之矣"。古代肉食珍贵，常常是有祭祀活动的时候才能吃到肉。这段话的意思是说，为国君助祭后分得的肉要当天吃完；自己家中祭祀的肉，也要三天内吃完，过了三天就不能吃了。这里主要考虑的是食物的保质期。孔子还提出过许多饮食卫生原则和鉴别食物的卫生标准，如"色恶，不食。臭恶，不食。失饪，不食。不时，不食"。意思是说食物放久了，看上去颜色不对了或味道不对了就不能吃了，烹饪不当，夹生或烧煳了就不能吃了，不到吃饭的时间不要乱吃东西。再如"肉虽多，不使胜食气"，意思是吃饭应以主食为主，肉食和菜肴不能多吃，还有"唯酒无量，不及乱"，是说饮酒虽没有定量，也要以不醉为度。另外，"不多食""食不语"，也都是符合饮食卫生原则的。

《吕氏春秋》中重点论述了五味调和的问题，认为美味可以刺激食欲，但是五味要适度，"大甘、大酸、大苦、大辛、大咸，五者充形则生害矣"。其中任何一味过度的话，都会对身体造成损害。《黄帝内经》也认为不应食用味道过重的食物，并且更为具体地讲了哪一味过分会伤害人的哪个器官，或损害身体的哪些机能：过酸伤脾，过咸伤骨，过甜使心闷，过苦使胃脘涨，过辛使精神不振。《礼记·内则》则按照不同食物的特点，提出要根据季节的变化搭配不同的食物，"春多酸，夏多苦，秋多辛，冬多咸，调以滑甘"。这个说法是有一定科学道理的，夏季湿热，常吃苦味食物可以清热利水；秋季多雨而阴冷，吃带有刺激性的辛辣之物可以抵御湿气。但这些都不能过分，还要用柔滑甘甜之物来冲淡。

中国素有"食药同源"的观念，认为饮食活动与人的健康直接相关，并且认为凡食物都有药用价值，都有治病的功能，合理的、有针对性的饮食搭配可以治愈某些疾病。随着医学的发展，后世对食与药的区别和联系有了更清晰的认识，许多医药方面的专著大大丰富了食疗理论。唐代孙思邈《千金要方》中的《食治篇》和《千金翼方》中的《养老食疗》提出食物能治病，也能致病的观点，认为医生在诊病时要洞晓病因，通过食物调理不能痊愈者再用药物治疗。他明确提出食疗是辅助性的，并记载了食品类药物治病的范围。孙思邈奠定了中国古代食疗学的理论基础，此后出现更多食疗方面的专著，如唐代孟诜的《食疗本草》，其中所采药用食物多来自日常生活，食用方法较为简便，书中还记载了其副作用。其他如唐代昝殷的《食医心鉴》，宋代陈直的《养老奉亲书》，金代李杲的《食物本草》，元代吴瑞的《日用本草》，明代卢和的《食物本草》，清代章穆的《调疾饮食辨》等，都是我国饮食文化的宝贵财富。

中国古代科学饮食的很多观点都被现代科学所认可。但是，古代的相关论述多是定性的阐述，缺乏定量分析，缺乏精确性。另外，不可否认的是，限于当时的科学水平和认识水平，其中有些观点也存在谬误，这部分遗产需要我们批判地继承。

（二）节俭

由于各种客观条件的限制，粮食作为农业社会的主要财富，其增长速度是有限的，水、旱、虫灾又是古代社会无法抗拒的。好在粮食是可以长期储存的。要确保生存和发展，就需要把节省下来的粮食储存起来，以抵御各种灾害。因此，中国人很早就懂得了节俭的意义。《逸周书·文传》称："小人无兼年之食，遇天饥，妻子非其有也。大夫无兼年之食，遇天饥，臣妾舆马非其有也。"西周建立之后特别强调节俭是吸取了殷商覆灭的历史经验教训。《史记·殷本纪》载，商纣王在位期间不仅实行残暴统治，而且穷奢极欲，"以酒为池，县肉为林，使男女裸相逐其间，为长夜之饮"。贪于饮食是殷商亡国的重要原因。因此，西周统治者谆谆告诫子孙要注意节俭，不能贪吃，还要限制饮酒。《尚书》中有《酒诰》篇，据说是周公所作，它是西周初年发布的禁酒令。规定只有祭祀的时候方可饮酒，且不能喝醉，还规定要减少酿酒，爱惜粮食。中国古代的酒是粮食做的，在吃饭问题不能彻底解决的情况下，用粮食酿酒的确是个极大的浪费。

中国人很早就明白了"节约每一粒粮食"的道理，并把节俭的观念普及到各个领域。孔子认为，作为君子应该"食无求饱，居无求安"，应该安于贫贱的生活，"忧道不忧贫"。墨子的学说中一个重要观点就是节用，他强烈主张"去无用之费"，认为粮食对百姓和国君同样重要，国家要安定，统治者就应该节制过度奢侈的饮食，否则，"虽欲无乱，不可得也"。

第五节　烹调理论与菜系

一、以调味为中心的烹调理论

（一）五味调和

相对于西方人注重饮食营养的科学态度，中国人对待饮食是一种艺术的或审美的态度，更注重的是食物的美，包括色、香、味、形、触等各方面，还包括食器、饮器及就餐环境等。色是食物的色彩，合理的色彩搭配能带给人视觉上的美感；香是食物的气味，它带给人的嗅觉感受可以直接刺激食欲；形是食物的造型，它通过对食物原料的改刀和码放形成；触则是食物的口感，如爽滑、酥脆、Q弹等。而核心则是味。中国人非常重视食物的调味，先秦时期就出现了五味调和的观念，甚至把它运用到政治领域。

中国人把大千世界千变万化的味道归纳为五种：咸、甘、酸、辛、苦。咸味来自食盐，它最单纯，也最重要。清代章穆的《调疾饮食辨》称："酸甘辛苦可有可无，咸则日用所不可缺。酸甘辛苦各自成味，咸则能滋五味。"中国的烹调理论中咸味为君，其他四味则为臣，各种味道要增加适口感也都少不了盐。古代所谓的"甘"不同于今日的甜，它指的是那种可以在口中慢慢品味的味道，它可以缓和过咸、过辛、过苦的味道，起到提鲜润色的作用。上古时期的甜味来自甜酒、饴糖、蜂蜜，用甘蔗熬制蔗糖的方法是唐代从印度引入的。酸味可以刺激食欲、帮助消化、去腥解腻，在肉食较多的宴席上尤为不可少。酸味的来源有梅子或其他有酸味的果子，后来有了醯，也就是后世的醋。辛是比较复杂的味道，其来源包括葱、姜、蒜、韭、芥子、花椒、桂皮等有刺激性味道的物质，现在的辣味是辣椒引入中国之后才有的。苦味很少单独用，但却不可或缺，我们今天炖煮肉食时也要用到陈皮、丁香、杏仁这些苦味调料来去除腥膻，并激发食物的香味。

中国烹调理论中调味的目的是清除异味、突出正味、增加滋味、丰富口味。中国的调味料极其丰富，数量达几百种之多。调味方法也是多种多样，要根据食材本身的特点、烹饪方法的不同，以及食物成品要达成的效果，选择合适的方法进行调味。不仅要调出美味，而且要注重口味的变化，使各种味道呈现层次感。

（二）本味与变味

上古时代，肉食获得不易，人们也以肉食为珍。各种肉食都会带有程度不同的腥膻气味，因此在很长一段时间内，中国的烹调观念注重于"变味"，即改变食材原有的异味，赋予其被人喜爱的香料的味道。自宋代开始，士大夫阶层开始喜欢素食，蔬菜、竹笋、菌类等被许多士人所赏识，如苏轼在《菜羹赋》的序中说："煮蔓菁、芦菔、苦荠而食之。其法不用醯酱，而有自然之味。"这种"自然之味"就是食材的"本味"。宋代高僧赞宁嗜好食笋，特著《笋谱》介绍竹笋的采掘、食用方法，特别强调要食其"本味"，要连笋皮一起用山泉水慢火文煮，坐在山林里享用。清代李渔也是坚定的本味论者，他在《闲情偶寄》中对笋、蕈（菌类）、莼菜等鲜美素食大加称赞，并称笋是"蔬食中第一品也，肥羊嫩豕，何足比肩"。

变味论与本味论各有所长，也都有缺陷。变味论是将原本腥膻的食材调理成美味，固然值得称道，但食材本身的特点消失了；本味论保留食材本身的特点，但它的适用范围仅限于"自然之味"等易被人接受的食材。事实上，本味论的出现导致中国的烹调理论走向变味与本味的合流。清代学者袁枚在其《随园食单》中提出："调剂之法，相物而施。"就是说要根据食材本身的特点进行调味，在变味的同时，最大限度地保留食材本味的特点。

二、地方风味与菜系

中国地域辽阔，各地自然环境、气候条件有一定的差异，由此造成不同地区的人在饮食方面的不同偏好。而中国烹调从理论到实践对味道的重视，形成了不同地区人们口味上的差异，所谓"南甜北咸东辣西酸"，由此形成各具特色的地方风味。地方风味是菜系得以形成的基础，也是必要条件。但仅有这个条件是不充分的，它还需要至少两个条件做补充：首先是餐饮的市场化，有繁荣的城市经济，有大量的酒肆饭馆，有丰富的食物原料，有技艺高超的厨师；其次是要有文化教养深厚的高水平消费者赋予菜品特殊的文化内涵，这部分消费者就是美食家。

当然，所谓菜系基本上是一种民间的认可，很难制订一个统一的标准或取得官方的认定。中国有"八大菜系"之说，这八个菜系究竟是哪八个观点也并不统一，但影响较大的四大菜系为川、鲁、淮、粤，这个说法应该争议不大。

（一）川菜

川菜的特点，一是调味多变，有"一菜一格，百菜百味"之美誉，而尤以麻辣味著称。二是取材广泛，可以用最普通的食材调配成令人惊艳的美味菜肴，故有"化腐朽为神奇"之说。三是档次多，适应性强，可以满足不同场合、不同类别的需要。著名的川菜有锅巴肉片、宫保鸡丁、鱼香肉丝、水煮肉片、干煸牛肉丝、麻婆豆腐、樟茶鸭子、夫妻肺片、蒜泥白肉等。

（二）鲁菜

鲁菜源远流长，早在春秋时期，鲁地就出现了高度发达的齐鲁文化。现在的鲁菜大约形成于元明时期。鲁菜由胶东菜和济南菜两大部分组成，胶东菜以烹饪海鲜著称，代表性菜肴有绣球海参、油爆海螺、芙蓉干贝、红烧大蛤等。济南菜精于制汤，善于用爆、炒、炸、烧等烹调方法，多以淡水鱼、猪肉、蔬菜为原料，代表性菜肴有奶汤鲫鱼、糖醋黄河鲤鱼、锅烧肘子、油爆双脆等。鲁菜的特点是脆、嫩、鲜、滑，调味上以咸为主，酸甜为辅，无论凉拌热炒均喜用葱调味。

（三）淮扬菜

淮扬菜是以淮安和扬州为中心的地区性菜系，以水产品烹饪为主要特色，注重鲜活，讲究刀工，利用主辅料自然色彩搭配，清爽鲜嫩，口味清淡趋甜，香而不腻，淡而不薄，擅长炖、焖、煨、焐、蒸、烧、炒等烹饪手法。名菜有松鼠鳜鱼、清蒸鲥鱼、大煮干丝、清烩鲈片、水晶肴肉、清炖蟹粉狮子头等。

（四）粤菜

粤地古代为百越人生活的区域，其饮食习俗在秦汉时期受中原影响，唐宋受西域影响，明清以来又吸收了西餐的烹制法，形成独具特色的饮食习俗。粤菜的特点，一是原料广泛，品种繁多。粤人食蛇已有 2 000 多年历史，《淮南子》说："越人得髯蛇以为上肴。"南宋周去非在《岭外代答》中称当地人"不问鸟兽蛇虫，无不食之"，生猛海鲜是其主要特色。二是料精工细，善于装饰。三是炮制方法讲究，常用方法有 30 余种之多。另外，粤人喜欢喝汤，也善于煲汤，煲汤时不仅讲究主料与辅料的搭配，往往还加入滋补或清凉的中药材，味道鲜美且有营养价值。

第六节　茶与酒

一、中国茶文化

中国是茶的故乡，种茶、制茶、饮茶都源于中国。[①]

上古无"茶"字，先秦古籍中只有"荼"。荼是一种苦味的野菜，它也泛指

---

① 关于茶叶原产国的争议，参照郭孟良. 中国茶史 [M]. 太原：山西古籍出版社，2003:2–8.

有苦味的植物。《诗经·谷风》"谁谓荼苦，其甘如荠"，恰好说明了茶的特点，初饮味苦，回味甘香。传说神农尝百草时，日遇七十毒，得茶而解。这样的传说自然不能当作信史，但茶在中国的确起源很早。茶始产于西南地区，顾炎武在《日知录》中称"自秦人取蜀而后始有茗饮之事"，即秦灭蜀之后，茶事活动才传到了中原。西汉文学家王褒为其友写的《僮约》中载有家童买茶和煮茶的生活，这是有关茶成为饮品的最早记载。魏晋南北朝时期，文人士大夫间饮茶风气已经很盛行，西晋文学家张载《登成都白兔楼诗》中有"芳茶冠六清，溢味播九区"，称茶在当时的六种饮品中最为芳香怡人，且蜀地茶香已广泛传播于九州大地。南北朝时期，佛教盛行，僧人坐禅时为消除睡意，常饮茶以醒神，随着佛教的广泛传播，也把饮茶风俗推广到各地。唐代，茶叶迎来了一个空前兴盛的高潮，产地遍布江浙、华南、华中、四川地区，而以江淮产量最高，浮梁、湖州是重要的茶叶集散地。白居易《琵琶行》曰："商人重利轻离别，前月浮梁买茶去。"唐人陆羽所写的《茶经》是我国第一部茶叶专著，对茶的起源、历史、栽培、采摘、烹制等作了详细的论述，他还把古代的"荼"字去掉一笔，改为"茶"字。[1]宋代诗人梅尧臣盛赞"自从陆羽生人间，人间相学事新茶"。唐以后，陆羽被奉为"茶神"或"茶圣"。至宋代，茶叶的种植和制作技术更为成熟，宋徽宗《大观茶论》中，把当时的制茶工艺细分为十二条，可见当时茶叶制作已相当发达。此后，茶逐渐成为中国老百姓生活用品的一项，列入开门七件事——柴米油盐酱醋茶之一。

随着茶叶由中原传至边疆，深受以肉为主食的游牧民族喜爱，茶叶的需求量急剧增大，与食盐、丝绸一并成为封建时代三大重要贸易商品。唐建中元年（780年）始征茶税，并对西北少数民族实行"以茶易马"。明代开国皇帝朱元璋为恢复经济，增进汉族与少数民族的联系，在西北边境组织"茶马互市"。茶叶成为封建经济的重要组成部分。

饮茶首先讲究茶叶的质地。历史上不同时期所推重的茶叶产地也不一样，如唐代重阳羡（今江苏宜兴），宋代重建州（今福建建瓯），明清则重武夷、龙井。唐宋饮茶用的是"茶饼"，需烹煮，称煎茶。元代始有散茶，明代才有"炒青"制法，并开始用开水冲饮。饮茶还讲究所用的水质，陆羽《茶经》称："其水，用山水上，江

---

[1]《尔雅》郝懿行疏："今茶字，古作荼……至唐陆羽著《茶经》，始减一笔作'茶'。"

水次，井水下。"各地水质也有高下之分，如楚水第一，晋水最下，共分二十等。如是煮茶，还讲究煮法和火候。泡茶则要讲究茶具，应用腹大口小的瓷质盛器，这样便于保存香味。还要讲究茶具的产地、质地和色泽，宜兴紫砂茶具颇受推崇。《红楼梦》第四十一回"贾宝玉品茶拢翠庵"，妙玉用写有古代名人"珍玩"字样的茶具泡茶，用的水则是五年前收梅花上的雪化成的，品茶时妙玉说："一杯为品，二杯即是解渴的蠢物，三杯便是饮牛饮驴了。"可见品茶是情趣的体现。唐人煎茶还加姜、盐及葱、橘皮、薄荷等，至宋则不用，不过现在在我国有些地区还保持着这一习惯。

清代，茶始有红茶、绿茶之分，红茶为发酵茶，绿茶为未发酵茶，而乌龙茶等为半发酵茶。现在，我国的茶叶有 1 000 余种，驰名中外的名茶有西湖龙井、太湖碧螺春、黄山毛峰、庐山云雾、君山银针、六安瓜片、信阳毛尖、安溪铁观音、武夷岩茶、云南普洱茶等。

二、中国酒文化

酒的历史比茶长，1986 年在河南出土了一壶 3 000 年前的古酒充分说明了中国造酒历史的悠久。传说中造酒的始祖是仪狄或杜康。据《战国策》记载，仪狄是大禹时代的人，他造酒进献大禹，禹饮后觉得甘美，随即疏远了仪狄，并禁止造酒，他认为："后世必有以酒亡其国者。"果然，夏在其第十七代君主夏桀时以酒亡国。据史书记载，夏桀营造的酒池足以行舟，酒糟则堆积如山。另有其他史书记载杜康造酒的过程，古人偶然将剩饭贮藏在枯桑树洞中，在适温下发酵糖化，酿成甘甜幽香的酒，杜康受此启发，几经试验造出酒来。

酒与中国人的生活是息息相关的。从历史上看，大到国家的祭祀、庆典、会盟，小到普通百姓的节庆婚丧、接待亲朋，可以说，酒是喜庆、亲情、友情的载体。酒也是英雄气概的象征，项羽在四面楚歌中，面对美女宝马唱出悲壮的《垓下歌》；平叛得胜，衣锦还乡的刘邦，在与故乡父老畅饮之时唱出慷慨激昂的《大风歌》；《三国演义》有关羽"温酒斩华雄"，《水浒传》有武松"醉打蒋门神"，都是由酒引发的英雄行为。作为一种文化，古人饮酒多如欧阳修所言"醉翁之意不在酒"，许多古代士人饮酒是出于对现实的不满，以醉态来抒发内心的郁闷。晋代的阮籍和刘伶都是狂饮的代表，刘伶自称"天生刘伶，以酒为名"，据说他常携一壶酒，让仆人拿着铁锹跟着，说"死便埋我"，还传说他曾在喝过杜康酒后一醉三年，民间称"杜康造酒刘伶醉"。阮籍则每每大醉之后驱车向荒野，在穷途末路之时放声痛哭。当然这种做法是不可取的，所以王勃说："阮籍猖狂，岂效穷途之哭？"

酒与文学有着不解之缘，它既是文学作品描写的对象，又是文学创作的推动力，这是中国酒文化的一大特色。《诗经》有"醉酒饱德"，《楚辞》有"众人皆醉我独醒"。古人作诗必饮酒，苏轼将酒称作"钓诗钩"。"李白一斗诗百篇"已是家喻户晓，杜甫也嗜酒终生，直至暮年多病才不得不"潦倒新停浊酒杯"。

酒在我国古代已有了分类，因此也有了各种不同的叫法，如清者曰"酿"，浊者曰"醠"（àng），厚者曰"醇"，薄者曰"醴"。中古以前的酒，一般都是将谷物煮熟后加入酵母酿制而成的，类似今天的江米甜酒，酒精度较低，所以古代典籍中称某人能饮一斗而不醉不足为奇。今天的白酒是烧酒，它是经过蒸馏的高度酒，据李时珍《本草纲目》记载，制造烧酒始于元代。唐诗中的"葡萄美酒"则来自西域。

今天的白酒，按其香型主要分三类：酱香型以茅台为代表，具有窖底香和醇甜香共同组成的氨基酸酱香味，酒体醇厚，优雅细致，留香持久，回味悠长；浓香型以泸州老窖、五粮液、剑南春、古井贡酒为代表，其香味的主要化学成分是乙酸乙酯，并含有多元醇，香味浓郁，绵柔甘洌；清香型以汾酒为代表，香气的主要成分是乳酸乙酯和乙酸乙酯，清香纯正，诸味调和，余味爽净。此外，桂林三花酒为米香型，湖南白沙液、湖北白云边则为"浓头酱尾"之混合香型。

思考题

1. 简述古代中国人的饮食结构，并分析为什么中国人有主食、副食的区分。

2. 简述中国古代主要的食器和酒器，并分析它的发展趋势。

3. 什么是五味调和，分析这一观念对中国的政治思想有什么影响。

4. 通过对不同茶叶的品鉴，总结其各自的特点与区别。

5. 简单分析为什么酒能成为文学创作的推动力。

推荐阅读材料

1. 王学泰 . 华夏饮食文化 [M]. 北京：商务印书馆，2013.

【推荐理由】该书为"文史知识文库"系列之一，较为全面和细致地介绍了中国饮食文化发展的历程。

2. 郭孟良 . 中国茶史 [M]. 太原：山西古籍出版社，2003.

【推荐理由】该书不仅介绍了茶叶在中国的起源与发展历史，而且包括了饮茶风俗演变、古代茶叶经济等方面的内容，史料丰富，颇有趣味性。

第四讲

中国古代的科举制度

学习目标

1.了解隋唐之前的选官制度，理解科举制产生的原因。

2.了解唐代科举的特点。

3.了解宋代科举制度的变革及其影响。

4.了解明清时代的科举与八股文的特点。

5.了解科举制度发展的历程并对其进行客观的评价。

中国古代的官员选拔制度经历了世袭制和选拔制两个大的历史阶段，而科举制是选拔制的主要形式。科举制度是通过考试选拔官员的制度，它始创于隋朝，至清末被废止，历经1 300多年，对中国的历史和文化都产生了重要影响。科举制是古代选官制度进入成熟阶段产生的，是总结历史经验的结果。

第一节　科举产生之前的选官制度

一、先秦世官制

世官制是职官世代相传的制度，也称世卿世禄制。周朝建立后，周武王去世，即位的周成王年幼，两位辅佐他的重臣分别是周公旦和召公奭。后周公封鲁，长子伯禽就封于鲁，成为鲁国的首位国君，次子则袭位周公，留在周王室辅佐天子，且世代为周公。召公封燕，同样以长子就封，次子留周室，代为召公。公元前841年，因周厉王实行暴政导致"国人暴动"，周厉王被迫出逃，京城则由周公与召公共同执政，史称"周召共和"。周宣王即位时，又有周公、召公辅政，此周公与召公即西周初年之周公旦和召公奭的后裔。周王朝其他职官也同样是世袭的。诸侯王位是世袭的，各诸侯国的大夫职位也是世袭的，如晋之栾、韩、赵、魏、范、知、中行等。

从史书记载来看，商周时期也有通过选拔产生的官员，如商汤时的伊尹、武丁时的傅说、周文王时的姜尚，都不是因其血统而是因才能成为执政的重臣的，但这样的情形并不常见。世官制在春秋战国时开始动摇，当时的各国为图霸业，广纳人才，将任人唯贤确立为选官的原则，而其中又以秦国的选官改革进行得最彻底，并由此强盛，最终完成统一大业。

二、两汉察举制

汉代察举制有常科的孝廉、秀才（东汉时为避光武帝刘秀的名讳而改称茂才）

等，特科的贤良方正、贤良文学等。先由地方官在辖区内考察、选拔，然后向中央推荐，经负责选官的部门考核选任。孝廉是定期推选的，各地按人口数量分配相应的名额，大致是二十万人的郡每年选一人，人口稀少的边郡则受到适当照顾。茂才荐举到东汉也成为常制，贤良方正、贤良文学始终不是常制，而是应皇帝诏令随时特举，此外还有明经、明法等。

与察举并行的是征辟，"征"是以皇帝的名义征召有特殊名望、品学兼优的人士任朝廷顾问或官吏，如汉安帝曾征用科学家张衡为郎中，后迁升为太史令；"辟"是公卿重臣或地方高级官员聘用才俊为自己的吏员。此外，汉代还有任子制度，即任期满三年的高级官员可保举一个子弟做官，是高官子弟借父兄之力得官的制度，例如苏武就是通过任子制度由父亲保举做官的。

无论察举还是征辟都要经过考试，考试的内容一般是经学或奏章，考试方式有射策和对策，包括笔试和口试。其中射策是将试题书于简策，由考生取策回答；对策是将题目公布，令考生作答。

两汉察举制相对于世卿世禄制度是一个巨大的历史进步，但其弊端仍很严重。推荐者仅凭一己之见，这便于官僚们徇私舞弊，被推荐者往往是推荐者的门生故吏，有政治上的君臣关系乃至私人感情上的父子、兄弟关系。这种关系形成了大大小小的私人集团，并逐渐成为后世的门阀士族。一些原本没有政治资本的人，为了获得名声以求被举荐而造假作秀、沽名钓誉。察举缺乏严密的考核制度，它虽有考试环节，但却是先选后考，考试只是量才录用，只要被推举上来就不会被黜退，差别只是得官的高下。东汉时就有民谣唱道："举秀才，不知书。察孝廉，父别居。"

三、魏晋南北朝九品中正制

九品中正制也叫九品官人法。东汉末年，曹操针对当时极度败坏的选举制大刀阔斧地进行改革，明确提出"唯才是举"的用人原则，尤其注重官员的"才"，他甚至认为品行不好的陈平、不守信用的苏秦都因有才而成为一代名臣。曹丕执政之后，采纳礼部尚书陈群的建议，建立了九品中正制。九品中正制的实施方法是：在地方设中正官专职负责选官，中正官为已在朝廷任要职且具"识鉴"能力的官员，他们对所辖区域内人物进行评定，区别高下为九个品级推荐至吏部，该品级即作为中央授官的依据。

同任何一种新制度一样，九品中正制的诞生有其合理性和现实性，在实施的初期起到了一定的选贤任能的作用。但随着发展和成熟，其选举的标准则向着注重世家的方向发展。到了曹魏后期，门阀士族把持了中正的任命权，以自身势力影响操纵和垄断仕途。在品评士人、选拔官吏时，特别强调士庶之分与门第高低，最终在西晋时形成"上品无寒门，下品无势族"的局面。晋至南北朝时期，门阀士族借助这一选举制度长期把握政坛，士族子弟生来就有敞开的仕途，因而不思进取，政治腐败，成为祸乱的根源。后世也有学者认为，曹丕的九品中正制就是以官员选拔权来换取世家大族对其皇位的支持。

第二节　唐代的科举制度

隋朝统一全国后加强了中央集权，废除了九品中正制，把官吏选拔的权力收归中央，从而揭开了科举制度的序幕。隋文帝开皇十八年（598 年）举行分科考试，设立了志行修谨、清平干济两个科目。隋炀帝大业三年（607 年），考试扩大为十科，包括文才、武艺、品德、治能等方面，同时设立了进士科。"进士"一词最早见于《礼记·王制》，其含义是可进授爵禄之士。进士科的设立也被后世视为科举制度诞生的标志。但终隋一代，科举制度都处于草创阶段，至唐代才发展到初步成熟的阶段。唐代的科举包括了常科与制科两类，另外还有选拔武官的武科。

一、常科的考生来源与考试科目

常科是每年定期在京城举行的考试，某些年份会因特殊原因暂停。参加常科考试的考生有两类：一类是由中央及地方各级学馆荐举的学生，被称为生徒；另一类是未经学校学习、自学成才的读书人，他们可以向所在州、县官府申请，经州、县考试合格后再到京城参加考试，这些人被称为乡贡。由乡贡入京应试者也被称为举人。乡贡名额由中央分配，名额按照地方的人口多少来确定，对经济文化发达、人才荟萃的地区予以适当照顾。读书人不论门第高下及出身贫富均可报名参加州县考试，再逐级应选到京师，与生徒一起参加科考。

常科设立的考试科目共五十余种，其中较为常见的有秀才、进士、明经、明法、明字、明算、史科等，其中进士与明经是常科考试的主要科目。所有科目选拔的人才可以分为两大类，通俗一点讲，一类属于综合型管理人才，如秀才、进士；一类属于专业人才，如明经、明法等。这些科目的地位也是不一样的，综合型人才地位较高，考中之后进入官场的起点相对也高；专业型人才的地位较低，进入官场后起点相对也低，这有可能影响其一生的仕途。唐代大诗人白居易的祖父和父亲都是明经出身，一生担任的最高官职也不过是县令或州的别驾，而进士出身的白居易不仅曾任秘书监，着紫色朝服（三品以上官员的官服），且以刑部尚书致仕，死后还被赠予尚书右仆射（唐代相当于宰相）。当然，这种情形也不能一概而论，唐代名相狄仁杰就是明经出身。另外，同一类型的科目地位也不相同，秀才科选拔的是最优秀的人才，因要求高、考试难度大而很难考取，且一旦报考秀才科而成绩不好，考生所在州的长官要受到处分。所以，应试秀才的人数很少，到高宗时已基本处于被废止的状态。由此也使得进士科最受时人尊崇，中唐以后的宰相多半为进士出身。

知识链接

《新唐书·选举志》选段

唐制，取士之科，多因隋旧，然其大要有三。由学馆者曰生徒，由州县者曰乡贡，皆升于有司而进退之。其科之目，有秀才，有明经，有俊士，有进士，有明法，有明字，有明算，有一史，有三史，有开元礼，有道举，有童子。而明经之别，有五经，有三经，有二经，有学究一经，有三礼，有三传，有史科。此岁举之常选也。其天子自诏者曰制举，所以待非常之才焉。

二、常科考试体例

唐代常科考试最初由吏部主持，吏部考功员外郎主考。唐玄宗时改在礼部举行，由礼部侍郎主持，因此也称"礼部试"。因为考试都在春季举行，故又称"春闱"，"闱"就是考场的意思。考试地点多设在长安，中唐以后有时也会在长安、洛阳两都分别举行。

唐代科举科目虽多，但所试体例不外五种：口试、帖经、墨义、策问、诗赋。

口试因无相关记载，今已不可确知，大概与今天的面试类似。帖经是选取经典作品中的一页，保留其中一行而贴住其他文字，在露出的这一行里贴住几个字由考生填写出来，大致相当于今天考试的填空题。墨义即对经典文字作出解释，类似于今天的古文翻译。策问大致相当于今天的问答题，考生针对所提有关治国方略、时务等方面的问题作出回答。诗赋是玄宗时正式被加入科考体例的，体现了唐代偏重文辞的倾向，它相当于命题作诗，诗的题目和韵脚都是规定好的。

唐代科考的惯例是进士重诗赋，明经重帖经、墨义。要写出好诗来，除非天赋异禀，一般要靠不断的积累和历练，所以难度更大。而帖经和墨义靠死记硬背，相对要容易一些，而且越是年轻，记忆力越好，这两项考试越是容易过关。唐人有"三十老明经，五十少进士"的说法，这一说法或有夸张的成分，但也基本反映唐代科举的真实情况。白居易考中进士之后，按当时惯例参与了曲江宴游和慈恩题名活动，他在长安慈恩寺大雁塔下所题诗中有"慈恩塔下题名处，十七人中最少年"的诗句，由此可知白居易同科的进士共计17人，可见唐代科考的难度，而这17人中最年轻的白居易已29岁了。

考生经礼部考试合格后被录取称为及第，也称登第、登科，考不上称落第。新科进士互称同年，都是主考官的门生。唐代进士科及第被称为登龙门，同榜及第者要举行一些庆贺活动，如在长安的杏园举行探花宴，由同榜两名年少英俊的进士负责采集名花装点，称为"探花使"。唐代诗人孟郊曾在中举后写下"春风得意马蹄疾，一日看尽长安花"的诗句，春风得意因此又成为进士及第的代称，后世则成为表现人生顺境时心情的成语。

三、吏部的选拔考试

通过礼部试获得进士出身只是说明具备了做官的资格，因此，这个考试从本质上说是选士。最终能不能当上官，还要经过吏部的选拔，吏部试才是选官。

唐代的吏部试有四个考核项目：身、言、书、判。所谓"身"就是相貌身材，《新唐书·选举志》称须"体貌丰伟"，字面上看要求很高，实际上是要淘汰相貌过于丑陋或身体有缺陷者，中国文化中的确有以貌取人的倾向。"言"是口头语言表达能力，首先是口齿清晰，其次是表达有条理。古代并无今天通用的普通话，考查这个方面对于官员来说的确很有必要。"书"是书法，凡官员都需要写公文，字写得好坏当然很关键。不过这个书法并非完全审美意义的，主要是要求字要写得规范整齐，易于辨识，唐代流行的楷书原本就具有这个特点。后世则形成科举考生专用的规范字体，称馆阁体。"判"是司法判案，古代行政司法不分，行政官员都须具备司法判决的能力。这四个项目中，前两项为考查项目，后两项为考试项目，其中以"判"最为重要。如果说礼部试注重的是学识文辞，吏部试则注重实际工作能力。

吏部试也分科进行，科目包括博学鸿辞、拔萃等。前者主要测试文章，后者主要测试司法判词。唐代文学家柳宗元就是在进士及第之后，应试博学鸿辞科被授予集贤殿正字；白居易也是在中进士后应试拔萃科被授予秘书省校书郎的官职。

四、制科与武科

制科又称制举、特科、特举，是由皇帝主持的考试，原则上由皇帝亲自出题、阅卷并最终确定录取与否，是皇帝为特选人才而临时设立的考试，考试的科目及考试时间也由皇帝临时决定。应试制科的可以是普通读书人，也可以是在朝为官者，已应试制科或常科而得官者还可以再应试制科。唐代诗人贺知章在进士及第之后又应试制科，得中超类拔群科。制科因是随机性的考试，且完全取决于皇帝的个人意愿，其科目也极为繁多，归纳起来有文辞类、吏治类、儒学类、玄道类、方伎类等共计数十种。制科是皇帝主持的考试，考中之后可直接授予官职，且为级别较高、较为重要的职位。但考试难度也很大，作为一种特选，制科是要选出特别优秀的人才，如果考试之后并未发现才华出众者，有可能一个也不录用。大诗人杜甫曾参加过玄宗朝的一次制科，结果没有考中，那次考试最终的结果就是无人被选中。制科考试难度大，考中前途好。奇怪的是，唐人并不将其视为入仕之正途，制科出身的官员往往受到同僚的歧视，官员聚会时，进士出身者甚至不愿与制科出身者同坐。

武科也称武举，是通过考试选拔武官的制度，始创于唐代。武官的产生原本主要凭借军功，行伍出身也被视为武官入仕的正途。武则天长安二年（702 年），始设武科考试。应武科考试的考生出自乡贡，文职官员也可参加考试，但所有考生都有身高、年龄等方面的要求。考试由兵部主持，考中者被授予官职。考试的项目包括马槊、马射、步射、负重摔跤等项目，主要考核实战能力和武器装备运用能力。宋以后的武科增加了理论考试，主要是古代的军事理论著作，如《孙子兵法》等。

五、唐代科考中的行卷

唐代科举取士，不仅要看考试成绩，还要有在当时负有名望的人士推荐。应试的举子为了增加自己及第的可能性和争取好的名次，多将自己平日写得比较好的诗文进行编辑，在科考之前呈送给有影响的名公巨卿，以求得到推荐，后来便形成了风尚。因当时的文字是制作成卷轴的形式，这一风尚也被称为"行卷"。

行卷现象的存在有一定的合理性，它一定程度地避免了一张试卷定终身的情况，通过以往的作品让考官对考生有更全面的了解，尤其是诗赋这一项出现在科考中之后。写诗是需要灵感和情感体验的，考场气氛紧张，很难产生诗歌创作的情感冲动，即便是高水平的诗人也难以在考场上展现自己的真实水平。唐代科考产生的诗作流传到今天的也有，其中却罕有佳作。白居易初入长安之时，曾带着自己的诗作拜访当时的著名文人顾况，顾况看到白居易的名字便打趣地说："长安米贵，欲居不易啊！"但当他看到《赋得古原草送别》时却大为激动，说："写得如此好诗，居亦不难。"由此，年轻的白居易声名鹊起。

行卷的存在的确让一些有才能的人得以崭露头角，牛僧孺以《说乐》得到韩愈、皇甫湜的赏识，杜牧因《阿房宫赋》得到吴武陵的大力推荐，都是很突出的事例。但它并不是一项规范的制度，而属于暗箱操作，损害了考试的公平公正。在这个过程中，不乏无德官员因人情托请或收受贿赂而徇私，荐举资质平庸的无能之辈，导致真正的有才之士落选或等级降低。另外，也有不良考生剽窃他人作品，弄虚作假，欺世盗名。考试与推荐相结合，对选拔人才是可以起到积极作用的，但制度上的漏洞则为达官贵人徇私舞弊打开了方便之门。

隋唐时期科举制度的产生是古代选官制度发展的历史必然，它把人才选拔和官员任命的大权集中在中央，庶族地主出身的读书人得以通过科举进入官僚机构，打破了世家大族对仕途的垄断，相对于之前的察举制与九品中正制也是一个巨大的历史进步。但唐代的科举制还存在诸多缺陷，官宦子弟实际上仍享有部分特权。同时，科举也不是唐代进入官场的唯一途径，门荫入仕的途径始终都存在。

知识链接

杜牧"被"第五名

《唐摭言·卷六》记载一则故事：唐文宗大和二年（828年），大诗人杜牧将参加进士考试，当年的主考官是礼部侍郎崔郾。按照惯例，举子不能向主考官直接投献行卷，必须通过他人转交、推荐。杜牧出身长安名门，是名相杜佑的孙子，所以有不少朝廷官员主动为他奔走。其中，太常博士吴武陵更是随身携带杜牧的名篇《阿房宫赋》。这一年的考场设在东都洛阳，当崔郾从长安启程赴洛阳时，众多公卿大夫在长乐驿为他饯行。吴武陵得知后，急忙赶来，对崔郾说："先生正要为天子选求奇才，我也做点贡献。这是太学生杜牧写的《阿房宫赋》，您看看，真是王佐之才啊！"崔郾读完之后大为感叹："真是绝世好文章！"吴武陵顺势说："杜牧正巧要参加考试，可以给个第一名吧。"崔郾说："不行，第一名已经内定了。"吴武陵又说："实在不行，那第五名总可以吧？"崔郾仍犹豫不答，吴武陵勃然大怒，说："不行的话，把赋还给我。"崔郾舍不得放弃，忙说："那就照您说的办吧！"考试结束，杜牧果然中了第五名进士。

第三节　宋代科举制度的变革

宋太祖赵匡胤是通过军事政变夺取政权的。宋王朝成立之后，吸取唐朝因军阀割据而导致亡国的历史教训，一方面削夺藩镇权力，将兵权、财权、行政权、司法权收归中央，强化中央集权；另一方面奉行重文轻武的基本国策，鼓励官民读书。宋代的科举制得到了进一步的发展，在承袭唐制的基础上进行了一系列的改革。宋代科举仍分常科、制科和武科，但常科的科目比唐代大为减少，其中进士科仍最受重视，其他的明经、明法、五经、九经、三礼、三传、三史等科则合称诸科。各科的考试在内容和形式上都有所变革。

一、扩大录取的范围和数量

宋代为适应其中央集权的政治体制而建立起庞大的官僚机构，在开国百年之后，由财政供养的官员数量已超过50万人，而终唐一代需财政负担的官员总数最多时也不过18万人。这个庞大的官僚系统的多数成员自然是通过科举制度遴选产生的。同时，扩大科举取士的数量也是和宋代重文轻武的基本国策相适应的。唐代科举每次录取进士一般是十几人，多者不过二三十人，少的时候甚至不足十人。北宋初年，科举取士的数量与唐代还相差不大，太祖皇帝在位期间录取进士最多的一次是 31 人，诸科最多是 96 人。到太宗皇帝时，录取人数则大为增加。太平兴国二年（977 年），共录取进士 109 人，诸科 200 人，又格外开恩录取参加过 10 ~ 15 次考试的进士、诸科合计 180 余人，并录取了 7 位考试不合格却年事已高的考生。这一年录取的总数超过了 500 人，但还不是最多的一次。宋真宗咸平三年（1000 年），录取进士 409 人，诸科 1 129 人，总数达 1 638 人，创了历史纪录。录取人数过多也会给政府带来压力，所以，宋仁宗在位期间规定，每年的录取数量以 400 人为限，即便是 400 人，数量也相当可观。今有学者做过粗略统计，宋代（960—1279 年）300 余年间，仅录取进士的数量便是历时近 300 年的唐代（618—907 年）的 10 倍。

当然，宋代录取的数量众多的进士是有等级区分的，共分为三个等级，习惯上也称三甲，其中一甲为进士及第，二甲为进士出身，三甲为同进士出身。三甲均可直接授予官职。北宋时，一甲的第一名为榜首，第二、三名为榜眼，第一、二、三名都称作状元。南宋以后则专以一甲第一名为状元，第二名为榜眼，第三名为探花，此后历代形成定制。

二、确立三年一次的三级考试制度

北宋初年，沿用唐制，一年举行一次科举，特殊原因会临时停考。宋太祖在位16 年，开科 14 次，有两年因故未考。宋太宗太平兴国三年（978 年）冬，各地考生已经集中于礼部，因太宗皇帝要御驾亲征北汉，第二年的春天只好停考，此后均每隔一年或两年举行一次。英宗治平三年（1066 年），最终确定三年开考一次。

宋初的科举只有两级，第一级是各州举行的发解试，第二级是礼部主持的省试。州试是在各地由地方官主持的，省试在京城的贡院进行，主考官由皇帝直接任命，而不是按照惯例由礼部侍郎担任。开宝八年（975 年），翰林学士李昉作为主考官主持科考，共录取进士及诸科合计 38 人。太祖皇帝在按例接见及第考生时，发现其中有些人学识浅陋，回答问题语无伦次。因其中一人是李昉的同乡，所以引起了太祖的怀疑。恰在这个时候，一个叫徐世廉的落榜考生击登闻鼓，控告李昉在科考中徇私舞弊，用情取舍，并要求皇帝亲自主持考试。太祖立即下诏，令已被录取的考生连同从落榜考生中选出的 195 人，在讲武殿复试，这次复试由皇帝亲自出题并阅卷。最终录取了进士及诸科共 127 人，原来被李昉录取的人中则有 10 人落选。为此，李昉受到了降职处分。此后，殿试也成为科举制度的最高一级考试，通过殿试而及第的考生也成为"天子门生"。一次，太祖皇帝对身边的近臣说："昔者，科名多为势家所取，朕亲临试，尽革其弊矣。"（《宋史·选举志》）因考试最终是由皇帝把关的，及第者自然也无须经过吏部的考核而直接授予官职了。

三、锁院、弥封与誊录

为确保科举考试的公平公正，宋代进行了多方面的改革，最终形成了一系列较为严谨的制度，这些制度的建立健全同样经历了一个发展阶段。

北宋初年的科场，沿袭唐代风气，考生行卷也很盛行。主考官受命将赴贡院时，达官贵人可以向他推荐人才，美其名曰"公荐"。考生被录取后要向主考官谢恩，称其为"师门""恩门"，自称"门生"。建隆三年（962 年），宋太祖下诏，令及第者不得拜谢主考官及其亲属，不得称主考官为师门、恩门，也不得对主考官自称门生。乾德元年（963 年）又下令在朝为官者不得进行所谓的"公荐"，否则将以重罪论处。乾德三年（965 年），因一个翰林学士的儿子中了进士，太祖借机下令，凡官宦之家的子弟被录取，都要另外派大臣在中书省进行复试，复试合格才能及第。淳化三年（992 年），大臣苏易简受命为主考官，得到诏令之后，他没有回家，而是直接奔赴贡院，以躲避亲属及同僚的托请。此后就逐渐形成了锁院制度：考选期间，所有考官进入贡院封闭，与外界断绝一切联系，与家人也不许见面，直至考试结束。锁院时间的长短取决于这一次考试的进程，有时会长达 50 天。

对后世中国考试制度产生重要影响的弥封及誊录制度也产生于宋代。弥封又称封弥，也称糊名，就是把考卷上考生的姓名、籍贯等个人信息密封起来。弥封制度最早出现在唐代，但只用于制科和吏部试，礼部试则不用。淳化三年（992 年），宋太宗在殿试中首次采用了弥封。景德四年（1007 年），宋真宗接受礼部侍郎周起的建议，将弥封法用于省试。明道二年（1033 年），宋仁宗诏令各州，在发解试中实行弥封法。至此，弥封制度全面施行于宋代科举的三级考试中。今天，我们国家的各种正式考试均普遍采用这一制度。但是，弥封之后，考官还是可以通过试卷上的字迹认出自己熟悉的考生。为克服这一弊端，宋代又首创了誊录制度，即所有考生的考卷都要由专门的文职吏员抄写一遍，再交给主考官评阅。宋代考生答题时亲笔写的试卷称真卷，誊录后封存；誊录的卷子称草卷，交考官评阅。景德四年（1007 年），誊录制度被正式用于当年的殿试，大中祥符四年（1011年），宋真宗专门设立了誊录院，省试也开始实行誊录。此后，这一制度又被推广到各类发解试中。誊录制度也为后世科举所继承，清代科考的考生用黑色的墨答卷，称墨卷；誊录的卷子用红色的颜料来抄写，称朱卷。抄写过程中难免会有错漏，阅卷后要进行核对。如果放榜后考生怀疑誊录有误，也可以申请复核。

此外，宋代还有其他的一些制度来确保考试的公平公正，如通过对考场的合理设置防止考生相互交流；通过对考务人员的职责安排防止他们之间互通信息等。另外，宋代考生进入考场时要经过严格的搜身检查。搜身的做法唐代就有了，但宋代的搜身却比唐代苛刻得多，甚至到了不近人情的地步，宋代文人李觏有诗描绘其场景为"中贵当桄闑（niè），搜索遍靴底。呼名授之坐，败席铺冷地"。当时甚至有人指责这种做法"颇失取士之体"。

锁院和弥封、誊录制度的实施意义非常重大，各种徇私舞弊的途径基本被截断，官宦之家与庶族平民之间的界限也终于被打破了。公平公正的考试制度使得宋代有一大批来自社会下层的读书人进入官场，甚至进入统治集团的核心，由此扩大了宋王朝的统治基础。

知识链接

宋代科举故事三则

沈括《梦溪笔谈》载：有一个名叫郑獬的年轻人很有才华，也颇有名声，因此很是自负，不料在国子监的解试中仅名列第五。他愤愤不平地在答谢主司的启词中大发牢骚，并表达了不满、讥讽的意思。没想到参加殿试的时候仍是这位主司做主考官，主司为报复郑獬而把一份他认为应该是郑獬的卷子挑出来，加以斥逐。放榜之后，郑獬居然以第一名及第。

《宋史·苏轼传》载：欧阳修做主考官时，对一位考生的文章极为赞赏，经与其他几位考官商议，决定把这个考生列为第一。之后，他又有点犯嘀咕：哪个考生能写出这么好的文章呢？想来想去觉得只有自己的学生曾巩有这个水平，恰好曾巩参加了这次科考。把自己的学生定为第一，欧阳修总觉得会有徇私的嫌疑。于是，他最终将这份卷子列为第二。启封之后发现，这个第二居然是苏轼。苏轼因为欧阳老师的公心而"被"第二名了。

陆游《老学庵笔记》载：苏轼对一个名叫李廌的人非常赏识。李廌参加省试时，恰好苏轼是主考官。苏轼看到一篇文章，从语言和文风上判断它是李廌写的，兴奋地对黄庭坚说"这就是我的李廌"，并录取了这个考生。放榜之后发现，李廌名落孙山。

从上面的故事可以看出，宋代由于科举制度的严格，考官无论出于公心还是私心，只要偏离了客观公正的评判标准都会犯下错误。

四、改革考试内容

宋代科举在考试内容上也作了较大改革，这个改革在北宋时期是与新旧两党的党争相伴而行的，其过程曲折而反复。北宋初年的科考体例基本沿袭唐制，进士科重诗赋，强调以声韵为务，如果出韵，写得再好也不能得分。诸科则重帖经和墨义，强调背诵。宋仁宗在位期间，范仲淹主持改革，施行"庆历新政"，内容涉及科举。范仲淹认为，所选之士应当熟悉经典著作的大义，知晓治国的方略，所以要改变科举以诗赋、墨义为录取标准的倾向。他把策问放在首位，以便考查考生的真才实学。当时的新政规定，进士科考三场，先策、次论、再次诗赋，取消了单纯靠背诵的帖经、墨义。但包括这些措施在内的"庆历新政"遭到保守派的抵制、反对和诋毁，巨大的反对声浪动摇了宋仁宗改革的决心，仅仅两年之后，新政被废止，范仲淹改变诗赋取士的尝试也就此宣告失败。

宋神宗熙宁年间（1068—1077年），王安石主持变法，对科举制度又进行了重大改革：以经义、论和策取代诗赋、帖经和墨义。当时把《周易》《诗经》《尚书》《周礼》《礼记》定为大经，《论语》《孟子》定为兼经，进士科要考四场：第一场考大经，第二场考兼经，第三场考论，第四场考策。墨义与经义虽只有一字之差，含义却大相径庭：墨义是对经典语句的解释，重在死记硬背；经义是对经典思想含义的理解及现实意义的认识，重在思考能力。对于诗赋与经义的优劣，王安石认为：以诗赋为科考的主要内容，只能使年轻人埋头吟诵，脱离实际，即使做了官也没有解决实际问题的能力。但在北宋风云变幻的政治环境之下，王安石最后被迫下野。宋神宗去世之后，以司马光为首的旧党重新执政，王安石变法也以失败而告终，但他对科举制度进行的改革却取得了成功。元祐四年（1089年），宋哲宗在下令恢复诗赋时并未同时取消经义，而是采取了折中的做法，把进士分为考诗赋与考经义两种。此后直到宋室南迁，有时不考诗赋，有时两科同时进行，但总体趋势是偏重于经义、策、论的。今天，我们看宋代的散文以议论见长，宋代的诗歌也有哲理化的倾向，这一特点也被称为"宋调"，从中可以看出其受宋代科举的影响。经义取代诗赋的改革是中国科举史上的一大变局，古代的科举考试从此被分为两个历史时期，自隋唐五代至熙宁以前，诗赋之文占据优势；熙宁以后直至清末，经义之文成为主角。

五、其他

宋代也有制科，但远不如唐代之盛。不仅科目大为减少，也因各种原因而多次停罢，即便开科，应试者也很少。两宋 321 年，制科共举行 22 次，被录取的也仅有 41 人。宋代的武科始于仁宗天圣八年（1030 年），考试项目包括马射、步射、武艺、策略等。考试程序是先试骑射，然后试策，以策决定去留，以骑射功夫确定高下。由于整个宋代重文轻武的基本国策，武科的影响不大，也没有选拔到出类拔萃的人才，只是为一些人提供了步入仕途的机会。

辽、夏、金是与宋同时存在的地区性政权，他们都仿照唐宋建立了科举制，其制度也都包含了各自的民族习惯和传统。元是蒙古族建立的统一王朝，蒙古贵族原有一套选拔和用人的制度，对开科取士兴趣不大，后来虽然设立了科举制，却对汉族读书人采取歧视政策。自延祐元年（1314 年）首次开科到元朝灭亡的 60 年间，总共只举行过 7 次进士考试。但从考试内容来看，朱熹《四书集注》占有重要地位，这一点也对后世科举产生了重要影响。

知识链接

元代的科举

（元代）各级考试中，蒙古人和色目人都与汉人、南人分开考。在乡试、会试时，蒙古人和色目人只考两场，而汉人和南人则须考三场。御试时，虽然四种人都考试策问一道，但是前两种人仅限 500 字以上，而汉人和南人必须在千字以上。在考试内容上，蒙古人、色目人的题目比较容易，汉人、南人的题目比较难。蒙古人以右为上。发榜时，蒙古人、色目人列为一榜，称"右榜"，汉人、南人另列一榜，称"左榜"。如果蒙古人、色目人愿意参加汉人、南人的考试，取中后授予的官职可以提高一等。①

第四节　明清科举制度的状况

明清时期是中国古代科举制的鼎盛时期。明代统治者对科举高度重视，方法之严密也超过了以往历代。清代则基本继承了明代的制度，并将其进一步完善。

一、学校成为科举的必由之路

明代以前，学校只是为科举输送考生的通道之一。自明代起，入官办学校学习成为科举的必由之路。明清两代都不认可自学成才者的"同等学力"，这是中国古代教育逐渐发展成熟所带来的必然结果，同时也反映了这个时期政治环境的严苛，为官者必须接受正统的教育。

明太祖朱元璋出身贫苦，以游丐起事，原本目不识丁，但却对兴办学校非常重视。他认为："治国以教化为先，教化以学校为本。"（《明史·选举志》）1365 年，当他还是吴王的时候，就在应天（今南京）建立了国子学，明朝开国后的洪武二年（1369年）又令各府、州、县设立学校。明清两代的教育体制即由中央的国子学和各地的府州县学构成。

明代的国子学是中央一级的学校，最初建于南京鸡鸣山下，不久后改名国子监。永乐元年（1403 年），明成祖朱棣在北京设立国子监，迁都北京后，改原国子监为南京国子监。这就是明史上的南监与北监。明代入国子监学习的学生通称监生。监生大体有四类：生员入监的称贡监；举人入监的称举监；官僚子弟入监的称荫监；捐资

---

① 阴法鲁，许树安 . 中国古代文化史：三 [M]. 北京：北京大学出版社，1991:345.

入监的称例监。国子监学习的内容除《四书》《五经》外，还有刘向的《说苑》及律令、书法、数学等。监生每月都要参加月考，国子监的学规也非常严，违反学规要根据情节轻重及违规次数进行相应的惩罚，严重者可以监禁甚至杀头。监生可以直接做官，明初急需大量人员充实官僚机构，以监生而出任中央和地方大员的多不胜计。明成祖以后，进士的身份日益提高，监生直接做官的机会越来越少，如果不通过科举获得进士头衔，就很难有好的出路了。监生要考科举则首先要参加乡试，取得举人身份。

参加乡试的，除监生外，还有科举生员。只有进入学校，成为生员，才有可能入监学习或成为科举生员。明代的府学、州学、县学通称郡学或儒学。凡经过本省各级考试进入府、州、县学的，通称生员，俗称秀才。取得生员资格的入学考试称童试，也称小考、小试。童试包括县试、府试和院试三个阶段。院试由各省学政主持，学政又名提督学院，故称这级考试为院试。院试合格者称生员，然后分别分往府、州、县学学习，学习的内容则为儒家经典及礼、乐、射、御、书、数等技能。生员分为廪生、增生、附生三等：由官府供给膳食的称廪膳生员，简称廪生；定员以外增加的称增广生员，简称增生；于廪生、增生之外再增名额，附于诸生之末，称附学生员，简称附。初入学者要从附生做起，之后根据考试成绩依次补廪生、增生的空额。考取生员，是功名的起点。一方面，各府、州、县学中的生员选拔出的优秀者，可以直接进入国子监成为监生；另一方面，由各省提学官举行岁考、科考两级考试，按成绩分为六等。科考列一、二等者，取得参加乡试的资格，称科举生员。

清代的学校教育基本沿袭明代，南京国子监被更名为江宁府学，北京的国子监也称国学或太学，因《礼记·王制》称天子的学宫为"辟雍"，故也称辟雍。国子监的学生，除监生外，又增加了贡生。地方上仍建府州县学，入学考试的程序更加规范。

二、乡试、会试与殿试

明清两代的科举分乡试、会试和殿试三级进行。

明代的乡试在两京和各省省城举行，每三年一次，一般安排在子、卯、午、酉年。考试在八、九月间举行，因此称秋闱。主持乡试的有主考两人，同考四人。考试分为三场，第一场试"四书"义和经义，第二场试论、判语，以及诏、诰、表等，第三场试经史策。考生入场要经过严格搜查，入场后每个考生都有一名号军监视，至黄昏交卷。如届时仍未做完，给三支蜡烛，烛尽仍未完成就要被收走试卷。考生交卷后，经弥封、誊录等程序后，试卷交主考、同考评阅。两京及各省的乡试录取名额均由朝廷确定。清代的乡试在程序和考试内容上与明代基本一致，而各省多在省城东南建立贡院作为考场。乡试被录取者称举人，举人即具备做官的资格，社会地位也发生了质的变化。《儒林外史》说范进中举后，平时极为蔑视他的丈人马上转变了态度，吹捧他是文曲星下凡，素无来往的张乡绅也来拜访，不仅送上五十两贺银，还赠送了一所房屋，这是当时社会的真实写照。

会试是集中会考的意思，是由礼部主持的全国考试，也称礼闱。因在乡试次年的二月举行，所以也称春闱。会试也分三场，考试的内容和程序与乡试基本一样，只是题目的难度会更大。因为是更高一级的考试，更受统治者重视，各项规则也更加严谨。主考、同考等考官皆由级别较高的京官担任，于首场开考前两天进入考场并锁院。举人入场时要搜身，明中期以后，因举人夹带的情况日益严重，搜检之法更加严厉，夹带者一经查出则予以严惩。清代的会试要由举人自己提出申请，审核批准后官府会发给路费。顺治八年（1651 年）规定："举人公车，由布政使给予盘费。"（《钦定大清会典事例》）所以"公车"也成了应试举人的代称。雍正和乾隆年间曾数次因天气寒冷而把考试时间改在三月，后成为定制。会试过关者称贡士，获得参加接下来的殿试资格，未过关者可继续参加以后的会试。

殿试是明清科举的最高一级，是"天子亲策于廷"，所以也称廷试。明代的殿试在三月，清代因会试时间推后，殿试也改在四月举行。殿试的内容很简单，明清两代都是仅时务策一道，试题由内阁预拟，在考试前一天由皇帝圈定。清乾隆年间，为防止试题泄露，又改为由皇帝任命的读卷官于考前一天预拟，当晚皇帝圈定后于内阁刊刻，考试当天的凌晨印刷完毕。殿试是皇帝亲自主持的考试，皇帝就是主考官，所以评阅试卷的人只能称为读卷官。读卷官是从进士出身的高级朝官中选出的。殿试过关者被分为三个等级，称三甲。一甲仅三人，分别称状元、榜眼、探花，皆赐进士及第，二甲赐进士出身，三甲赐同进士出身。进士是科举的终点，也是仕途的起点。明清两代政坛的风云人物多为进士出身，即使不做官，也会有很高的社会地位。《儒林外史》第十一回中鲁小姐说"自古及今，几曾看见不会中进士的人可以叫做个名士的"，反映出当时的社会观念。

知识链接

清代科考程序图

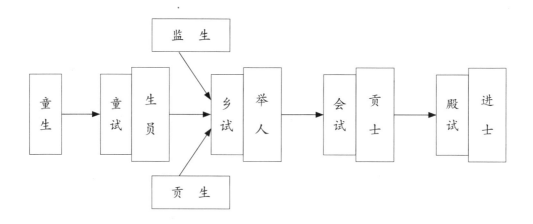

三、八股文

八股文是明清两代用于科举考试的一种特殊文体，也称制义、时文、八比文。它要求一篇文章中必须有四段对偶排比的文字，一共八个部分，所以称八股文。"股"就是对偶的意思。王安石变法时倡导以经义取代诗赋，后来就有人将其视为八股文体的创始人。其实王安石时代的经义文文体与后世的八股还是有很大差距的。北宋末期出现了崇尚对偶的风气，到了南宋，经义才开始有了一定的格律。至明中期，八股文的体式才基本完备。明清时期八股文的基本特点大致有以下几个方面。

首先，专取《四书》《五经》命题。八股文的题目一律用《四书》《五经》中的原文，并分为大题和小题。大题是截取相对完整的一段文字，一般用于乡试和会试；小题则是从一句话中截取几个字构成，一般用于童试。而选取文字的方法则多种多样。到清中叶以后，这种命题方式已经沿用了几百年，可用于命题的段落和句子差不多都已用尽，命题者只好挖空心思进行截搭组合，所命题目有时会让人不知所云。

其次，以程朱注释为准，代圣贤立言。儒家经典自问世以来，不同时代的人对其理解和解释会有所不同。明清时期以程朱思想为正统，也以二程、朱熹注释的经典为准，朱熹的《四书章句集注》及由程朱或其嫡传弟子注释的《周易》《尚书》《诗经》《左传》《礼记》成为科考的指定教材。考生应试，就是按照命题，根据指定教材的注释来写文章，不许有自己的观点。还要求用题目所截文字的说话人的口气行文，叫作"代圣贤立言"，不得联系社会实际，不能发挥自己的思想。八股文属于散文体，它虽有排偶，却不是骈文，不求押韵，不事修辞，不用夸张华丽的词语，甚至不许引证古史，因而文字枯燥乏味。

其三，有固定格式和各种严格的清规戒律。八股文由破题、承题、起讲、入手、起股、中股、后股、束股、大结等部分组成，其中起股至束股是正文，之前四个环节是开篇，最后的大结是结束语。就是说文章如何开头、如何过渡、如何论述、如何结尾都有非常严格的规范，每一部分用多少个句子，用不用偶句，用不用圣人的语气都有一定之规。八股文在书写格式上有严格的规范，行文也有诸多忌讳要注意，如要避讳已故皇帝与当朝皇帝的名字、圣人的名字等。字数也有一定之规，明初的乡试、会试经义限 500 字，清康熙时改为 550 字，乾隆以后又改为 700 字。

八股文作为一种应试文体，比之于唐人的诗赋，它更能为考卷的评审提供一个客观衡量的标准，更有利于维护考试的公平公正，因此，它也是科举制度发展的必然产物。近代以来，也有学者认为八股文有益于培养人思维的逻辑性和缜密性。还有人认为，八股文将考试的题目限定在《四书》《五经》范围内有利于平民子弟应试。古代图书远不如今日普及，平民之家读书的范围极其有限，因此也很难写出有文采的文章，八股文是最适宜的。尽管有着这样一些积极意义，却远不能抵消其腐朽性和危害性。八股取士的产生从根本上是出于强化思想统治的需要，八股文也是推行文化专制主义的工具。早在明末清初之际，顾炎武在其《日知录·试文格式》中就尖锐地指出："八股之害等于焚书，而败坏人材有甚于咸阳之郊所坑者。"

光绪三十一年（1905 年），清政府下令废止科举，这项在中国沿用上千年的选官制度走到了历史的终点，但它曾做出的历史贡献是不能抹杀的。在古代社会，科举制所提供的平等原则扩大了政权的社会基础，维护了帝国的长期稳定。在以等级为特点的封建时代创造出平等原则，这是中国人政治智慧的体现。西方的文官制度诞生于 19 世纪后半叶的英国，是参照中国科举制度建立起来的，今天已广泛施行于世界各国，从这个意义上讲，科举制也是中国人对世界文明的伟大贡献。科举制对中国文化的影响也非常深远，它将儒家思想全面推进到社会各阶层，使之成为中国传统文化的精神核心，从而保证了中国传统社会与传统文化的持续发展。它强化了我们民族读书尚文的文化传统，促进了学校教育的发展，为古代社会造就了大批人才。同时，科举制作为封建文化的代表之一，其弊端也不容忽视。科举制在古代社会具有强大生命力的重要原因在于它是维护专制集权的工具，官僚阶层的流动性进一步维护了至尊皇权的稳定性。明清时代八股取士的形成，进一步造成古代士人主体意识和创造性思维的缺失，从而极大限制了中国文化的生机。科举与学校教育的结合，则使读书做官成为知识阶层的最终目标，在一定程度上造成了中国传统文化的畸形发展。

思考题

1. 为什么说科举制度的产生是历史发展的必然？

2. 你对唐代进士科考诗赋怎么看？

3. 唐代与宋代的科举有哪些变化？

4. 谈谈你对八股文的看法。

推荐阅读材料

1. 王道成.科举史话 [M].北京：中华书局，1988.

【推荐理由】该书对古代科举的发展历程做了全面的梳理，对清代科举的叙述尤为详细。书中叙述的科考相关逸闻趣事妙趣横生，是全面了解古代科举制度的较好选择。

2. 杨波.长安的春天——唐代科举与进士生活 [M].北京：中华书局，2007.

【推荐理由】唐代科举在规范化程度上远不能与宋明时期相比，但却多了一分自由与浪漫的色彩。唐代许多著名诗人都有科举的经历，也留下诸多或失意、或得意的故事及作品令人回味。阅读此书不仅能了解唐代的科举状况，也可了解唐代的时代风尚。

3. 任爽，石庆环.科举制度与公务员制度——中西官僚政治比较研究 [M].北京：商务印书馆，2001.

【推荐理由】作为一部中西文化比较研究的学术著作，它为我们展示了中国与西方在政治理论与实践方面的异同及科举制对近代西方政治体制的影响，有助于我们了解古代科举制度对世界文明的贡献。

第五讲

中国古代的礼制

学习目标：

1.了解礼的含义。

2.了解礼的分类和礼的要素。

3.了解冠礼、婚礼、丧礼等重要礼仪的程序及其人文内涵。

第一节　礼是什么

中国是礼仪之邦，"礼乐文化"成为界定传统中国的关键概念。1983 年，史学大师钱穆先生在给美国人邓尔麟介绍中国传统文化的特点以及中西文化的区别时，强调礼是中国传统文化的核心。礼的范围很广泛，含义也非常丰富。

一、礼的内涵与演变

要了解礼是什么，我们可以首先从"礼"的发展演变来考察。

礼的出现最初和祭祀有关。从字源学来看，"豊"是礼的本字。豊，甲骨文写成"🪔"，上面是两条打着绳结的玉串，下面是有脚架的鼓。后来，有的金文写作"禮"，加上"示"（示，祭祀），强调"祭拜"的含义；有的金文写作"🪔"，加上"酉"（酉，酒），表示奉上美玉、美酒敬神。最后，将"禮"和"🪔"合一，各取一部分，同时用"氵"（水）代替"酉"（酉）表示酒水，由此构成了"礼"字。

由上可知，礼的本义指击鼓奏乐，献上美酒和美玉，敬拜祖先和神灵。《说文解字》讲，"礼，履也。所以事神致富也"。《仪礼·觐礼》讲"礼山川丘陵于西门外"，两者用的都是礼的本义。从这些例子可以看出，"礼"最初具有超脱世俗，沟通神灵的超越意义，带有一定的神秘色彩。借助"礼"，古人不仅可以沟通一般意义上无所窥测的神灵，还可以沟通自己的祖先。从这个意义上说，"礼"最初与"巫"具有相关之处。

随着社会的发展，"礼"又引申出作为动词"尊敬"的意义，"礼贤下士"中的"礼"就是动词。《礼记·月令》讲"聘名士，礼贤者"，表示对他人的敬意；苏洵讲"礼天下之奇才"也具有这种意义。礼敬的对象从神走向人，意味着人文色彩增强和现实意义的丰富。

开展礼的活动，自然需要相应的制度、程序和规范。久而久之，礼作为需要遵循的"制度"意义不断凸显出来，成为人们参加各种社会活动需要遵循的规范。这些规范不仅运用于重大政治场合和节庆活动，而且开始逐渐普及到一般生活的层面。比如，到别人家拜访，首先要打招呼，免得太冒昧。古礼有："将入门，问孰存。将上堂，声必扬。将入户，视必下。"

礼的内容极其丰富。已故著名学者钱玄先生说，礼的"范围之广，与今日'文化'之概念相比，或有过之而无不及"。因此，礼学实际上就是"上古文化史之学"，这是很有道理的看法。礼覆盖了中国古代社会的方方面面，很难以一言以蔽之的方式加以界定。礼的复杂性还在于，它既是一种规范，却又并非徒有其表的仪式，而是有极其广泛的思想内涵。

二、礼是制度规范

在《四书章句集注》中，朱熹将礼解释为"制度品节"，泛指西周以来形成的维护统治者地位的礼节制度，是一种制度化的道德与行为规范，具有强制性。这种制度辐射到整个社会，大则涵盖国家管理，小则体现在普通人的日常生活。

其一，"礼"记录在儒家经典著作中。儒家经典《周礼》《仪礼》和《礼记》合称"三礼"，较为集中地保存古代各种礼仪规范。其中《周礼》偏重政治制度，《仪礼》偏重行为规范，《礼记》则偏重对具体礼仪的解释和论述。"三礼"集中凝缩了中国传统礼仪思想。

其二，"礼"是典章制度，也即是政治制度。一个国家、一个王朝若要形成一个整体，并不仅仅由特定的地理范围确定，还需要一套政治制度使得上下形成有效运作的有机整体。在古代中国，这一套政治制度不仅仅表现为法规，更以礼的形式体现出来。礼成为古代王朝中央与地方、上级与下级以及平级之间处理各种关系需要遵循的原则。《礼记·王制》讲："天子五年一巡守。"天子定期到诸侯国视察，了解下情，称为"巡守礼"。同样，诸侯也要定期朝见天子述职，接受考核。天子巡守和诸侯朝见述职都表现为礼仪。

其三，礼表现为具有指导性的具体行为规范。"礼"不仅作为"理"记录在各种儒家经典著作中，而且还是一套具体的可操作性规范，是一切社会活动的准则。现实的可操作性，也就是可学习、可模仿性。如《仪礼·乡饮酒义》规定，主人要邀请客人到自己家中饮酒，须先到客人家中告知赴宴信息，客人要拜谢主人屈驾光临，主人要答拜。主人致辞请客人赴宴，客人要依礼推辞一下再应允。主人再次拜谢对方许诺，客人再次答拜。主人告辞时，客人再次拜谢主人屈驾光临。这些礼仪都非常具体。

在中国传统文化中，"礼"的制定遵循"法天"原则，要体现"天地之序"。

《礼记·礼运》说："夫礼必本于天，动而之地，列而之事，变而从时，协于分艺。"《礼记·乐记》也指出："礼者，天地之序也。"在《周礼》中，天子和北极天帝相对应，天乙在紫薇垣，天子居住的地方就叫紫禁城。它还设计了一套理想的职官制度，以天地春夏秋冬为六官，象征天地四方六合。六官又各自统辖六十职，共三百六十职，象征着天地三百六十度。隋唐之后，这套职官制度成为历朝历代的官制模式。这套职官制度被称作职官礼，军政制度则被称作军礼。

知识链接

"天地"范畴

在古代世界里，"天地"是重要的哲学范畴。《周易》讲："天地绷缊，万物化醇，男女构精，万物化生。""天地"并非是一个空荡荡的场所，其中装载了许多人和物。正所谓："天行健，君子以自强不息。地势坤，君子以厚德载物。""健"和"坤"揭示了"天""地"的品性，前者运动刚健有力，后者沉稳厚实和顺。它本身就是一个生气勃勃的世界。"天地"保持运动和沉稳两种品性是有"道"（秩序）的，人应该把握这种"道"并顺之。《左传》文公十五年（前612年），季文子说："礼以顺天，天之道也。"在此过程中，人才能参赞化育，与天、地并为"三才"。

三、礼是文明的标志

礼既表现为制度规范，又有内在的社会文化意义，它传达出鲜明的人文和文明色彩，成为古代"人之为人"的重要标志。

（一）人与动物的区别——人禽分际

从生物学来说，人是一种高等动物，与一般动物有所不同。关于人与动物的区别，古今中外有各种不同的解释，比如人是会制造工具并使用工具的动物，人是会使用理性的动物等。中国古代对人与动物的思考很独特，强调礼的区分作用。

在古代，"礼"成为人和动物的区别，成为人界定自身的重要标志。《礼记》讲："凡人之所以为人者，礼义也。"又说："鹦鹉能言，不离飞鸟。猩猩能言，不离禽兽。今人而无礼，虽能言，不亦禽兽之心乎？夫唯禽兽无礼，故父子聚麀。是故圣人作，为礼以教人，使人以有礼，知自别于禽兽。"

某些动物经过人的训练也"能言"，但终究是动物。在古人看来，人和动物的区别不在语言能力，而是礼仪。人之所以为人恰在于人有礼仪。"麀"指母鹿，"父子聚麀"，指父子共用一个性配偶。动物没有伦理观念，没有父子夫妇之伦，才会出现这种乱伦行为。在古代中国，"礼"成为修饰自身的必然方式，脱离了"礼"，人和动物就无法分别。

《诗经·相鼠》："相鼠有皮，人而无仪。人而无仪，不死何为？相鼠有齿，人而无止。人而无止，不死何俟？相鼠有体，人而无礼。人而无礼，胡不遄死？"遄死，就是快快去死的意思。如果说老鼠有皮、齿、体，那么与之相对应的就是人的"仪""止""礼"。如果一个人不讲礼仪，不死还等着干啥呢？这首诗歌告诉我们：礼仪犹如人的生命，没有了礼仪，人的生存也就没有了意义。

（二）文明与野蛮的区别——族群的分际

"礼"不仅能够区别人和动物，而且成为古代中国人区分华夏和周围"夷狄"的重要标准。也就是说，"礼"成为摆脱野蛮，走向文明的标志。它既可以用来划分处在不同文明状态的各个族群，也可以用来划分同一民族的不同文明阶段。在古代中国，从野蛮走向文明靠的就是礼。

中国古代有"华夷之辨"，"华"指华夏，"夷"指蛮夷。华夷之辨，指将华夏族群居住的中原地带称为文明的中心，逐渐形成了以华夏礼仪来区分族群的意识。《春秋左传正义》讲："中国有礼仪之大，故称夏；有服章之美，谓之华。"《周易·系辞下》记载"黄帝、尧、舜垂衣裳而天下治"。在这里，服饰、衣冠礼仪具有了文明的意义。文明与否，不在种族，而是靠礼仪来区分。合乎华夏礼仪的被称作华夏或"中国人"，不合乎华夏礼仪的被称作蛮夷或化外之民。因此，即使少数民族成为中原地区的统治者，只要接受了华夏礼仪，仍然被称作正统。

孟子讲："吾闻用夏变夷者，未闻变于夷者也。"也就是说，政权可能会有所兴替，但是华夏礼仪不会变化。只会有华夏礼仪熏陶、教化蛮夷，使其接受文明。一旦华夏礼仪得到宣扬、传播，人类就不可能再回复到原来的蛮夷状态了。

四、礼与俗

要清楚认识礼，我们还需要将礼和其他概念区分开，比如"俗"。"礼"和

"俗"时常联系在一起，并称为"礼俗"。但实际上，礼和俗是两个不同的概念，有明显的区别。"礼"更多指一套被人们所认可、应该遵循的行为规范、仪式和规则，具有很强的指导性。"俗"即"民俗"，指特定地域的风俗习惯，更多强调文化的约定俗成性。

"俗"具有很强的地域性，各地的风俗是不同的。《礼记·王制》讲，古代中国的周边称作蛮、夷、戎、狄。各个少数民族都有自己的居住方式、饮食习惯、穿着打扮，甚至使用的器物都有所不同，语言不能沟通，爱好习性也不同。比如，东方的"夷"披发文身，吃生食；而南方的"蛮"则额头刻着花纹，走路两脚的脚趾相向，有的人也不吃熟食。可以看出，蛮、夷、戎、狄各有各的生活习惯和地方风俗。

俗出现于上古，而礼是文明发展到一定阶段的产物。礼源于俗，是对俗的提炼与升华，并赋予了精神内涵。古人提出"因俗制礼""移风易俗"的观念。"因俗制礼"指，挖掘当地风俗的形式和内在合理的因素，并重新加以整合、升华，注入新的精神和内容，从而能为人民所接受。"移风易俗"出自《荀子·乐论》："乐者，圣人之所乐也，而可以善民心，其感人深，其移风易俗，故先王导之以礼乐而民和睦。"可以看出，改变当地的风俗需要以"礼乐"为导向。

五、礼与乐

我们常常称古代儒家文化为"礼乐"文化。在儒家文化体系中，礼与乐相辅相成，两者的关系如同天与地。《礼记·乐记》讲："乐由天作，礼以地制。"因此，礼乐结合就是天地万物秩序的体现。中国古代对"乐"的认识，有特定的内涵和深刻的哲理，不同于现代的音乐。乐的大节是德，这是中国与世界诸古文明音乐思想的不同。

音乐表现为声音，但并非所有的声音都能称得上音乐。在古代礼乐文化中，声、音、乐处在不同的三个层次：声就是可被听见的声音；音有节奏、音调，也称乐音；乐则是德音。《礼记·乐记》讲"德者，性之端也。乐者，德之华也"，是说德性是人性内涵的根本，音乐是德性外观的光华。乐具备修身养性、教化天下、通神明之德的社会与文化价值。

是否懂得乐音，是人区别于禽兽的重要标志，所以《礼记·乐记》讲："知声而不知音者，禽兽是也。"乐音种类很多，有雅俗之分。以君子之道作为主导的乐音，有益于德性的培养和人类文明的进步。乐曲的高下又涉及乡风、民俗的善否。凡是勤劳天下、吊民罚罪的君王，都有专门的乐章，表彰其功，展现其善，以嘉其德。奏于庙堂之上，播于四方，化育万民。

中国古代强调乐内礼外。乐与礼是内外相辅相成的关系。"乐合同"，重内在德性的培养；"礼别异"，侧重社会身份的区分。乐以治内，重在引导人的性情心志；礼以治外，旨在规范人的行为举止，使之处处中节，恰到好处。《礼记·乐记》讲"乐者为同，礼者为异。同则相亲，异则相敬"。"乐者，天地之和也；礼者，天地之序也"。在古代，音乐强调群体、集体欣赏的共鸣效果。孟子曾发问："独乐乐，与人乐乐，孰乐？""与少乐乐，与众乐乐，孰乐？"在人数多少带来不同的快乐效果对比中，孟子提出了"与民同乐"的观念。音乐具有调节、调和人性情的社会功能，能让人相亲，能够带来社会的和谐，实现儒家的"王道"理想。

正是由于礼与乐二者作用不同，所以，在政治伦理上就有不同的影响。《礼记·乐记》讲："礼义立，则贵贱等矣。乐文同，则上下和矣。"古人认为，乐在内部打动人的心灵，礼从外部规约人的举止。乐强调的是"和"，礼强调的是"顺"。只有"内和"才能"外顺"。老百姓受到影响和感发，才能激发善心，同时又能做到安顺。

乐是儒家治国思想的重要手段，它有很强烈的感染力，闻声而心从，润物细无声，可以教化改善民心，纯化社会风气，从而长治久安。儒家强调礼乐文化，使人的情感有节制，让百姓在健康的音乐中接受德的熏陶，得到精神的升华。

第二节　礼的分类和要素

在古代，礼体现在一切社会实践活动中。深化对礼的认识，一方面要了解礼的分类，另一方面要熟悉礼的要素。

一、礼的分类

《中庸》有"礼仪三百，威仪三千"之说，可见，礼的外延很广泛。《尚书》中有"五礼"之说，但具体所指并不明确。《周礼》将其坐实为吉、凶、军、宾、嘉五礼。汉代以后，五礼分类法被广泛接受。

（一）吉礼

吉礼，指祭祀之礼，被称作五礼之冠。祭祀主要是为了祈福，获得神灵的庇佑，祭祀的对象主要有天神、地祇、人鬼等。

祭祀的天神有很多，而且有等级尊卑之分，主要分为三个等级。第一等是昊天上帝，又称天皇大帝，为天神之首。祭天之礼只有天子才可以享用，诸侯祭天就是大逆不道，被视作谋反之举。第二等天神为日月星辰，日为太阳，月为太阴，日月之明即天之明，自然为祭祀之天神。第三等是除了五维、十二辰和二十八宿之外，凡是职有所司、对民有功的列星，如风师、雨师、司命等。上述三种天神祭祀方式大致一样，皆为堆积柴薪，点燃后让烟气通达于天，与天神沟通。不同的是，根据所祭天神的等级，陈放在柴薪上的祭品有所不同。

根据尊卑等级，地祇也分为三等。第一等是社稷、五祀、五岳。祭祀时，将祭牲的血浇灌到地里，下达于地神。第二等是山林、河泽。祭祀时，将牺牲、玉帛埋入土中。第三等是四方百物。指管理四方百物的小神，它们一般与百姓生活关系最为密切。

人鬼之吉礼，主要是对祖先神的祭祀。祭祀设在宗庙，根据祭祀者身份和地位的不同，仪式也不同。按照周制，天子设七庙，诸侯五庙，大夫三庙，士只有一庙。除了天子、王侯、士大夫，普通民众也祭祀自己的祖先。祭祀有特定的时期，天子有春夏秋冬四时之祭。今天，一般民众仍会在过年、清明等节日祭祀祖先。

（二）凶礼

凶礼，指与凶丧和灾难有关的礼。《周礼·春官·大宗伯》讲："以凶礼哀邦国之忧：以丧礼哀死亡，以荒礼哀凶札，以吊礼哀祸灾，以禬（guì）礼哀围败，以恤礼哀寇乱。"其中较为重要的是丧礼和荒礼。

丧礼，指围绕处理死者遗体为中心，表达对死者敬爱之情所需遵守的一系列行为规范，如丧服、丧期制度等。它是中国古代最重要的礼仪制度之一，比如，孔子认为，父母去世，孩子应该为父母守丧三年，因为孩子脱离父母的怀抱至少要三岁。

荒礼，指灾荒之年应遵守的行为规范，如节制饮食、禁止娱乐等，也包括救灾的各种措施，如减免税收、散粮、平籴、缓刑等。《礼记·曲礼下》讲，年景不好，五谷收成不行，那么天子、君主的祭祀就不能像往常一样太隆盛。同样，马儿除了草料，不能吃谷物。另外，全国上下都要节俭，比如大臣不能吃细粮，士大夫和士兵饮酒也不宜设歌舞。《孟子》中，梁惠王认为"寡人之于国也，尽心焉耳矣"，依据是"河内凶，则移其民于河东、移其粟于河内，河东凶亦然"。其实，梁惠王的做法就是移民通财，减少灾难给百姓带来的伤害。此外，荒礼还包括邻国受灾时应有的吊问与救济。

（三）军礼

军礼，指与军事和征战相关的礼仪，如天子亲征的仪式、拜将的仪式、军队的建制、田猎等。儒家强调以礼治国，但是国家也必须有防卫能力。因此，选将练兵，抵抗外族入侵是必然的。《礼记·月令》载："孟秋之月，……天子乃命将帅选士厉兵，简练桀俊，专任有功以征不义。"因此，军队的组建和管理同样脱离不开礼的原则。《礼记·曲礼上》讲："班朝治军，莅官行法，非礼，威严不行。"《周礼》载，军礼包括大师之礼、大均之礼、大田之礼、大役之礼、大封之礼。

大师之礼，指天子出征讨伐时的一系列礼仪规范。天子亲自出征，调动民众保家卫国的热情，对敌人也具有一定的威慑作用。大均之礼，指古代军队建制要遵循的礼仪。根据《周礼》，五人为一伍，五伍为一两，四两为一卒，五卒为一旅，五旅为一师，五师为一军。应征的士兵需要自备盔甲和车马。他们战时为兵，闲时为民。大均之礼，就是平摊军赋，让老百姓负担均衡。大田之礼，指古代的诸侯亲自参加田猎。田猎的目的在于检阅军队的规模、作战能力，同时也是为了训练军队之间的协作能力。大役之礼，指古代王朝征发徭役所使用的礼仪。比如为了建造宫殿、城邑或者修建堤坝等需要征徭役，就需要根据老百姓的民力来分派任务。大封之礼，指分封的诸侯之间由于发生战争，争夺对方的封地，以致老百姓流离失所。当侵略的一方受到征讨以后，就要重新确认原有的疆界，召集失散的百姓。确定疆界，就要遵循大封之礼封土植树。

此外，军队的车马、旗帜、武器、军容、行列、校阅，乃至进退、击刺都需要依据身份、地位等符合礼仪的规范。同时，军队平时的训练也都有严格的礼仪规定。

（四）宾礼

宾礼，指接待宾客之礼，主要有朝礼、相见礼、藩王来朝礼等。

朝礼，指群臣朝见天子时所使用的礼节。比如进入皇宫的礼仪，天子、诸侯在处理政事之处应遵循的礼仪，天子、诸侯处理政事后在休息之所应遵循的礼仪，三公、卿、大夫等在朝廷中站立的位置，不同官位等级穿不同等级的朝服等。此外，君臣出入、揖让、登降、听朝等都有相应的礼仪。唐代起，为了方便朝臣到京都述职朝见，在京都为外地官员修建了邸舍，一则避免了官员租房，与商贩杂处的问题，二则维持了官员的礼仪形象。

相见礼，指古代人际交往所需要遵循的礼仪。相见礼不仅适用于天子、诸侯之间，而且在士与士之间运用也很广泛。在《仪礼》中就有专门的《士相见礼》，包括士相见、士见大夫、大夫相见、大夫见君主等各种场景，都有详细、规范的礼仪。

藩王来朝礼，指藩王到京都朝见时所使用的礼仪。《周礼·春官·大宗伯》讲："以宾礼亲邦国。"据《明集礼》载，洪武初年制定藩王来朝礼，包括下榻、迎候、宴请、朝见天子和皇太子、辞行、送行等诸多环节，每个环节都有详细的礼仪规范需要遵守。

（五）嘉礼

嘉礼，是对饮食、婚冠、宾射、燕飨、贺庆之礼的总称。嘉就是善、好的意思。《周礼·春官·大宗伯》讲："以嘉礼亲万民。"可见，嘉礼是按照人心之所善者制定的礼仪。

饮食礼和燕飨礼，都是为了联络感情，增进情意，在聚餐饮宴时所使用的礼仪。它既可以是国君与族内兄弟、宾客之间的宴饮，也可以是普通士大夫乃至庶人之间的饮食活动。区别在于，饮食礼主要针对"宗族兄弟"，燕飨礼主要针对"四方之宾客"。

宾射礼，为古射礼之一。在古代，乡有乡射礼，朝廷有大射礼。在射礼中，必须立宾主，所以称为宾射之礼。射礼主要是为了亲近旧知新友。贺庆礼，指对于有婚姻关系的异姓之国，当对方有了喜庆之事，要致送礼物，表示庆贺。所以说"以贺庆之礼亲异姓之国"。同样，贺庆之礼也适用于亲朋好友、亲戚乡邻等。

此外，普通官民还有冠礼、婚礼等，天子还有巡守礼和即位改元礼等。后汉光武帝是第一位举行登基大典的帝王，后世帝王即位则必有盛典，仪式也日益隆重、繁复。

二、礼的要素

礼的种类繁多，形式千差万别，但都包含一些基本要素。这些要素主要有礼法、礼义、礼器、辞令、礼容、等差，等等。

（一）礼法

礼法，指行礼的章法、程式，是礼的具体操作程序。它包括行礼的时间、场所、人选、人物的服饰、站立的位置、使用的辞令、行进的路线、使用的礼器以及行礼的顺序等。

作为礼的外在表现，礼法是明确的，不同身份的人应该做什么是很清晰的，这样礼才具有可操作性，否则就会带来混乱。正是通过礼的具体章法和程式，不同社会阶层的人才各安其位，各尽其责。因此，礼法成为判定礼和非礼的重要依据和标准。

例如，礼法规定，天子在堂上见诸侯，是对君臣名分的规定。而周夷王下堂见诸侯，名分已乱，所以君子讥其为"非礼"，认为是乱政的征兆。名分乱了，自然人心浮动，不会安于本分。礼成为维护社会稳定、王朝统治秩序的重要方式。

（二）礼义

礼义，指礼法所蕴含的社会文化意义，是制定礼法的人文精神依据，它是礼的道德取向，是礼的各种形式体现出的合理思想内涵。如果说礼法是礼的外壳，那么礼义就是礼的内核。当王朝失序，没有了内在的人文精神，外在的礼法就成为空洞的、虚浮的外在形式。失去文化内蕴的仪式，自然很难激发人的真情和责任。对于这种现状，孔子痛心不已："礼云礼云，玉帛云乎哉？乐云乐云，钟鼓云乎哉？"意思是说，礼啊礼啊，难道仅仅是玉帛吗？乐啊乐啊，难道仅仅是钟鼓吗？

"三礼"之中，《周礼》讲官制和政治制度；《仪礼》记述有关冠、婚、丧、祭、乡、射、朝、聘等礼仪制度；《礼记》则是一部儒家有关各种礼仪制度的论著选集，其中既有礼仪制度的记述，又有关于礼的理论及其伦理道德、学术思想的论述。可以说，《礼记》更多体现了礼义，是对礼法的阐释和论述。

各种具体的礼仪形式体现的思想内涵是不同的，但其核心思想则是儒家推崇的仁义之道。礼的设定都有很强的道德指向，如"燕礼者，所以明君臣之义也；乡饮酒之礼者，所以明长幼之序也"。

（三）礼器

礼器，指行礼时所用到的器物。不同的礼仪活动会使用不同的礼器，不同的礼器及礼器的不同组合传递不同的礼义内涵。"藏礼于器"，就是这个意思。礼器的范围极其广泛，大致而言，根据所发挥的功能，可以分为食器、酒器、乐器和玉器等。

食器主要有鼎、俎、簋、簠、笾、豆、皿、盂、盘等。俎相当于今天的案板，古代一般用匕把鼎中肉取出，置于俎上，然后用刀割着吃。簋，形似大碗，簠为长方形，都用来盛装食物，故有"簠簋对举"的说法。豆像高脚盘，用来盛肉酱与肉羹。皿是盛饭食的用具，两边有耳。盂是盛饮之器，敞口，深腹，有耳，下有圆形的腿。

酒器分为盛酒器和饮酒器两大类，盛酒器主要有尊、甒（wǔ）、罍、卣、缶、壶等，它们在礼仪场合中陈设的位置以及体现的尊卑各有不同。《礼记·礼器》说："门外缶，门内壶，君尊瓦甒。"可见，缶与壶是内外相对陈设的。瓦甒是君之尊，而罍为臣所用，不能混同。饮酒器的种类主要有觚、觯、爵、觥、角等，不同身份的人使用不同的饮酒器。如《礼记·礼器》明文规定："宗庙之祭，贵者献以爵，贱者献以散，尊者举觯，卑者举角。"

此外，还有乐器和玉器等。古代祭祀活动及其他礼仪活动要演奏音乐，常用的乐器有钟、鼓、磬、瑟、笙等。玉器主要有璧、琮、圭、璋、琥、璜等，其使用也很广泛，是社会身份和等级的象征。例如，不同形制的玉圭和玉璧，表明了使用者的身份，不能混淆。此外，祭祀天地、山川也多以玉器为贡品。在诸侯交聘时，以玉为赘；在军队中，以玉为瑞信之一；在诸侯生活中，用玉圭聘女；在丧礼中，用玉器敛尸；等等。

在具体的礼典仪式中，礼器是构成礼仪活动必不可少的要素。它以实物的形式，既打造了礼仪活动的神圣氛围，也呈现出行礼主体的身份地位，传达了特定的感情。

（四）辞令

辞令，指礼仪活动中和日常人际交往过程中所使用的言辞，包括各种不同场合的自称与称人，礼仪程序中各个环节固定的语句，书面语的固定方式等。"孔门四科"主要指德行、言语、政事、文学，这里的"言语"指的就是辞令。比如臣子在皇帝面前称"微臣"，武官在长官面前称"末将"，尊称别人的学生叫"高足"，晚辈在长辈面前称"小子"等。

古代的辞令，通常都有固定的模式。比如第一次去见仰慕的君子，到了对方家门口，你要说"某固愿闻名于将命者"。也就是说，愿意、希望自己的名字通闻于对方，而不是直接通姓名于君子。这是委婉的表达，表示自谦。如果要给予自己身份、地位相近的人礼物，那么要说"赠从者"。也就是说，送点微薄的礼品，供您的随从使用。再比如邀请对方赴宴，两人相见，有固定的套语和语句。这些都是古代通行的礼貌用语，必须熟练使用。如果不会使用，或者说错了话，就是失礼的行为。

（五）礼容

礼容，指礼制仪容，即行礼时的体态、容貌、表情、声音、气息等。礼容遍及人的全身，涉及头、手、足、目、口、声、气、色等。贾谊讲"容有四起"，把礼容分为朝廷之容、祭祀之容、军旅之容和丧纪之容等四类。后又分为站容、坐容、行容、趋容、跪容、拜容、伏容等，划分越加细密。

《论语·乡党》记载了孔子在乡学、宗庙、朝廷等不同场合时的礼容。如走进朝廷大门，他的仪容十分恭敬，好像无处容身。站，不站在门中间；走，不踩门槛。经过国君座位，面色矜持，脚步也快，言语好像中气不足。提起下摆往堂上走，恭敬谨慎，憋住气好像不呼吸。出来之后，下一级台阶，面色舒展，怡然自得。下完台阶，轻快地向前走几步，如同鸟儿舒展翅膀。回到自己的位置，又显出恭敬局促的样子。

再比如孔子对"孝"的解释。"子游问孝。子曰：'今之孝者，是谓能养。至于犬马，皆能有养；不敬，何以别乎？'"也就是说，今日所谓的孝是指能够供养照顾父母，真正的孝必须以内心的敬爱为核心。这种内在的敬爱又要外在化，体现在礼容上。又比如，"子夏问孝。子曰：'色难'"，这里的"色难"，指晚辈保持恭敬和悦的神色是最难做到的。

既然作为内在德行的外在呈现，那么，有德行者自然要求礼容与德行相配。也就是说，礼容并非是纯粹外在的恭敬，而应该是内外合一，达到内心之美和外在容色之美的高度和谐。故此，古人讲："人咸知修其容，莫知饰其性；性之不饰，或愆礼正；斧之藻之，克念作圣。"我们不仅要重视自己的衣饰、容貌，更要收拾自己的心情，培养内在的德行。

（六）等差

等差，指不同等级的人行不同等级的礼，不得僭越。它是古代礼仪最重要的特征之一，也显示了礼与俗的主要区别。礼通常借助礼器的大小、多少、繁简来表示等级高低。

一般而言，礼以多、大、高、繁为贵，反之则卑。比如，以宗庙数量来看，天子可以设立七庙，诸侯五庙，大夫三庙，士一庙。再比如，天子之堂高九尺，诸侯之堂高七尺，大夫之堂高五尺，士之堂高三尺。还有，舞蹈在古代有很多讲究，跳舞时八人为一列，被称为"一佾"。天子欣赏的舞蹈是八佾，诸侯为六佾，大夫为四佾，士为两佾。季氏在他的家庙里用八佾奏乐舞蹈，孔子表示愤慨："是可忍，孰不可忍也！"

特殊情形以少、小为贵。比如，天子祭祀天，只需要用一头牛就可以了，因为天神至尊无二。当天子巡视诸侯时，诸侯同样也一牛进献。食礼讲究劝食，天子一般一食就会告饱，诸侯再食，大夫三食。劝食一则显示尊者以德为餐，不以饮食为重，二则显示尊者的仁慈、宽容和大度。

此外，礼之等差还有许多方式来体现，比如服饰、方位等。在今天，国际礼仪强调以右为尊的原则。但是，在古代中国，以左为尊，以右为卑。

第三节　中国古代几种重要礼仪

中国作为礼仪之邦，礼无处不在，它体现在人的一言一行、一举一动中。每个人一生中的重要环节，也都有相应的礼仪活动，其中最重要的为冠礼、婚礼和丧礼。

一、冠礼

冠礼是男子成年的礼仪。它来自远古时代的"成人礼"或"成丁礼"。古代未成年的男子不参加生产、狩猎和战争，到了成年时要接受体能、生产和战争技能考核，看其是否具备氏族正式成员资格。后来，"成丁礼"慢慢演变成了冠礼。

根据规定，男子当于20岁行冠礼，但秦汉之后行冠礼实际上多在20岁之前。《礼记》载，古代贵族子弟，6岁开始学习计数、名物；8岁学习礼让、廉耻；9岁学习天文及天干地支方面的知识；10岁离开家，住宿在外，学习文字、侍奉长者的礼仪和社交场合的辞令；13岁学习音乐，读《诗经》，学习简单的舞蹈；15岁之后为"成童"，学习以干戈为道具的舞蹈，以及射箭和驾车的技能。到20岁，不仅身体已发育成熟，而且具备了一定的文化知识，能够独立面对社会了。而此时行冠礼的意义在于："责成人礼焉者，将责为人子、为人弟、为人臣、为人少者之礼行焉。"

（《礼记·冠义》）也就是说，通过仪式提醒加冠者已经是跨入社会的成年人，必须做一个合格的儿子、弟弟、臣下、晚辈，确立正确的身份和角色，自觉承担自己的社会责任。

行冠礼有一套固定的程序。首先要通过占卜选择吉日，期望冠者有一个好的开端。古时，冠礼必须在家庙举行，以示郑重，故有"告庙"一说。吉日确定后，冠礼的主人，也就是冠者的父亲，要提前三天告知亲朋好友，邀请他们前来观礼。观礼很有必要，一方面具有见证的作用，另一方面也具有告知作用。从此以后，这个男子成年了，别人就要以成年人来看待他。

要通过占卜挑选一位德高望重者为正宾，同时邀请一位赞者（助手）。在仪式上，由正宾依次为冠者加上缁（黑色）布冠、皮弁和爵弁三种冠。冠者在堂上有专门的席位。堂面朝南，堂前有东、西二阶。东阶供主人上下堂用，是主阶，也称为"阼阶"。如果是嫡长子，他的席位设在阼阶之上，庶子的席位在堂北偏东的地方。

加冠之前，赞者先给冠者梳头。正宾洗手后从西阶上堂，到冠者席位前坐下，扶正冠者头上包发的帛。然后从西阶走下一级台阶，从有司手中接过缁布冠。走到冠者席前祝词，大致意思是：月份和日子吉祥，现在为你加冠，抛弃你的童稚之心，慎养你的成人之德。愿你长寿吉祥，广增洪福。祝毕，亲手给他戴上冠，赞者帮助系好冠缨。冠者进房，脱去采衣，换上配套的玄端服，出房朝南，向来宾展示。二加、三加之礼基本相同，二加时正宾西阶走下两级台阶，第三次加冠走下三级台阶，因为捧冠的有司站在不同的台阶，祝词略有变动。每次加冠后，冠者都要穿上配套的服装，出房向来宾展示。三加之礼毕，冠者席位设在堂上的室门之西。正宾向冠者敬醴酒，并祝词，大意：甘美的醴酒醇厚，上好的菜肴芳香，请下拜受献，奠定你的福祥，秉承上天福佑，长寿不敢相忘。冠者按礼饮酒，起身拜谢正宾，正宾答拜。

冠礼上，正宾为冠者在姓名之外取一个表字。此后，长辈对晚辈，尊者对卑者可以称名，平辈之间或晚辈对长辈要称字，以示尊敬。《礼记·冠义》讲："已冠而字之，成人之道也。"正宾从西阶下堂，朝东而立。主人从东阶下堂，朝西而立。冠者站在西阶下的东侧，面朝南。正宾为冠者取表字，并祝词："礼仪齐备，在此良月吉日，宣布你的表字。你的表字美好，宜为君子所有。愿你永远保有。你的表字就叫'某某'"。比如孔子，姓孔名丘字仲尼。孟子，姓孟名轲字子舆。冠礼完毕，冠者要以成人礼拜见母亲及尊者、长者。再出门拜见国君、卿大夫及其他德高望重的长者，听取他们对自己提出的教诲与期望。

到了特定年龄，男子要行冠礼，女子要行笄礼。《礼记·曲礼上》说："女子许嫁，笄而字。"女子是在许嫁之后举行笄礼、取表字。笄礼，即汉民族女孩成人礼，俗称"上头""上头礼"。笄，即簪子。自周代起，规定贵族女子在订婚以后、出嫁之前行笄礼。《礼记·杂记》说："女子十有五年许嫁，笄而字。"一般在15岁举行，如果一直待嫁未许人，则年至20岁也行笄礼。笄礼的仪节，文献没有记载，学者大多认为应当与冠礼相似。

宋代，有些学者重新建构了及笄礼，司马光的《书仪》以及朱熹的《朱子家礼》都有专门的仪式。《书仪》讲，女子许嫁，主妇、女宾来施行笄礼。笄礼施行的地方在中堂，执事者用家里的妇女婢妾充任。冠、笄盛放在盘子里，上面用手帕蒙着，由执事者端着。主人于中门内迎宾。宾致祝词后为之加冠、笄，赞者为之施首饰，宾为笄者作揖，笄者回房间，改换衣服。笄礼完成之后，笄者也要拜见长者、尊者。不过，所拜见者仅限于父及诸母、诸姑、兄姊。其余仪节都与男子冠礼相同。

明代，笄礼即废而不用，但其影响却并未消逝。在民间，笄礼逐渐消泯或与婚礼合并，使婚礼有了成年礼仪的含义，女子出阁时理妆被称为"上头"，"修眉""开脸"都是婚礼前的理妆，都表示成年的意思。

冠笄之礼是我国汉民族传统的成人仪礼，是汉民族重要的人文遗产，在历史上对个体成员成长的激励和鼓舞作用非常大。今天，成人礼基本上消失了，但仍有一些地方尝试恢复成人礼的风俗，比如，1995年，汕头市决定把每年10月8日定为"汕头市成人节"。

二、婚礼

古代，男子行过冠礼，女子行过笄礼，表示已经成年，就有了婚配的资格。《仪礼》有《士昏礼》，讲述婚礼的仪式。《礼记》有《昏义》，揭示婚礼的人文内涵。"昏礼者，将合二姓之好，上以事宗庙，而下以继后世也，故君子重之。"古代的婚礼包括纳采、问名、纳吉、纳徵、请期、亲迎六个主要环节，称"六礼"。

"纳采"就是后世所说的"提亲"。采是采择的意思，是女方谦虚的说法，意思是自家女儿是男家选择的对象之一。男家要先请媒人到女家提亲，提亲时送的礼物是雁，女家同意议婚就收下礼物。古代议婚，必须通过媒人或使者，不能直接接触。

如果男女私订终身，是会被耻笑的。《孟子·滕文公下》讲："不待父母之命、媒妁之言，钻穴隙相窥，逾墙相从，则父母国人皆贱之。"

"问名"是询问女子母亲的姓氏，以了解对方的血缘关系，避免同姓婚配。《左传》中还有"买妾不知其姓，则卜之"的记载。"同姓不婚"是古代婚礼的一个重要原则。鲁哀公十二年（前483年），鲁昭公的夫人孟子去世，孟子是吴国人，史书应记为"吴孟子卒"。但《春秋》却写作"孟子卒"，因为吴国与鲁国同为姬姓国，鲁昭公娶吴孟子的行为是"非礼"的，出于为尊者讳的考虑，隐去"吴"。

"纳吉"是男家得知女子姓氏之后进行占卜。如果得到吉兆，就派使者到女家通报。女方主人闻讯后谦虚地回复，大致意思是：小女不堪教育，恐不能与尊府匹配。但既然已经得了吉兆，我家也同有这吉利，所以不敢推辞。

"纳徵"相当于后世的订婚。徵是成的意思。双方的婚姻关系由此确定。纳徵时，男家要送的聘礼是黑色的帛五匹，鹿皮两张。订婚之后，一般就不能悔婚，否则会给家族带来耻辱。

"请期"指男方到女方家中请求指定婚期。一般情况下，男方会事先通过占卜选定好结婚日期，但是为了表示对女方的尊重，男方会派使者到女方家，请求指定婚期。出于礼仪，女方主人会谦虚表示：还是让夫家决定吧。这时，使者才将已经占卜的吉日告诉女方。女方主人表示同意。

"亲迎"，今天称迎亲，是婚礼的核心，有详细的程序。以上五个环节都是男家派使者到女家进行，而且都是在早晨。亲迎则由新郎亲自去女家，而且是在"昏"时，也就是日落后约半小时。据梁启超、郭沫若等学者考证，昏时成婚，是上古抢婚习俗的遗存，大约因为抢婚需要借助夜色的掩护。新郎昏时来，新娘因之去，这就是后世"婚姻"一词的来历。

婚礼的六礼一直延续到唐代。到了宋代，六礼被简化为纳采、纳币（相当于纳吉）、亲迎三个仪节，并相沿到清代。

之后是成婚的仪式，新郎、新娘在新房中共进第一餐。古人的饮食习俗是分餐制，各种食物每人一份。而婚礼的情况有所不同，主食、调味的酱和肉汤每人各一份，鱼肉、小猪肉和风干兔肉两人共用一份，这种安排称"共牢而食"。餐后用卺饮酒，卺是一个葫芦对剖而成的瓢，夫妇各持一片，这种安排称"合卺而饮"。通过这一仪式使一对新人完成从素昧平生到结成至亲的过渡，也体现夫妇一体、彼此敬爱的意思。

婚礼的最后一个仪节是拜见舅姑，即公公、婆婆。婚礼次日清晨，新娘沐浴梳妆，以新妇的身份拜见公公、婆婆，并以枣和栗子为礼物送公公，以干肉送婆婆，再送公婆一只煮熟的小猪。公婆接受礼物表示接纳新娘为自己的家庭成员，并承认其家庭主妇的地位。

古代婚礼与后世乃至今日有许多不同。首先，古代成婚的时间是在傍晚，而不像今天在上午。其次，古代婚礼十分简朴，没有大吃大喝的宴席，不过，从汉代起婚礼就开始变得奢靡。汉宣帝曾下诏禁止民间嫁娶摆酒，当时甚至被某些官员指责为"苛禁"。以后，帝王和贵族的婚姻规格不断攀升，民间婚礼的排场也越来越大，政府的各种干涉都成效不大。第三，新婚夫妇并无特殊的服饰，新郎新娘的服色皆以黑色为主，与后世大红大彩的风气完全不同。此外，新娘也没有盖头，盖头大约是到宋代才出现的，起初是请男家的一位女亲来掀起，后来又变为由新郎亲手掀起。

三、丧礼

丧礼在古代礼仪中是最重要的，古有"礼莫重于丧"之说。这是因为丧礼时间最长，场景最隆重，仪式最烦琐。儒家经典《仪礼》一共17篇，其中有7篇是关于丧礼的。《礼记》中讲丧礼的篇幅也最多。

（一）程序

亲人去世，如何处理死者的遗体，需要一套固定的程序。《仪礼》一书记载了诸侯之士为父母、妻子和长子所行丧礼的详细过程。这个过程大致可分为"士丧礼""既夕礼"和"士虞礼"三部分。

"士丧礼"指从死者新亡开始到占卜择葬日为止所需要遵循的礼仪。大致程序有招魂、迁尸、沐浴、穿衣、设奠、讣告，然后是小殓、大殓，即死者穿衣、入棺，而后移至堂上并朝夕哭奠、接受吊唁。

"既夕礼"主要是埋藏棺柩，涉及入葬和守丧。《说文解字》解释"葬"为"藏也"。上古没有墓葬制度，人死，遗体被弃置野外。后来，为了防止猛禽、野兽的撕咬，子女守在遗体旁，用弹弓驱赶鸟兽。据传，到了黄帝时才有了用棺椁存放遗体并深埋土中的做法。入土为安逐渐成为普遍性做法，体现了文明的进步。

"士虞礼"指"迎魂而返"，是将死者的灵魂迎回，进行祭祀。亲人已经安葬，为何还要祭祀呢？这是因为，古人认为人死后灵魂还存在于天地间，具有护佑人间、惩恶扬善的能力。另外，亲人去世，子女思念不已，可以通过祭祀消除痛苦。因此，作为沟通死者和生者的方式，士虞礼既可以表达子女对亲人的思念之情，又可以企求列祖列宗、亲人的福佑。

（二）丧服

根据与死者的血缘关系远近，丧礼上的亲人分别会穿五种不同的衣服，称"五服"，这是丧礼的重要内容。由重到轻，五个等级分别是斩衰（cuī）、齐（zī）衰、大功、小功、缌麻。

斩衰，指用粗麻布做成的丧服，布幅2.2尺，经线240缕（古代一般麻布为布幅2.2尺，1 280缕），不缝边，仿佛用剪刀直接剪开，称"斩"。这是儿子为父亲、妻子为丈夫、诸侯为天子、父亲为嫡长子穿的丧服。这种丧服要守丧三年（第三年只要服一个月），为官者必须去职归家，称"丁忧"，只有极特殊的情况下才能由皇帝出面"夺情"，即为了国家的需要，夺去守丧者哀悼亲人的感情。

齐衰的"齐"指丧服可以缝边，麻布也细一些（经线320缕），守丧期父卒为母三年，父在为母一年，夫为妻一年，为祖父一年，为曾祖父三个月。

大功的麻布比齐衰更细（560缕），服丧者与死者的亲属关系更远一些，如父亲为嫡长子之外的其他子女，为姑姑、姐妹、堂兄弟等，服丧期九个月。

小功的麻布比大功更细（800缕），服丧期为五个月，主要是为外祖父母、祖父母的兄弟、同曾祖父母的叔伯兄弟等。

缌麻已是较为精致的麻布（1 100缕），服丧期三个月，主要是为岳父母、女婿、舅舅等。

需要穿"五服"的均属于一个大家族，与"九族"的概念相同。在同一个家族中，远近亲疏要有秩序，分清上下尊卑。通过丧服等级和服丧时间，一个家族的人就有了认同，也有了分别，亲疏关系规定得很清楚，这就使整个家族上下有序。古代中国的法律也根据这一原则规定一个人的身份、行为、责任和义务。

（三）居丧原则

服丧以单个家族为主体，又不局限于该家族。一个家族必须通过与异姓家族通婚才能得以延续，因此既有嫁出去的同姓，又有娶进门的异姓。在这一进一出之间，没有血缘关系的人建立了亲属关系。社会关系之远近，人际关系之亲疏，必然在丧礼上有所体现。《礼记·大传》归纳出六种服丧原则，称"六术"："服术有六：一曰亲亲，二曰尊尊，三曰名，四曰出入，五曰长幼，六曰从服。"其中，"亲亲"是丧礼中最基本的原则，也就是按照血缘关系的远近来确定丧礼中的等差关系。"尊尊"是按照社会地位，"名"指按照名分关系，"出入"指女子出嫁、男子过继等情形，"长幼"指成年与否，"从服"指从属关系。

在不同的居丧阶段，人的悲伤之情是不一样的。丧礼既要表达情感，又要节制情感。因此，丧礼对居丧者的起居也有许多阶段性的要求。

首先是居处。比如，为父母守丧，男子不能住在原来的房间，应该住在依墙搭建的草棚。内部不做任何修饰，晚上睡在草上，用土块当枕头。服齐衰之丧，可居住在用土坯垒砌的草屋，睡在蒲席上。蒲席修剪整齐，但是不扎边。服大功之丧，可以睡在席子上。服小功、缌麻之丧，可以睡在床上。

其次是饮食。当亲人去世，悲痛之情让人无心饮食。丧礼中有关饮食的规定，既是为了让生者活下去，且不至于伤身，又是为了表达思念、悲痛之情。比如，父母之丧，孝子三天不吃不喝。三天后，就必须让他喝粥，吃糙米饭、喝水，但不吃蔬菜和水果。随着服丧时间的延长，可以逐渐吃蔬菜和水果，两周年后可以吃肉，服丧期满才可以饮酒。此外，父亲尚健在，为母、为妻服期年之丧，终丧不能吃肉、饮酒。当然，年老体衰者例外。

再次是言谈。居丧期间，心中很痛苦，孝子必然沉默寡言。也就是说，父母去世，除了丧事，其他事是不能谈论的。当有人问询时，也只能表示是或者否，不作具体答复。齐衰之丧可以具体回答，但不能主动发问。大功之丧可主动发问，但不发表议论。小功、缌麻之丧可发表议论，但是不能露出快乐之情。

然后是服饰。百日祭之后，男子要去掉麻腰带而换成葛腰带，葛腰带是用四股线拧制而成。同样，其他服饰也是随着时间的延长，逐渐恢复到平常穿着。

最后是行为。服丧期间，孝子一般不太修饰自己的形象。小功以上的亲属，一开始不可以沐浴。服齐衰之丧，若有人求见，要到落葬之后才可以去见，但不可以主动请见他人。小功以下的亲属，落葬之后可以请见他人。

服丧期间，不能游戏作乐、外出宴饮、嫁娶生子、求官等，否则会受到舆论的谴责，视作兽行。魏晋以后以礼入法，类似行为还会受到法律的制裁。如《唐律疏议》规定：为父母、丈夫服丧期间，如果有嫁娶者、杂嬉作乐者、提前除丧者等，会处以三年徒刑；怀胎者，判处一年徒刑；参加吉宴者，处以杖刑。

除了冠礼、婚礼、丧礼等几种最重要的礼仪之外，古代常见的礼仪还有士相见礼、乡饮酒礼、射礼、燕礼、聘礼等。

思考题

1. 中国古代的礼是如何形成的？有哪些具体含义？

2. 礼有哪些要素？试举现实生活中的一种礼仪活动进行分析。

3. 请分析成人礼的内涵，辨析成人礼和婚礼的内在联系。

4. 根据自己家乡的丧葬仪式，分析其中礼的形式和内涵。

推荐阅读材料

1. 彭林.中华传统礼仪概要 [M].北京：高等教育出版社，2006.

【推荐理由】此书选择中华传统礼仪中最重要和最有现实意义的内容，包括中华礼仪之邦的形成、特色、学理、经典，冠、婚、丧、祭之礼的仪式及其人文内涵，当今社会的人际交往中如何体现中华礼仪特色等。文字简明通俗、内容精赅，有较强的现实意义。

2. 李学勤.古代的礼制和宗法 [M]// 王力，等.中国古代文化史讲座.桂林：广西师范大学出版社，2003.

【推荐理由】作者是研究古代礼制的著名学者，对古代礼制的形成、特点及与宗法制之间的关系分析很到位，对古代文化史有独特的阐释，值得一读。

第六讲

中国古代文学

学习目标

1. 了解中国古代文学的发展概况。

2. 熟知中国古代文学的名家名作。

3. 了解中国古代文学的常见主题。

4. 了解中国古代文学与中国传统文化的关系。

文学，承托着人类的灿烂文化，是人类文明进程中形成的重要文化成果，同时也是各民族于内进行文化传承、于外进行文化交流的一项重要工具。

古老的中华民族从黄河流域起步，一路蹒跚，却勇往直前。在不断行进的道路上，日升月落、寒来暑往、生离死别、羁旅宦游……自然与人世的诸多现象让我们的先贤感于内而动于外，发为吟咏，行诸文字。最终，这些凝聚着前人认知与情感的诗词曲赋成为我们民族数千年的文化积淀。从茹毛饮血的原始人群，到砥砺前行的救亡图存者；从"夸父与日逐走"到"山登绝顶我为峰"；从"候人兮猗"到"独有穹庐深夜月"，中华民族的文化影像不断地在文学作品中被承载与深化。中国文化欲寻其源头，避不开对中国古代文学的认知与探究。同样，中国文化如欲世代传流，中国古代文学作品亦可成为优秀载体。

第一节　中国古代文学流变

中国古代文学所涵盖的时间跨度比较大，它起自先秦，止于 1919 年五四运动爆发。在漫长的中国古代历史进程中，文学也随之形成了自己的发展脉络。一般而言，我们习惯将中国古代文学的流变过程分为三古七段。三古即上古期、中古期、近古期。其中，上古期在时间段上指的是 3 世纪之前，涵盖了先秦文学及秦汉文学两段；中古期则指的是 3—16 世纪，囊括魏晋至唐中叶文学、唐中叶至南宋末文学以及元初至明中叶文学三段；而近古期则从明中叶起，于五四运动结束，包含了明朝嘉靖年间到鸦片战争以及鸦片战争至五四运动两个时间段。

一、上古期：先秦两汉

上古时期是中国文学的发生期，也是中国文学的源头。

（一）先秦文学

先秦文学是上古文学之始。伴随着中国历史进入原始社会，又发展为夏商周以及春秋战国之世，先秦文学也随之经历了从原始社会文学走向奴隶社会文学再到封建社会早期文学的漫长发展过程。

诗歌和神话是原始社会的两大文学样式。原始社会时期，生产力极为低下，人类的思维还处于发展初期，所以，面对变幻莫测的世间万物，原始人群迷惑、恐惧，进而产生了自然神的模糊观念。后来，原始部落之间为了取得战争的胜利，各部族人群将自己的首领加以神化。最终，借助自身有限的生活体验，原始人在幻想和想象中创作出了上古神话，希望借此来解释和征服世界。《女娲造人》《盘古开天辟地》《精卫填海》《夸父逐日》《共工怒触不周山》等均为其中的代表作。另外，诗歌是文学史上最早产生的文学样式。原始先民在劳动和祭祀的过程中创作出了诗歌最源头的样式——上古歌谣，但由于当时没有文字记载，上古歌谣只是人们的口头创作，因此，被保存下来的屈指可数。现存的上古歌谣都与当时人们的生活密切相关，真诚地表达着他们的喜怒哀乐。如《吕氏春秋·音初》载有《候人歌》一首："候人兮猗。"歌谣内容简单，却直接表达了男女之间深挚、纯真的爱情。而这首《候人歌》也被后人誉为中国最古老的情诗。继上古歌谣之后，《诗经》和"楚辞"出现。《诗经》奠定了中国文学的现实主义传统，"楚辞"则为积极浪漫主义文学创作树立了楷模。它们为我国文学创作关注现实、观照人生的优良传统打下了良好的基础。

另外，我国自古就有重史的传统，这一传统的形成在甲骨卜辞以及《尚书》《春秋》《左传》《国语》《战国策》等历史散文中便可窥见一二。与此同时，春秋战国之世，天子失权，诸侯争雄，士阶层兴起，他们代表不同的阶层和集团大兴私人讲学、著述之风，他们主张各异，互相辩难，形成了诸子百家争鸣的局面。《论语》《墨子》《孟子》《庄子》《荀子》《韩非子》等著作纷纷问世。

（二）两汉文学

秦始皇统一六国后，以法家治国，在文化上采取专制之策，焚书坑儒等一系列举措对文化造成极大摧残，在此背景下，文学并未取得耀眼成就。

及至汉代，大一统政治局面逐渐形成，文学创作崇尚以大为美，讲求铺张扬厉。赋成为汉代的代表性文学样式。与汉武帝"罢黜百家，独尊儒术"的政策相适应，散文创作已不复春秋战国之时的百家争鸣之态，走向凝重与格式化。而在诗歌创作领域，汉代是中国古代诗歌发展史上的一个重要时期。汉乐府民歌以清新的姿态登上诗坛,《孔雀东南飞》《上邪》等成为传颂名篇,而五言、七言古体诗也在汉代出现。

> 迢迢牵牛星,皎皎河汉女。
>
> 纤纤擢素手,札札弄机杼。
>
> 终日不成章,泣涕零如雨。
>
> 河汉清且浅,相去复几许?
>
> 盈盈一水间,脉脉不得语。
>
> ——《古诗十九首·迢迢牵牛星》

其中,《古诗十九首》由文人汲取汉乐府民歌的营养开创而成。作为文人五言诗,《古诗十九首》主要抒写了东汉末年士人的彷徨失意、夫妇朋友间的离愁别绪及其对人生无常的感慨。《迢迢牵牛星》一诗想象丰富,意境深厚,情思缠绵。诗歌借助牛郎、织女的传说,表达了人间的离别相思之苦。《古诗十九首》意蕴丰厚,格调深远,浑然天成,成为文人五言诗成熟的标志,后人更誉其为"五言之冠冕"。

二、中古期:魏晋至明代中叶

中古期是中国文学史上涵盖时间最长的一个时期,中国文学的所有因素都在这一时期形成并走向成熟:文学创作逐渐自觉化;文学语言由古奥转向浅近;诗、词、曲及小说等文体达到各自的顶峰状态;文学传播的对象也由文人这一单一群体扩展至市井百姓。

(一)魏晋至唐中叶

魏晋到唐代天宝年间,是五言、七言古体诗的繁荣及鼎盛阶段。中国传统诗歌的发展总趋势是从不甚规范到比较规范,从自由体发展到格律体。齐代永明(483—493年)时期,中国诗歌发生了一次划时代的转变。首先是周颙提出了汉语四声说,接着沈约等人将四声运用到了诗歌创作中。这种创作尝试,直接开启了中国近体诗的演进过程。至唐朝,五言、七言近体诗在经历了兴起、定型后走向创作顶峰,并占据了诗坛的主角地位。这一时期,诗歌名家辈出,从"三曹"、"七子"、阮籍、陶渊明、谢灵运、庾信,到"初唐四杰"、陈子昂,再到王维、孟浩然、高适、岑参、李白、杜甫，诗歌创作的流程清晰而又完整。而自魏晋到唐中叶，也是文学创作不断个性化的阶段。玄学以及儒、释、道的互相渗入，使得文人的审美趋于多元化，文学观念也随之多样化，由此，文学在这一时期呈现出多姿多彩的新面貌。陶渊明、李白、杜甫等，个性迥异，诗歌风格独具特色。以王维、孟浩然为代表的"田园诗派"，以高适、岑参为代表的"边塞诗派"也同样展示着各自不同的文学风貌。另外，这一阶段的文章创作向诗歌靠拢，追求格律成为散文家乃至赋作家的创作目标，在此创作态度下，散文、赋的写作出现骈俪化，骈文、骈赋成为创作流行。

在此阶段还有一种新的文学样式较为引人注目，即文言短篇小说。其中，东晋干宝的《搜神记》是一部记录神奇怪异故事的小说集，是魏晋南北朝"志怪小说"的代表作品；而南朝宋刘义庆等编著的《世说新语》则作为"志人小说"被后人不断演绎，它主要记载东汉后期至晋宋之间一些名士的言行和轶事。

（二）唐中叶至南宋

这一阶段以唐朝天宝末年"安史之乱"的爆发为起点，结束于南宋灭亡。

进入中唐，文坛中不断涌现出改革创新之举。先是在散文创作领域，骈文的弊端引得中唐文人最终掀起一场文学语言和文体的改革——"古文运动"。"古文运动"由韩愈、柳宗元倡导，宋代欧阳修等人继续韩、柳的道路，完成了此次改革。这场由"唐宋八大家"共同实现的改革，确定了此后的文学语言和文体模式，一直到五四运动才被打破。

诗歌经过盛唐的高潮后面临着盛极难继的局面。经过白居易、韩愈、李贺、李商隐等中晚唐诗人的努力，到了宋代终于寻找到一条新的诗歌创作道路。也正因如此，文学史上产生了一场旷日持久的争论，历代文人学者都围绕唐诗与宋诗哪个更优这一问题展开争鸣。后人称这场争论为"唐宋诗优劣论"或"唐宋诗之争"。在这场历时颇久的争论中，有关论点的是非曲直另当别论，但给我们呈现出两点信息：一是在后世诗歌中，可以与唐诗相提并论的唯有宋诗；二是宋诗代表了唐诗以外的另一种诗歌审美风范。其实，对于唐诗、宋诗来说，论其"优劣"稍显狭隘，论其"同异"反而更切实。自贞观至开元、天宝，唐王朝大开科举取士之风，同时以"兼容并包"的文化举措允许儒、释、道三教并存，而中原文化与外来文化的交流融合也在不断加深，再加上这一时期唐朝高度发达的经济实力，文人用世热情高涨。欣欣向荣的时代造就了一代诗人胸襟开阔、抱负远大、乐观自信的精神风貌，从而形成盛唐诗歌所特有的理想主义、英雄性格和浪漫色彩。而宋代文化学术繁荣，诗人学者化，举凡作诗，多爱发表议论、使用典故，在字法、句法、用韵等形式上力求新意。如同是写庐山，李白写的是"飞流直下三千尺，疑是银河落九天"，想象奇特，气势非凡，充满了诗人的主观感性体验；而苏轼却从整个庐山着眼，"不识庐山真面目，只缘身在此山中"，从夸言景观之美，上升到了人生哲理的层面。另外，比诸人生境界，唐诗、宋诗也有不同。前者恰如血气方刚的风华少年，后者则像历练老成的萧散学者。后人将唐诗与宋诗所代表的这两种审美风范称为"唐音""宋调"。唐诗、宋诗虽有诸多差异，但从纵向上来说，从唐诗到宋诗，是诗歌逐步演变的过程。从横向上来看，唐诗中也有接近"宋调"者，宋诗中也不乏"唐音"之作。因此，唐诗、宋诗实是互相联系、互相补充。元明清诗歌，或宗唐，或崇宋，流派纷争，但都无出唐宋诗的风格范围，足见两种风格的典范意义。

词，在这一时期也获得了长足发展。唐中叶以后，曲子词迅速兴盛，从民间到文人，都有不同风格的词作出现。其后，经过晚唐文人温庭筠及"南唐后主"李煜之手，词到宋代蔚为大观，名家名作众多，词也成为宋代文学的代表。

小说方面，中唐后传奇兴盛，白行简的《李娃传》、元稹的《莺莺传》等成为代表，中国小说从此进入成熟阶段。而伴随着市民阶层的逐渐兴起、城市文化的展开，宋代遂有了"话本"这一新的小说体例。

（三）元至明中叶

这一时期市民阶层在不断壮大，与此同时，儒生地位在下降，他们最终走向社会下层，开始从事通俗文学的创作，而文学的对象也逐渐世俗化，从过去的案头读者转向了勾栏瓦舍里的听众和观众。时代的诸多变化，使得叙事文学在这一阶段逐渐上升。戏曲和散曲成为元代文学的代表，其中的杂剧和南戏更是成就了元代文学的辉煌。明代流行的传奇也是对元曲的继承与发展。而元末明初出现的《三国志通俗演义》（简称《三国演义》）与《水浒传》两部白话长篇小说，则为下一阶段的文学发展指明了方向，它们的出现预示着下一个长篇小说时代即将来临。

三、近古期：明中期至五四运动

明代中叶是中国文学新时代的开端。嘉靖之后，商品经济日益繁荣，市民阶层更加壮大，印刷术也得以普及，随之而来的是文人的市民化、文学创作的商品化这样一股新潮流。伴随这一新趋势，文学发生了变化：一是诗文等传统文体衰落，反映市民生活和思想趣味的文学占据了文坛的主要地位，其中尤以小说为代表。《金瓶梅》的问世便是上述现象的重要反映。二是这一时期的作家作为创作主体，个性非常高扬，在文学作品中对人的七情六欲有着更多肯定性的描述，从而为长期以来颇受"存天理、灭人欲"的理学禁欲主义禁锢的人生打开了一扇呼吸自由空气的窗户。汤显祖的《牡丹亭》可为代表。

（一）明嘉靖至鸦片战争

明清易代对汉族士人造成了极为强烈的震动，但清代初期及中期的文学创作仍基本沿袭明中叶以来的趋势。这一时期引人注意的是文学集团和派别大量涌现并不断争论。诗文方面，有公安派、竟陵派、格调派、性灵派、桐城派；词方面，有阳羡词派、常州词派；戏曲方面，有临川派、吴江派。在论争中，文学创作阵营里涌现出大批名家名作，尤其是在戏曲、小说领域。汤显祖的《牡丹亭》、洪昇的《长生殿》、孔尚任的《桃花扇》成为传奇的巅峰之作。吴承恩的《西游记》、兰陵笑笑生的《金瓶梅》、吴敬梓的《儒林外史》、曹雪芹的《红楼梦》也将明清小说创作推向高潮。

（二）鸦片战争至五四运动

到了鸦片战争之后，中国发生了千古未有的变局。西方文化开始涌入中国这片古老的土地，许多有识之士成为新一代的作家，如龚自珍、黄遵宪、梁启超等。在新一代作家身上，救亡图存的意识和求新变于异邦的观念成为文学的基调，在他们手中，文学成了社会改良的工具。在这一阶段，外国翻译作品逐渐增多，如林纾的《汤姆叔叔的小屋》，其文学的叙事技巧更新。另外，报刊这种新的媒体出现了。为了适应这些变化，在古文领域出现了通俗的报刊文体，在诗歌领域提出了"我手写我口"的口号。

1919年五四运动爆发，在文学史上开启了新的时期。至此，中国古代文学终结。

第二节　中国古代文学十大主题

中国古代文学创作始终与中国文化紧密相连。从先秦文学里的农耕节庆到明清小说、戏曲中的情爱悲欢，中国文学与人生和现实不可分离。在中国古代文学创作中，不同的创作主体表现出来的是各自不同的风格，但由于共同的文化背景，这些作品常在主题上呈现出许多共同性，于文化内核上形成诸种一致表达，从而形成了古代文学常见的十大主题：春恨、悲秋、惜时、出处、黍离、怀古、相思、思乡、游仙、生死。这种同一性尤其明显地体现在抒情性的文学作品中。

一、春恨、悲秋

中国古人的时间意识兴起得较早，在产生于远古时期的歌谣及神话中都有所展现：

> 日出而作，日入而息。
> 凿井而饮，耕田而食。
> 帝力于我何有哉！
>
> ——《击壤歌》

所谓"日出而作，日入而息"，正是先民对其身处农耕文化环境中的生存状态的概括。此时的人类尚未认知到时间的单向、不可逆等特点。而在《夸父逐日》的神话里，先民已开始想要获得更多的时间，他们试图让自身与宇宙一样永恒。虽然这种奢望不可实现，但这种原始的思维方式却真实存在于上古先民心中，并对后世形成文化影响。在许多古代诗歌中，我们都能看到这种观念的出现：屈原在《离骚》中就高歌"吾令羲和弭节兮，望崦嵫而勿迫"，傅玄同样也在《九曲歌》中生出"安得长绳系白日"的念头……文人们的奇崛之辞，恰恰反映出他们内心深处存留的集体文化影像。

及至春秋，人们显然已认识到时间的单向流逝性，因而有了"逝者如斯夫，不舍昼夜"的感慨。真正将"时间"这一概念引入哲学思辨层面的，是道家学说的代表人物庄子。他将自身放置于时间的长河中并展开思索。在《秋水》中庄子说："年不可举，时不可止。消息盈虚，终则有始。……物之生也，若骤若驰。无动而不变，无时而不移。"庄子第一次强烈地突出了时间与个人生命存在的关系。从此，时间这一概念在中国人的探究下逐渐形成深厚的文化内涵。人们开始将个体存在时间的有限性和宇宙永恒的无限性紧密联系起来，在这种对比中，展开对人生的追问。于是，春逝花落、秋来叶枯等自然现象就成为中国古代文学中反复出现的吟咏对象。刘若愚在《中国诗学》中说："哀悼春去秋来或者老之将至的中国诗不可胜数。春天的落花、秋天的枯叶，夕阳的余晖——所有这一切无不使敏感的中国诗人联想到'时间的飞车'，而且引起诗人们对自己青春逝去、年纪已老和死将来临的无限忧伤。"这一论断极为精练地指出了中国古人的时间意识，并点出了这种时间意识的表现形式，其中便有"春恨"与"悲秋"。

唐代的伤春佳作较多，白居易的《送春》便是一首：

> 三月三十日，春归日复暮。
>
> 惆怅问春风，明朝应不住。
>
> 送春曲江上，眷眷东西顾。
>
> 但见扑水花，纷纷不知数。
>
> 人生似行客，两足无停步。
>
> 日日进前程，前程几多路。
>
> 兵刀与水火，尽可违之去。
>
> 唯有老到来，人间无避处。
>
> 感时良为已，独倚池南树。
>
> 今日送春心，心如别亲故。

暮春时节，残花飘落水面，此景让诗人由春之逝去想到光阴易逝、盛年不再，进而又联想到自己政治前途的渺茫，伤感之情愈加浓厚。

如果说春天更多地象征人的青春年华，那么秋天萧瑟衰败、临近一年之终的季节特点则更容易让人联想到衰老、死亡、破败等沉重、绝望的话题。在辛弃疾的《水龙吟·登建康赏心亭》中，词人将个人生命和时代变幻、家国盛衰结合在一起：

> 楚天千里清秋，水随天去秋无际。遥岑远目，献愁供恨，玉簪螺髻。落
> 日楼头，断鸿声里，江南游子。把吴钩看了，阑干拍遍，无人会，登临意。
>
> 休说鲈鱼堪脍，尽西风季鹰归未？求田问舍，怕应羞见，刘郎才气。可

惜流年，忧愁风雨，树犹如此！倩何人唤取，红巾翠袖，揾英雄泪？

落日余晖中，离群孤雁哀鸣阵阵，漂泊无依的辛弃疾感到凄冷和孤寂。自南归宋朝，辛弃疾便急盼施展才华、报效国家，主张北伐收复故土，但却横遭权贵猜忌和打压。政治上被排斥在外的孤独、年华流逝的无奈、时政衰朽而生的愤恨，都被眼前的清秋景象引出。同样，元代马致远的《天净沙·秋思》在凝练、精短的语言中，将断肠游子的失落表现得深沉凄怆，被誉为"秋思之祖"，也再一次将悲秋主题推向高潮。

二、惜时

与"春恨""悲秋"关联紧密的是"惜时"。中国古人强烈的时间意识不断引发文人敏感的情绪，时间飞逝、人生苦短，这些客观存在让人焦灼、无奈甚至恐慌。如何抓住百年人生，最大限度地充盈个体生命，成为众人思索的问题。"惜时"在不同的文人个体下有了不同的表现形式，中国的惜时文化由此五彩缤纷。

在多种多样的惜时观念和行为中，最常见的有两种：一是及时行乐，二是积极进取。两者都试图通过增加人生密度来提高生命质量，以此来对抗人生短暂这一痛苦现实。但两者却因对个体生命价值的不同认知最终形成不同的情绪及行为表现。当然，也正是这些不同，才使这一主题的表达更加真实和立体。

自《诗经》始，及时行乐的观念已经产生。东汉末年，宦官专权、社会动荡，积极卫国的儒生文士频遭迫害。在残酷的现实逼迫下，皓首穷经、报效君国的人生目标已然荒谬和迂腐，文人失去了往日安身立命的精神支柱，人生的价值和出路成为此时文人们的困惑。在此境况下，众人愈加意识到人生短暂的客观现实，他们感伤、失望，进而在诗歌中多有及时行乐思想的展现：

> 生年不满百，常怀千岁忧。
>
> 昼短苦夜长，何不秉烛游？
>
> 为乐当及时，何能待来兹？
>
> 愚者爱惜费，但为后世嗤。
>
> 仙人王子乔，难可与等期。
>
> ——《古诗十九首·生年不满百》

至唐诗、宋词乃至元曲中，及时行乐的观念仍较为活跃。如卢挚《双调·蟾宫曲》云：

> 想人生七十犹稀，百岁光阴，先过了三十。七十年间，十岁顽童，十载尪赢。五十岁除分昼黑，刚分得一半儿白日。风雨相催，兔走乌飞。子细沉吟，都不如快活了便宜。

及时行乐的人生态度虽有消极色彩，但古人的此种情思实由对个体生命及其价值的观照中自然生发，往往凄怆感伤，令人不忍卒读。

与"及时行乐"形成对比的"积极进取"，与中国传统思想中的主流——儒家的积极入世观点有关。文人士子在有限的个体生命里，惜时进取，试图以此来弥补生命短暂带来的缺憾，同时他们也借助各种艺术形式将自我身处其间的努力、遗憾以及人生经验细腻地表达出来，成为感人肺腑的佳作：

> 前途当几许，未知止泊处。
> 古人惜寸阴，念此使人惧。
>
> ——陶渊明《杂诗·其五》
>
> 黑发不知勤学早，白首方悔读书迟。
>
> ——颜真卿《劝学》
>
> 少年易学老难成，一寸光阴不可轻。
>
> ——朱熹《偶成》

上述作品虽风格各异，但都饱含着作者独特的生命体验，一致地表达着中国文人对时间和人生的思索，具有感奋人心的兴发力量。

三、出处

《周易·系辞上》云："君子之道，或出或处。"所谓"出"，指积极入仕，"兼济天下"；所谓"处"，即隐退守拙，"独善其身"。"出"与"处"是古人所认为的人之两种最基本的处世方式。

传统的中国社会将社会成员划分为士、农、工、商四个阶层。在根植于农耕文明的中国传统文化里，从事手工业和商业的人群经常处于被压制的行列。农民虽然与我们的文明属性相顺应，但躬耕劳作的艰辛、苛捐杂税的沉重、徭役无止的苦楚等因素也影响了它在国人心目中的地位。随着历史的发展，士崛起为具有较高社会地位的阶层，晋身士流可以获得较为优越的生活。所以，古代社会便有了"阙下科名出，乡中赋籍除""一士登甲科，九族光彩新"的现象。

而且自先秦起，在思想领域，古人就已经将个体生命价值的实现与社会理想相结合，符合上古先王之"道"成为古代知识分子人生追求的最高境界。在追求"道"的理想之路上，文人士子的个体生命价值也自然得以履践。在这样的文化认知下，积极求仕就成了知识分子实现自我人生价值及社会理想的重要方式。

因此，无论是出于光耀自身及家族还是履道献身，求仕对于古时文人来说都极为重要。而在孜孜不倦的入仕之路上，文人也将自己的心路历程记录在他们的文学作品中，求仕的动机与目标、宦游的艰辛苦楚、仕途的结局等各个环节都被他们一一展现：屈原的"路曼曼其修远兮，吾将上下而求索"刚毅执着；曹操的"老骥伏枥，志在千里。烈士暮年，壮心不已"慷慨激昂；王绩的"明经思待诏，学剑觅封侯"积极奋发；杨炯的"宁为百夫长，胜作一书生"果敢毅然；杜甫的"朝扣富儿门，暮随肥马尘"屈辱悲辛；孟郊的"春风得意马蹄疾，一日看尽长安花"兴奋荣耀；柳永的"叹年来踪迹，何事苦淹留"凄怆无奈……

求仕之路无疑是坎坷艰辛的，"道"之不存、身为形役等现实因素都会让中国文人心生退意。此时，"隐"就涌现为另外一个常被古代文人吟唱的话题。在中国文人的笔下，隐士代表着一种高洁、恬淡、自由的人格精神，是"出"之外的另一种生存状态。实际上，中国古代的隐居者大都生活在王道废弛、朝代更迭、天下动乱之际。例如，商周之交的伯夷、叔齐因为不满武王伐纣，隐遁山林，不食周粟。他们在《采薇歌》中唱道："登彼西山兮，采其薇矣。以暴易暴兮，不知其非矣。"诸多隐士都是基于对这种现实社会的不满和激愤，"闭其言而不出"，"藏其知而不发"，但其内在仍有强烈关注现实政治和社会伦理的热情和责任感，他们以"隐"来表现对现实的反抗，并借以排遣心中的愤懑。如屈原在《远游》中言道："悲时俗之迫厄兮，愿轻举而远游。"王逸在解释屈原隐退行为时，就一语破的地指出了屈原"远游"的真正缘由及其内心深藏的热情："屈原履方直之行，不容于世。上为谗佞所谮毁，下为俗人所困极，章皇山泽，无所告诉。乃深惟元一，修执恬漠。……然犹怀念楚国，思慕旧故，忠信之笃，仁义之厚也。"

东汉末年，时代混乱，旧有的思想文化体系产生裂缝，个体生命意识觉醒。至陶渊明，"隐"被上升到一种对自然之道的追求，人生价值不再与社会理想捆绑，

"兼济天下"已不是文人实现自身价值的唯一出路。生于晋宋易代之际的陶渊明本不热衷于仕进，但迫于生计，不得不进入仕途。而黑暗现实中的宦海沉浮让陶渊明对官场愈加厌恶："少无适俗韵，性本爱丘山。误落尘网中，一去三十年。"最终，陶渊明彻底意识到世俗与自己崇尚自然的本性是相违背的，他不能改变本性去屈从现实，再加上对时政的失望，在任彭泽县令不到三个月后，陶渊明便辞官归隐，从此再未出仕。其后，陶渊明过起了诗一般的田园生活：

> 种豆南山下，草盛豆苗稀。
>
> 晨兴理荒秽，带月荷锄归。
>
> 道狭草木长，夕露沾我衣。
>
> 衣沾不足惜，但使愿无违。
>
> ——《归园田居·其三》

虽然不久之后的一场大火让陶渊明的生活陷入窘迫，"夏日长抱饥，寒夜无被眠"，但他对自然之道的追求却始终未曾动摇。陶渊明的隐居真正摆脱了现实中的烦扰，返归自然本真的家园。陶渊明之所以在后代文人中享有盛誉，正是因为他代表了中国古代文人出处的一端，很好地解决了"处"的问题。他真正做到了将理想转化为现实，在现实中体会理想之乐，实现了文人精神的自由。

四、黍离、怀古

"黍离"即"黍离之悲"，出自《诗经·黍离》，指国破家亡、今昔巨变之感：

> 彼黍离离，彼稷之苗。行迈靡靡，中心摇摇。知我者，谓我心忧；不知我者，谓我何求。悠悠苍天，此何人哉？
>
> 彼黍离离，彼稷之穗。行迈靡靡，中心如醉。知我者，谓我心忧；不知我者，谓我何求。悠悠苍天，此何人哉！
>
> 彼黍离离，彼稷之实。行迈靡靡，中心如噎。知我者，谓我心忧；不知我者，谓我何求。悠悠苍天，此何人哉？

西周灭亡后，周大夫行役至故都镐京，见昔日繁华的宗庙、宫殿均已倾毁，夷为平地并长满了茂盛的庄稼，不禁感慨万千，忧心如焚。其后，"黍离"一词成了历代文人感叹亡国、触景生情常用的典故，"黍离"也成了古代文学的传统主题之一。

后世所谓的"黍离文化"便由此而来。《黍离》一诗影响深远，后世文人的怀古咏史之作，也多沿袭此诗音调。向秀的《思旧赋》、刘禹锡的《乌衣巷》、姜夔的《扬州慢·淮左名都》等作品无一不体现着《黍离》的兴象风神。

"怀古"主题的写作是世界许多民族共有的精神现象，但在中国的"怀古"作品中又凝聚着最深刻的民族个性。中国文化中，"怀古"之情的高频率出现是和中华民族"重史"的文化传统以及尚古的心态和文化习惯密切相关的。另外，古代文人怀古幽思的抒发还常与其身处的政治环境有关，政治失意的文人往往借缅怀古人一解胸中郁闷。例如，初唐陈子昂那首著名的《登幽州台歌》：

> 前不见古人，后不见来者。
>
> 念天地之悠悠，独怆然而涕下。

"幽州台"就是蓟北楼，故址在今北京市的北边。战国时期，燕昭王为使燕国恢复强盛，卧薪尝胆，与民同甘共苦，并重金招揽人才。经过28年的发愤图强后，燕昭王拜乐毅为将，联合秦、楚、魏、韩、赵五国大举伐齐，连下70余城，直入齐都临淄。诗人慨叹燕昭王礼贤下士、君臣相知成就大业的盛况已一去不返，联想到今日之朝廷和自己的处境，不禁"独怆然而涕下"。而当政治环境变得险恶时，为避免遭受谪放之苦或斧钺之灾，古代文人也常会以"怀古"这一迂回巧妙的手法托古以怨。魏晋易代之际，曹魏家族与司马氏家族争权夺利，身处历史夹缝之中的魏晋文人创作多隐晦曲折。阮籍《咏怀诗·其三十一》写道：

> 驾言发魏都，南向望吹台。
>
> 箫管有遗音，梁王安在哉！
>
> 战士食糟糠，贤者处蒿莱。
>
> 歌舞曲未终，秦兵已复来。
>
> 夹林非我有，朱宫生尘埃。
>
> 军败华阳下，身竟为土灰。

这首诗借咏战国时期魏王婴荒淫亡国的史实，暗指曹魏集团的荒淫腐朽，政权摇摇欲坠。"战士食糟糠，贤者处蒿莱"一句高度凝练地概括出了魏国覆灭的原因。阮籍面对吹台古迹，不仅仅是凭吊，还以历史批判的眼光，结合现实的情感，写出了含义深刻的怀古咏史诗。

五、相思

情爱是人类文学中最具有生命力的基本主题之一。在《吕氏春秋·音初》中记录有一首上古歌谣《候人歌》，内容仅四字："候人兮猗。"相传是由思念大禹的涂山氏所作，此歌谣也是我国古代传达相思之情的诗歌之始。

空间阻隔下的相思抒发是中国古代相思之作中常见的类别之一。古时由于求仕、做官、贬谪、服役、社会动乱等原因，男子常常被迫离开家园和爱人。在异地相隔的困阻下，相思积蕴到一定程度，则呈现为哀怨的情调。《诗经》里的情歌大多都是抒发和排遣此类因空间阻隔而引发的相思之情的：

"死生契阔"，与子成说。执子之手，与子偕老。

于嗟阔兮，不我活兮！于嗟洵兮，不我信兮！

——《邶风·击鼓》

自伯之东，首如飞蓬。岂无膏沐？谁适为容！

——《卫风·伯兮》

这些诗句或是出于被迫离家的士兵之口，或是出于独留家中的思妇之口，相思之情皆遍布字里行间。而一首《采葛》更将相思表达得异常强烈：

彼采葛兮，一日不见，如三月兮！

彼采萧兮，一日不见，如三秋兮！

彼采艾兮，一日不见，如三岁兮！

当代研究者认为："中国文人情诗一个极显著的特质，即长于咏唱一种有缺憾的爱，从中表现出一种惘惘不甘的情调。"相思正是一种有缺憾的爱。相对于《诗经》等民歌中直抒胸臆的情感表达，作为主流的文人诗在诉说相思时一直坚持着委婉抒情的传统，其情感表达虽然不至于蓬勃汹涌，却也婉曲悠长，独具韵味。比如杜甫的《月夜》：

今夜鄜州月，闺中只独看。

遥怜小儿女，未解忆长安。

香雾云鬟湿，清辉玉臂寒。

何时倚虚幌，双照泪痕干？

诗人想念妻子，却并不直言，而是想象妻子在鄜州独自望月思念远在长安的自己，在虚幻中形成一种情感的两相呼应，从而形成"一种相思，两处闲愁"的动人情愫。

宋词中的相思之作也是缠绵深挚，令人动容。其后的元明清文学作品中亦不乏相思主题的表达。王实甫的杂剧《西厢记》中有"长亭送别"一折，讲张生欲进京赶考，老妇人、莺莺等为其饯行。在离别之筵上，张生虽尚未远行，但莺莺出于女性特有的敏感，内心早早升起一股浓浓的相思情意。其后，宴席结束，张生离去。未等莺莺回转家园，相思之情便已从莺莺的口中唱出：

> 这忧愁诉与谁？相思只自知，老天不管人憔悴。泪添九曲黄河溢，恨压三峰华岳低。到晚来闷把西楼倚，见了些夕阳古道，衰柳长堤。

其中"泪添九曲黄河溢，恨压三峰华岳低"，以夸张的艺术手法将崔莺莺的忧愁展示得淋漓尽致。

六、思乡

世界文学史上，大概再没有哪一个国家的诗文能像中国古代文学作品那样，会用浓重的笔墨来描摹、渲染浓郁的乡愁。其中原因，与中国古代文人的人生内容、传统文化心态以及古人所面临的客观环境有关。文人为了求功名，或从军、或做官、或求学、或漫游而离家，而故乡总是他们最后的归宿。另外，根植于传统农业文明的中国人，在生活方式上选择的是植物似的固定型而非动物型的迁移不定。"狐死首丘""落叶归根"等独具中国文化特色的成语表明，中国人对家怀有根深蒂固的依恋。故乡，对于中国古人来说，并不仅仅是用于区别异地的地缘概念，更是他们心驰神往的精神家园。而且，古时交通的不便利、书信来往的困难、出门在外的旅途危险等客观环境因素，也使得家乡、故园被赋予了更多的安全色彩。《诗经·东山》等作品早已将中国人的乡愁表达了出来：

> 我徂东山，慆慆不归。我来自东，零雨其濛。我东曰归，我心西悲。制彼裳衣，勿士行枚。

乡愁如同一张无形的网，笼罩在所有游子的心中，在宦游的旅途中深夜难眠：

明月何皎皎，照我罗床帏。

忧愁不能寐，揽衣起徘徊。

客行虽云乐，不如早旋归！

出户独彷徨，愁思当告谁？

引领还入房，泪下沾裳衣。

——《古诗十九首·明月何皎皎》

客行在外的孤独让诗人倍加思念故乡，深夜的皎皎月光，让诗人的满腔思乡情压制不住地倾泻而出。"客行虽云乐，不如早旋归"道出了多少奔波、漂泊在外者的心声。

检点中国古代思乡之作，我们发现它们形成了众多情感内涵十分丰富的主题性意象。这些意象反复出现，具有历史的继承性，也是民族文化情感的一种标志。其中，越鸟、胡马、猿鸣、啼血杜鹃、器乐之音、断鸿声、明月等意象出现的频率非常高。在具体的思乡情感表达中，文人借越鸟、胡马依恋家乡的动物本性来传达人与故乡的本能依属关系，将乡愁展示为一种本性。屈原在悲悼国运及故乡的《哀郢》中的名句便是此种方式的呈现："鸟飞反故乡兮，狐死必首丘。"湛方生在《怀归谣》中也是借助人与越鸟、胡马之对比来抒发自己的怀乡之情：

胡马兮恋北，越鸟兮依阳。

彼禽兽兮尚然，况君子兮去故乡。

两晋动乱之时，器乐之音亦能引发众人的思归之情。《晋书·刘琨传》记刘琨为胡骑所围："琨乃乘月登楼清啸，贼闻之，皆凄然长叹。中夜奏胡笳，贼又流涕歔欷，有怀土之切。向晓复吹之，贼并弃围而走。"到唐代边塞诗中，将士远离故土的愁思也会被器乐声引发，李颀在其《古意》一诗中便这样写道：

辽东小妇年十五，惯弹琵琶解歌舞。

今为羌笛出塞声，使我三军泪如雨。

与此类似的，还有李益的一首《夜上受降城闻笛》：

回乐峰前沙似雪，受降城下月如霜。

不知何处吹芦管，一夜征人尽望乡。

这两首诗都将乐器声与思乡之情联系在一起：乡音能引起人的共鸣，唤起故园之思；异域之音则时刻提醒着游子不忘客游的身份。

杜鹃泣血这一意象在宋代的思乡作品中多有使用。宋人的情感和精神世界，一般要比唐人紧张和理性得多，他们的压抑感渗透到创作中使得乡愁的表达更加惨烈。尤其是北宋至南宋的社会变化，使乡情的表达更为浓郁。文天祥有《金陵驿》一诗："满地芦花和我老，旧家燕子傍谁飞？从今别却江南路，化作啼鹃带血归。"诗人的乡国之思尽化在杜鹃啼血的悲凉意象之中。

知识链接

"杜鹃"的意象内涵

杜鹃，也称杜宇、子规、思归鸟、催归鸟，是古代诗歌的传统意象之一。杜宇是古蜀国君，相传杜鹃鸟为杜宇死后的魂魄所变。这种鸟的啼叫有两个特点：一是叫声持续不断，凄厉悲凉，"啼血方止"；二是它的叫声听起来像是"归，归，不如归去"。

在诗文中，杜鹃最常见的意象内涵主要有以下几种：①游子的羁旅之愁。杜鹃"不如归去"的叫声，道出了千百年来游子的共同心声，最容易触动游子内心深处脆弱的琴弦。于是，杜鹃就成了身处天涯充满乡愁的游子的象征物。②君主的亡国之痛。杜宇虽禅位退隐，国亡身死，却魂化为鸟，暮春苦啼，似有不甘。古人常用杜鹃喻人君寄兴亡之事。③志士的报国之情。杜鹃鸣叫时昼夜不停，一直到啼血为止。这种飞蛾扑火般的壮烈情怀很容易引发忧心报国志士的共鸣。④佳人的春闺之怨。自然界的声声鸟鸣会引发许多联想和想象，杜鹃的鸣叫也不例外。在闺中佳人听来，杜鹃声中包含的就是她们内心抑郁、寒凄的伤感。⑤离人的怀人之意。古人常借杜鹃怀人。杜鹃声声鸣啭，哀怨而凄凉，似哭且如水，送别的凄苦便因此表达得无以复加。

七、生死、游仙

比之于基督教影响下的西方人的生命观念，中国古代文人对于超现实、超经验的彼岸及其价值的追求和向往并不强烈。中国人的生死观念、生命意识虽然处于儒、释、道三教的不同影响之下，却有内在的一致性，即贵生重生、哀往悼逝的现世的生命意识。

生与死是人生的两个端点，人既有生，就必定有死。先秦哲学家杨朱就清醒地意识到："万物所异者生也，所同者死也。……十年亦死，百年亦死，仁圣亦死，凶愚亦死。""不知悦生，不知恶死"的"真人"对于现实中人来讲只是用来消解死亡焦虑的精神符号。国人自《诗经》中就已经透露出一种普遍的死亡恐惧和焦虑：

> 心之忧矣，曷维其亡！
>
> ——《邶风·绿衣》

> 人之云往，心之忧矣。……人之云亡，心之悲矣。
>
> ——《大雅·瞻卬》

因为死总是不可避免的，并且不可预知，所以生死无常的忧虑无时无刻不困扰着人们。而深受儒家文化濡染的中国古代文人，在面对生死，回顾一生的时候，往往以张扬儒家政治理想的方式来强化自身残存的生命，试图扩大和延伸个体生命的价值和意义。在"诗圣"杜甫晚年的诗歌中，这种社会功利性情感的张扬多有呈现：

> 江汉思归客，乾坤一腐儒。
>
> 片云天共远，永夜月同孤。
>
> 落日心犹壮，秋风病欲苏。
>
> 古来存老马，不必取长途。
>
> ——杜甫《江汉》

政治的忧患同人之将死的悲哀互相渗透并融合在诗篇中。而南宋陆游的临终诗《示儿》更可成为此中文作的典范："死去元知万事空，但悲不见九州同。王师北定中原日，家祭无忘告乃翁。"在放翁这份死不瞑目的哀婉痛绝之情中，实有对自我生命价值无法实现的哀悼，也有对民族、家国命脉难以维系的哀悼。

与杜甫、陆游等人兼济天下情怀的博大悲壮相比，李煜等人哀悼个体生命凋落的一己情怀则婉转纤弱，同样具有动人肺腑的艺术魅力。例如，《红楼梦》中林黛玉唱出的《葬花吟》：

花谢花飞花满天，红消香断有谁怜？

……

一年三百六十日，风刀霜剑严相逼。

明媚鲜妍能几时？一朝漂泊难寻觅。

……

天尽头，何处有香丘？

未若锦囊收艳骨，一抔净土掩风流。

质本洁来还洁去，强于污淖陷渠沟。

尔今死去侬收葬，未卜侬身何日丧？

侬今葬花人笑痴，他年葬侬知是谁？

试看春残花渐落，便是红颜老死时。

一朝春尽红颜老，花落人亡两不知！

这是作者曹雪芹借小说主人公之口，控诉封建末世摧残人性、扼杀美好的罪恶。写黛玉的身世之悲中，也蕴含着作者自身的伤悼之泪。

虽然大多数的中国古代文人具有基于现实的生死观，并不信仰宗教，但在古代文学作品中，仍存在为数众多的"游仙"主题之作，即以描写虚幻的神仙世界、对长生之道的探寻等题材为中心的写作。其实，游仙主题的出现与古人对死的恐惧和焦虑、对永生的追求有着直接的联系。在汉代和魏晋南北朝的诗歌中，我们经常可以看到诗人对仙人、仙境、求仙之道的描绘栩栩如生。我们不排除有人确实对仙境和长生不老有一种发自内心的虔诚的崇拜，但是，大多数文人只不过是畏于人生之死或是困于现实之窘迫，产生了厌世情绪。他们只是利用游仙主题来表达对现实的失望，寻求精神的解脱和慰藉罢了。

而"游仙"除了可以承载文人对现实的不满和否定外，也可以助其达到心灵境界的超然和恬淡。到唐代，"游仙"还被文人用来实现自己的庙堂之梦，他们名为游仙学道，实际上是想要宣扬名声从而获得通往仕途的"终南捷径"。比如"谪仙人"李白曾多次入道隐遁，但是他并非一个真正的神仙信徒。《古风·其十九》就暴露了李白的真实态度：

西上莲花山，迢迢见明星。

素手把芙蓉，虚步蹑太清。

> 霓裳曳广带，飘拂升天行。
>
> 邀我登云台，高揖卫叔卿。
>
> 恍恍与之去，驾鸿凌紫冥。
>
> 俯视洛阳川，茫茫走胡兵。
>
> 流血涂野草，豺狼尽冠缨。

前半部分写超脱生死的洒脱和飘逸，貌似解脱，但随后一句"俯视洛阳川"，就唤回了诗人的人间情怀。中唐以后的诗人更是借助游仙的躯壳，浇铸现实的失意、无奈、愤懑。卢仝在《忆金鹅山沈山人二首·其二》中将神仙世界描述成了鬼蜮世界，诗人还在诗歌结尾处劝诫沈山人"无求长生丧厥生"。宋及以后的文作中也多有此类主旨的游仙作品。

第三节　中国古代文学中的民族精神

中华民族5 000年的文明史从未中断，作为中华文明精髓的民族精神也在历史发展的进程中不断沉淀，越来越博大精深。民族精神不仅集中体现在历史事件和民族英雄身上，也渗透在古代文学作品中，同时，文学作品中的精神凝结也在不断深化和提升我们的民族精神，二者互生共荣。中国古代文学"既是先前华夏民族精神之树长出的枝叶，又是后来华夏民族精神继续生发的沃土"。

一、爱国忧民、报效祖国的优良传统

从先秦始，报效祖国的爱国情就已经从文学作品中抒发而出。《诗经·采薇》中的士兵面对旷日持久的征战，虽然心中时时涌起归家之念，对战争也有怨愤，"靡室靡家，玁狁之故"。但对于能加入这场保家卫国的正义之战，士兵还是有着些许的自豪和骄傲：

> 彼尔维何？维常之华。彼路斯何？君子之车。戎车既驾，四牡业业。岂

敢定居？一月三捷。

　　驾彼四牡，四牡骙骙。君子所依，小人所腓。四牡翼翼，象弭鱼服。岂不日戒？猃狁孔棘！

战事紧张，士兵思乡而不得归。但看着我方将士抵御外辱时的积极奋发之态以及精良的武器装备，这位士兵也感到兴奋和荣耀。在期盼和平的心绪中，我们的士兵牺牲"小家"，顾全大局，这份为国而战的精神令人钦佩。而《诗经·无衣》则抒发的是更纯粹的抵御外辱、保家卫国之情：

　　岂曰无衣？与子同袍。王于兴师，修我戈矛。与子同仇！
　　岂曰无衣？与子同泽。王于兴师，修我矛戟。与子偕作！
　　岂曰无衣？与子同裳。王于兴师，修我甲兵。与子偕行！

面对西戎的入侵，秦国人民表现出了英勇尚武的豪情，同时也使得《无衣》成为一首充满爱国主义激情的战歌。

中华民族的爱国精神不仅体现在上述征役诗中，在屈原、杜甫、白居易、辛弃疾、岳飞、陆游等人笔下，我们同样看到了先贤们的拳拳赤子心。中国文化具有一种先天的忧患意识，这种"忧患"并非为己，而是为他人、为社会的一种终极关怀。在历代儒家文人的胸怀中，他们对国家、人民的关注也多具有忧患色彩。他们忧时伤民，以救国救民为己任。例如，中唐时期，各种社会矛盾渐次浮现。白居易以他的方式表达着对社会和政治的关注与焦虑。《牡丹芳》是白居易《新乐府》五十首中的一首，在这首诗歌中，诗人先是写了牡丹之美，后又写社会上众人对牡丹的狂热追捧和诗人对这一现象的担忧：

　　花开花落二十日，一城之人皆若狂。
　　三代以还文胜质，人心重华不重实。
　　……
　　去岁嘉禾生九穗，田中寂寞无人至。
　　今年瑞麦分两岐，君心独喜无人知。
　　无人知，可叹息。
　　我愿暂求造化力，减却牡丹妖艳色。
　　少回卿士爱花心，同似吾君忧稼穑。

每逢暮春，长安城中总是车水马龙，人们都为买花而来。但是，在这种"繁华"景象下，白居易却看到了一系列的社会问题：玩物丧志，人心浮华，为政者尸位素餐等。所以，在诗歌末尾，出于对时政和国运的忧虑，诗人提出了自己的政治呼唤："少回卿士爱花心，同似吾君忧稼穑。"

和白居易的焦灼爱国心一样，南宋词人辛弃疾深感祖国分裂之悲，时时用词作来提醒众人应不忘收复失土，并且与志同道合的朋友约以北伐为共同之任，《贺新郎·老大那堪说》："道'男儿到死心如铁'。看试手，补天裂。"清末众文人也是怀着强烈的爱国热情，执着地追求强国之路，不达目的，死不甘心。可见，深沉的国家忧思始终贯穿在中国古代文学作品的发展过程中，文学成为古人先哲表达家国精神的载体。

二、坚守气节、不屈不挠的反抗精神

中华民族是极具反抗精神的民族，我们的民族气节和个人气节都是凛然不可侵犯的。古代的进步知识分子历来讲究保持高尚的节操，面对恶势力或残酷现实，他们态度坚决，甚至宁死不屈。

《论语》有言："岁寒，然后知松柏之后凋也。"而《庄子·山木》中则记录了这样一个故事：

> 庄子衣大布而补之，正廮系履而过魏王。魏王曰："何先生之惫邪？"
> 庄子曰："贫也，非惫也。士有道德不能行，惫也；衣弊履穿，贫也，非惫也。此所谓非遭时也。……"

面对魏王对其衣衫褴褛的询问，庄子傲然的回答显示了他穷而不惫、穷且益坚的气节。陶渊明面对上官，不愿屈己迎合："吾不能为五斗米折腰，拳拳事乡里小人邪！"诗人李白也喊出了类似的心声："安能摧眉折腰事权贵，使我不得开心颜！"清代的郑板桥在其题画诗《竹石》中含蓄地将自我形象和精神表达了出来：

> 咬定青山不放松，立根原在破岩中。
> 千磨万击还坚劲，任尔东西南北风。

此诗中的"风"代指现实生活中的各种恶势力，而"坚劲"的岩竹正是诗人顽强意志、高尚气节的象征。从上述文作中可见，凛然不可侵犯的气节展现已经成为先贤古人反抗外界压迫、摧残的一种方式。历代有识有为之士，都自觉地从先辈的高尚气节中汲取精神营养，用以坚定自己的信仰和追求，砥砺自己的情操和品格。越是沧海横流，越是如此。

古代文人不仅勇于坚守个人气节，面对国家大义，也前赴后继地进行决然的抗争。当外敌入侵、民族矛盾尖锐时，他们心中的崇高气节会再次张扬，用自己的笔一次又一次地表达着对侵略者的愤恨、对祖国的担忧等情感。例如，岳飞在战场上拼搏厮杀，戎马倥偬中横槊赋诗，写出了气壮山河的《满江红》，下阕云：

> 靖康耻，犹未雪。臣子恨，何时灭！驾长车、踏破贺兰山缺。壮志饥餐胡虏肉，笑谈渴饮匈奴血。待从头、收拾旧山河，朝天阙。

满腔忠愤，丹心碧血，倾出肺腑，字字掷地有声，岳飞等众将士为国而奋起反抗的英勇豪放之情以及誓雪国耻的不屈气节力透纸背。在抗日战争时期，这首《满江红》就以其低沉但却雄壮的歌音感染着中华儿女。

总之，在中国传统社会和传统文化中，小至个人生死，大至国家兴亡，时时处处都凸现出中华民族的气节观。而当气节需要以生命来换取时，历代先贤无不表现出一种慷慨赴死、视死如归的英雄气概和高尚气节，正如文天祥临死前在其衣带中所写："孔曰成仁，孟曰取义，惟其义尽，所以仁至。"他们的气节永远激励着中华民族不断开拓进取，跨越前进道路上的一切艰难险阻，创造新的辉煌。

知识链接

六州歌头
张孝祥

长淮望断，关塞莽然平。征尘暗，霜风劲，悄边声。黯销凝。追想当年事，殆天数，非人力，洙泗上，弦歌地，亦膻腥。隔水毡乡，落日牛羊下，区脱纵横。看名王宵猎，骑火一川明。笳鼓悲鸣，遣人惊。

念腰间箭，匣中剑，空埃蠹，竟何成！时易失，心徒壮，岁将零。渺神京。干羽方怀远，静烽燧，且休兵。冠盖使，纷驰骛，若为情。闻道中原遗老，常南望、翠葆霓旌。使行人到此，忠愤气填膺，有泪如倾！

三、重视亲情、友情、爱情的人情观

中国是一个人情味浓厚的国度。亲情是一个人心理发展过程中首先要经历的情感体验。在儒家的人格模式"修身、齐家、治国、平天下"中，"修身"是"治国、平天下"的思想基础，"齐家"则是二者的行为基础。而所谓"齐家"者，首先就是要父慈子孝、夫妻恩爱，一家人平安和乐。然而，游学、宦游使得古代士人不得不远离家园。因此，每逢仕途受阻或飘零孤独时，我们总能在文学作品中看到文人士子对亲情的憧憬。最著名的当属王维的《九月九日忆山东兄弟》：

> 独在异乡为异客，每逢佳节倍思亲。
>
> 遥知兄弟登高处，遍插茱萸少一人。

王维家居蒲州，在华山之东，所以题称"忆山东兄弟"。写这首诗时王维年十七，为了仕宦功名，正漂泊在洛阳和长安之间。繁华的帝都对当时热衷仕进的年轻士子虽有很大吸引力，但对一个少年游子来说，毕竟是举目无亲的"异乡"，越是繁华热闹，在茫茫人海中的游子就越显得孤孑无亲。在自然经济占主要地位的封建时代，不同地域之间的风土人情、生活习惯差别很大，离开多年生活的故乡到异地去，会感到一切都陌生、不习惯，感到自己是漂浮在异域的一叶浮萍，"异乡""异客"朴质而真切地道出了这种感受。诗歌后两句借重阳登高这一习俗，表面上写家乡兄弟因自己的缺席而未能团圆的缺憾，实则是在表达自己对亲情的无限渴望。与此诗有异曲同工之处的还有白居易的《邯郸冬至夜思家》：

> 邯郸驿里逢冬至，抱膝灯前影伴身。
>
> 想得家中夜深坐，还应说着远行人。

中唐贞元年间，到冬至这一天，朝廷要放假，民间也很热闹，穿新衣、互赠饮食、互致祝贺，一派过节的景象。而白居易当时正宦游在外，夜宿驿馆，想到家中亲人围坐而念及自己未归，作者的孤寂之感、思家之情，忍不住溢于言表。

当然，除了上述低沉的表述外，古代文学中也不乏温馨团圆的亲情描述。陶渊明在辞官归隐后，就多次在诗文中述及自己的家庭之乐：

弱子戏我侧，学语未成音。

此事真复乐，聊用忘华簪。

——《和郭主簿二首·其一》

饱含亲情的家是调整身心的港湾，所以追求身心自由愉悦的陶渊明及众多文人都极重亲情。

另外，爱情和友情也是国人精神生活的重要组成部分。早在上古歌谣及《诗经》中，我们就已经看到了爱情、友情的作品出现：

彼狡童兮，不与我言兮。维子之故，使我不能餐兮！

——《诗经·狡童》

伐木丁丁，鸟鸣嘤嘤。出自幽谷，迁于乔木。嘤其鸣矣，求其友声。

相彼鸟矣，犹求友声；矧伊人矣，不求友生？神之听之，终和且平。

——《诗经·伐木》

前一则出于一位女子之口，展现了单相思的爱情苦状；后一则《伐木》以比兴开篇，从鸟之求友写到人之求友。诸如此类的爱情、友情之作，在以《诗经》为代表的先秦典籍中俯拾皆是。从中可见，爱情、友情与亲情一样，早已成为中国文学作品中久唱不衰的话题，历朝历代都不乏优秀之作。

其中，爱情的千姿百态、万般滋味在古代文作中都可以找到相关的描述和表达。决绝悲伤者有之，缠绵悱恻者有之，伤痛悲怆者有之，而大胆奔放者亦有之：

傻俊角，我的哥，和块黄泥儿捏咱两个。捏一个儿你，捏一个儿我，捏的来一似活托，捏的来同床上歇卧。将泥人儿摔碎，着水儿重和过。再捏一个你，再捏一个我。哥哥身上也有妹妹，妹妹身上也有哥哥。

——明代民歌《锁南枝》

而中国传统的"知音文化"使得友情成为古人生活中除了血亲、姻亲外以道义和志趣相维系的另一种重要情感。作为宦游在外的士子文人不可或缺的精神慰藉，友情也在众人笔下被娓娓道来，令人动容：

故人入我梦，明我长相忆。

——杜甫《梦李白二首·其一》

九日黄花兄弟会，中秋明月故人心。悲欢离合古犹今。

——向子湮《浣溪沙·简王景源、元渤伯仲》

正是因为有亲情、爱情和友情的依傍，那些有操守却与腐恶环境相冲突的士人才可以在前进之路上获得精神支持，赖以栖心，赖以全志，赖以守道。同时，亲情、爱情、友情也成为士人人生意义的体现。

四、自强不息、积极进取的奋斗精神

勇往直前、自强不息的进取精神是中华民族生存发展的动力来源。早在《周易》中，我们的先哲就提出了"天行健，君子以自强不息"的观点，认为世间君子应取法于天，要像宇宙万物一样行转不息，力求进步，即使颠沛流离，也要刚毅坚卓、发奋图强。

后世的众多文人志士自踏上人生奋发之路起，即勇往直前，纵有艰辛坎坷，他们也表现出坚守和刚毅的姿态。如屈原在《离骚》中，先是叙述自己的家世、品德、理想，以及自己遭谗被疏的苦闷。但即使被放逐疏远，屈原依然坚守他的理想，绝不同流合污，"亦余心之所善兮，虽九死其犹未悔"，"宁溘死以流亡兮，余不忍为此态也。鸷鸟之不群兮，自前世而固然"。在表达了自己的执着坚守后，屈原又表明了自己追求光明、不断前行的人生态度："路曼曼其修远兮，吾将上下而求索。"

西汉时，"修身、齐家、治国、平天下"这一进取式的人生轨模被提出，并为儒家文人所信奉和追求。唐代诗人李白"性倜傥，好纵横术"，"十五好剑术，遍干诸侯"，其一生以不世之材自居，顽强而执着地追求惊世骇俗的功业。他早年便以"激三千以崛起，向九万而迅征""怒无所搏，雄无所争"的大鹏自喻。虽然屡遭挫折，失败打击接踵而至，其诗歌中也出现过追求与颓放并存，但他的进取之心始终未息。被放逐还山后，李白仍高唱"大鹏一日同风起，扶摇直上九万里。假令风歇时下来，犹能簸却沧溟水"。直至临终绝笔，他虽已"中天摧兮力不济"，却还坚信自己"余风激兮万世"，可见他的一生抱负，老而不衰。

古代的一些长篇小说中，自强不息、积极进取的人生态度也常被描画而出。例如，《三国演义》中，群雄争霸、众才斗智、扬威耀武的竞胜图景中时有出现。小说中的众人虽各有特点，但他们的人生却都体现着中国古人所积极追求的功业观念，"大丈夫处世，不能立功建业，不几与草木同腐乎"恰是书中一干人等的价值观。正是在此观念下，其间之人，或胸怀天下，招揽人才，成就帝王之业；或审时度势，辅佐明主，显身扬名；或驰骋沙场，夺关斩将，建立不朽功勋。

正如孟子所言："自暴者，不可与有言也；自弃者，不可与有为也。"民族观念中的君子之风一直都对人的精神风貌有所要求。约束自我、坚守自我的仁义操守，昂扬积极，于人生艰难处亦要保持自强不息之态，一直都是中华民族的精神亮光。

思考题

1. 古代文学史的三古七段指的是哪几个历史时间段？

2. 中国古代文学中的十大主题指的是什么？

3. 简述中国古代文学与民族精神的关系。

推荐阅读材料

1. 王立. 文人审美心态与中国文学十大主题 [M]. 沈阳：辽海出版社，2003.

推荐理由：该书通过梳理中国古代文学中常见的十大主题，展示了中国文人的文化性格、精神状态、审美心理等，同时也深刻地揭示出中国文学与中国文化的底蕴。

2. 张玉毂. 古诗赏析 [M]. 上海：上海古籍出版社，2000.

推荐理由：书中对唐代之前的名诗作了较为细致的分析鉴赏，有助于拓展读者的诗歌阅读体验。

中国传统艺术

学习目标

1. 了解中国传统艺术的概况。

2. 理解中国传统艺术的特征。

3. 掌握中国传统艺术的主要成就。

根据表现手段和方式的不同，《辞海》把艺术分为综合艺术（戏剧、影视）、表演艺术（音乐、舞蹈）、造型艺术（绘画、雕塑、建筑）、语言艺术（文学）四大类。中国传统艺术涵盖了除形成于现代的影视艺术之外的所有艺术种类。由于汉字结构的特殊性，汉字书法亦成为中国传统艺术不可或缺的组成部分，这里将其与绘画一道归为造型艺术。

中国传统艺术源远流长。远古时期的艺术一般是原始巫术、原始图腾的一部分。新石器时代陶器上的几何纹样、夏代青铜器纹饰上的饕餮纹、氏族社会的原始歌舞都是最早的艺术形式。先秦时期的《诗经》奠定了中国文学以抒情为主的现实主义美学特征，屈原的"楚辞"则代表中国文学的浪漫主义倾向。浪漫主义成为两汉艺术的主流，汉代的赋、画像石、壁画等艺术品，展示的是力量、运动和气势。魏晋是文学、舞蹈、音乐、绘画、书法、建筑等诸多艺术自觉的时代，这个时期的文学艺术史称魏晋风度，表现出崇尚自然、超然物外、清俊通脱的艺术风格。南北朝到宋朝的文学艺术，多受佛教思想影响。北魏的石窟壁画，表现出皈依天国的巨大情感力量。唐代是文学艺术的交流融合时期，其特征是笔力雄壮、气象浑厚。张旭、怀素的狂草与李白的诗歌是盛唐风貌的代表，而韵味、意境、情趣则是中唐以来的艺术追求。唐代雕塑的世俗化有更多的人情味，中唐至宋，绘画等艺术走向现实主义。北宋是山水画的高峰，绘画不满足于追求事物的外在形似，而要表达出内在风神。南宋绘画则提倡写实，提倡细节逼真。宋元两代艺术突出特征是追求山水意境，倾向于主观意兴。明清文学艺术成就以小说、戏曲为代表，表现出对个人命运的高度关注。《红楼梦》等明清文学作品有批判现实主义的倾向。

徐复观《中国艺术精神》一书认为，庄子是中国艺术精神的开创者，以庄子为代表的虚、静观是中国传统艺术的基本特征，这与西方艺术写实为主、追求动感和张力的艺术特征有明显的区别。

除文学另列专章外，下面对各类艺术分别进行简单的介绍。

第一节　综合艺术：戏曲

一、中国传统戏曲的历史

戏曲是代言体表演艺术，是表演、文学、音乐、舞蹈、美术、武术、杂技等艺术形式的综合体。综合性、写意性、程式化是中国传统戏曲的基本特征。中国传统戏曲是中国戏剧的独有形式。

中国传统戏曲源于原始社会的原始歌舞，经历了汉代以竞技为主的角抵戏，魏晋的歌舞百戏等，南北朝至唐代形成最初的戏曲形式"参军戏"。参军戏由俳优表演的优戏演变而来，风格滑稽，一般有两个角色：一个"参军"，一个"苍鹘"。表演时，参军嘲弄调笑苍鹘。参军和苍鹘可以认为是后来戏曲净行和丑行的雏形。

宋金元时期的南戏标志着中国传统戏曲的形成。南戏宋末兴起于东南沿海一带，与诸宫调的关系密切，并综合了宋代杂剧、福清歌、台州歌、歌舞大曲等众多曲调的优点，元末明初逐步定型，并趋向兴盛，建立了以生、旦为主，净、末、丑、外、贴的七种角色体制。演出时一般由副末开场，生、旦相继出场，主要人物出场先唱引子，之后"自报家门"。曲词一般包括引子、过曲和尾声。南戏的音乐形式南曲为后来的海盐腔、余姚腔、昆山腔、弋阳腔等诸多声腔剧种的兴起和发展奠定了基础。早期南戏剧目多已失传，现存《张协状元》一出。元末高明的《琵琶记》是南戏最高成就，也被誉为"南戏之祖"，全戏共四十二出，写汉代书生蔡伯喈与贤孝女性赵五娘悲欢离合的故事（图7.1）。

元杂剧标志着中国传统戏曲的成熟。元杂剧是用北曲演唱的一种戏曲形式，是在金院本和诸宫调的影响下，融合各种表演艺术形式而成。舞台演出由唱、白、科三部分组成，角色分末、旦、净三大类。结构特点是"一楔四折"和"一人主唱"。"楔子"居于剧首，类似引子或序曲。每一折由同一个宫调的若干支曲子联成一个套曲，一韵到底，由正末或正旦一个角色主唱。关汉卿的《窦娥冤》、马致远的《汉宫秋》、郑光祖的《倩女离魂》、白朴的《墙头马上》等是元杂剧的代表作。

传奇是明清两代中长篇戏曲的总称。传奇源于南戏，带有浓厚南方戏曲特征，又融合了北曲声腔和元杂剧的精华，伴随着昆山、弋阳、海盐、余姚"四大声腔"，

图7.1　明代刊本琵琶记插图

发展为明清时期全国性的大型戏曲。汤显祖的《牡丹亭》为明传奇之代表作。

清代至民国时期是各种地方戏的形成、发展与繁荣时期。清中叶传奇和昆曲急剧衰落，花部地方戏曲兴起。花部又称"乱弹"，是雅部昆曲之外的各种声腔剧种的总称。乾隆年间徽班进京献艺，史称"徽班进京"。徽班带来的徽调，与来自湖北的汉调艺人合作，同时又接受了昆曲、秦腔等声腔艺术和表演方法，经过不断的交流、融合，最终形成新的声腔艺术——皮黄，这就是后来的京剧。清末至民国几十年间，有超过200个地方戏剧种形成，除京剧外，还包括豫剧、越剧、河北梆子、评剧、黄梅戏、川剧、沪剧等重要地方剧种。

二、中国传统戏曲的行当

行当就是戏曲的角色分类。依据性别、年龄、外形、身份等不同，可分为生、旦、净、丑四大行当。

（一）生行

生行指戏曲中的男性形象，又分为老生、小生、武生等。

老生指生行中的中年或老年形象，戴髯口，唱和念白都用本嗓，如《红鬃烈马》中的薛平贵、《空城计》中的诸葛亮、《四郎探母》中的杨延辉。小生是生行中的年轻人形象，如《借赵云》中的赵云、《柴桑关》中的周瑜。武生指生行中身具武艺的男性形象。红生指勾红脸身具武艺的男性形象，有时归入武生行。

（二）旦行

旦行指戏曲中的女性形象，又分为青衣、花旦、武旦、刀马旦、老旦、彩旦等。

青衣又称正旦，指端庄稳重的中青年妇女，动作典雅，以唱功见长，念韵白，如《铡美案》中的秦香莲、《二进宫》中的李艳妃等。花旦指年轻活泼俏丽的小家碧玉或丫鬟，以做功和念白见长，如《西厢记》中的红娘、《拾玉镯》中的孙玉姣等。武旦指身具武艺的江湖女子或神怪精灵，多穿紧身衣服，表演上重翻打，如《白蛇传》中的青蛇等。刀马旦指女将或女元帅，一般要扎大靠，表演上重靠把工架，如《穆桂英挂帅》中的穆桂英等。老旦指老年女性，用本嗓唱念，多重唱功，如《钓金龟》中的康氏、《赤桑镇》中的吴妙贞等。彩旦主要指那些滑稽或凶蛮的女子，如《凤还巢》中的程雪艳等。

（三）净行

净行指那些面部勾画脸谱的男性形象，有正净、副净、武净和毛净之分。

正净也称大面、铜锤或黑头，多表现举止稳重者，以唱功见长，如《铡美案》中的包拯、《二进宫》中的徐延昭等。副净也称二面或架子花脸，多表现性格豪爽者，如张飞、李逵等，或奸邪佞幸者，如曹操、赵高等。武净也称武花脸，以武打翻跌见长，如《挑滑车》中的黑风利等。毛净指钟馗、周仓、巨灵神等类人物，以工架见长。

（四）丑行

丑行指滑稽幽默或相貌丑陋的人物形象。男丑多在鼻眼间勾画豆腐块状脸谱，故又称小花脸，有文丑、武丑、女丑之分。

文丑指不具武艺的滑稽人物。武丑指身具武艺的滑稽人物，以跌扑翻打为表演特色，亦重念白。女丑指那些或滑稽或凶恶的老妇人形象，如媒婆、店婆等。

三、中国传统戏曲的程式与表演

程式是经艺术加工和提炼后形成的一种规范化、标准化的戏曲表演形式。戏曲的唱、念、做、打、化妆、服饰、脸谱均遵循一定的程式，并形成一定的体系，如起霸、趟马、走边、档子、抬轿、云手、跑圆场、自报家门等。程式是中国传统戏曲的基本特征。

不同剧种的程式有很大的差别。京剧遵守程式尤其严格，这里所说的程式又多以京剧为基础概括而来。另外，现代戏的程式与古装戏有较大区别，所以，这里所说的程式又主要以古装戏为依据。

（一）四功

四功，戏曲程式之一，是指戏曲表演的四项基本功，包括唱、念、做、打。

唱，是戏曲叙事和人物情感表达的主要方式。一般可分为曲牌体和板腔体。昆曲、高腔等为曲牌体，京剧、评剧、各类梆子戏等为板腔体。

念，是人物对白或独白的总称，是一种诗歌化、音乐化的戏曲语言。如京剧念白有韵白、京白之分。韵白多用中州韵、兼有湖广音，京白以北京方音为基础稍加变化。昆曲则用韵白和苏白。

做，是舞蹈化的形体动作，对身段、表情、气派、风度等的总称。戏曲的做多为写意而非写实，且严格遵守程式。

打，也称"开打"，是传统武术的舞蹈化，如翻跟头、打把子等。一般分为把子功和毯子功两大类。

（二）五法

五法，戏曲程式之一，指口法、手法、眼法、身法和步法。口法指唱得动听，念得上口，有美感。手法指手势，如兰花指、齐眉指、大惊指等。眼法指眼神，表现剧中人物的喜、怒、哀、乐等情感，如笑眼、怒眼、嗔眼、羞眼、醉眼等。身法指身段，包括起、落、进、退、侧、反、收、纵等，如在《贵妃醉酒》中梅兰芳用"卧鱼"身段表现失意的杨贵妃酒醉后的复杂心情。步法主要指的是"台步"，是艺术化的步伐，如云步、蹉步、醉步、跪步等。

（三）脸谱

脸谱是演员面部化妆的一种程式，具有象征意义。生行、旦行面部化妆简单，略施脂粉，称俊扮、素面。净行面部重施油彩、图案复杂，称"花脸"。丑行在鼻梁上抹一小块白粉，俗称"小花脸"。

重施油彩的脸谱按颜色又可分为红、白、黑、黄、绿等。其中红为生行，其他皆为净行。红色表示勇武忠心，如关羽。白色表示阴险奸诈，如曹操。黑色表示刚直无私，如包拯。蓝色表示刚强，如窦尔敦。紫色表示正义，绿色表示暴躁侠义，黄色表示凶狠残暴，粉色表示德高望重。金色、银色用于神、佛、鬼、怪。

（四）服装

戏曲服装是历代服装的高度概括、综合和艺术化的结果，并不代表某个具体朝代或时期的服装。戏曲服装同样是戏曲程式的重要组成部分，一般包括戏衣、盔头、靴鞋三部分。

戏衣又称体服，大体分为蟒、靠、帔、官衣、褶（xué）子五类。蟒是帝王将相的官服，绣有龙，下摆、反袖绣有海水江崖纹。靠就是武将穿的铠甲。帔是便服，有蓝、黑、紫、黄、红五色，代表等级，例如黄、红为帝王将相专用。官衣是文官的官服，常绣有仙鹤、孔雀等图案。褶子是平民服装。

盔头是冠帽的通称，大体分为冠、盔、巾、帽等。冠多为帝王贵族的礼帽，盔为武职人员所戴。

靴鞋分腰靴、矮腰靴、鞋、履、裹腿等。

知识链接

自报家门

自报家门是戏曲程式之一，是指主要角色第一次上场时把姓名、籍贯、身世和剧中特定的情境等自我介绍给观众，一般由"引子""定场诗""定场白"三部分组成，或唱或白。自报家门既是戏曲情节的组成部分，也反映人物性格。

《法门寺》刘瑾，净角，权臣，自报家门表现其狂妄。

（引子）腰横玉带紫罗袍，赤胆忠心保皇朝。

（念）四海腾腾庆升平，锦绣江山属大明。满朝文武尊咱贵，何必西天把佛成！

（白）咱家，姓刘名瑾，表字春华。乃陕西延安府人氏。七岁净身，九岁入宫，一十三岁扶保老王。老王晏驾，扶保幼主正德皇帝登基。明是君臣，暗如手足一般。太后老佛爷十分宠爱，认为义子螟蛉干殿下，封为九千岁之职。

四、中国传统戏曲主要剧种

中国传统戏曲剧种有 360 多种，其中，昆曲、秦腔历史悠久，京剧、豫剧、越剧流传广泛。另有评剧、黄梅戏、河北梆子、湘剧、粤剧、川剧、晋剧、汉剧、潮剧、闽剧、祁剧等。

（一）昆曲

昆曲又称昆山腔、昆剧，是一种古老的剧种，有"百戏之祖"之称。元末明初形成于江苏昆山一带，明中叶后盛行，当时的传奇戏多用昆曲演唱。昆曲风格清丽柔婉、动作细腻、程式严谨，歌唱与舞蹈结合巧妙，故称"雅部"，是中国古典戏曲的代表。代表剧目有《牡丹亭》等。

（二）京剧

京剧也称皮黄，由"西皮"和"二黄"两种基本腔调组成，也兼唱一些地方小杂调和昆曲曲牌。京剧形成于北京，是中国戏曲的代表，有"国剧""国粹"之称，是全国影响最大的剧种。京剧行当齐全、表演气势宏美、程式规范、剧目繁多。常演剧目有《霸王别姬》（折子戏）、《龙凤呈祥》、《贵妃醉酒》（折子戏）、《失空斩》、《玉堂春》、《搜孤救孤》、《望江亭》、《徐策跑城》（折子戏）、《四郎探母》、《红鬃烈马》、《锁麟囊》、《二进宫》（折子戏）等。

（三）豫剧

豫剧又称河南梆子，形成于清末，由传入河南的山陕梆子结合河南方言及民间曲调发展而成，以河南为中心，流行于河北、山西、山东、安徽、湖北、新疆等地。唱腔铿锵大气、抑扬有度、行腔醇畅、吐字清晰。有豫东调、豫西调、祥符调、沙河调四大流派。常演剧目有《铡美案》《三上轿》《穆桂英挂帅》《红娘》《对花枪》《七品芝麻官》等。

（四）越剧

越剧流行于上海、浙江、江苏、福建等地。源于清末浙江嵊州的"落地唱书"。吸收昆曲、绍剧等剧种艺术之长，形成柔婉细腻的表演风格，长于抒情，以唱为主，唯美典雅。常演剧目有《梁山伯与祝英台》《红楼梦》《祥林嫂》等。

（五）秦腔

秦腔约形成于明代中期，是最早的梆子腔。表演粗犷质朴，唱腔高亢激越，其声如吼，善于表现悲剧情节。常演剧目有《蝴蝶杯》《游龟山》《三滴血》等。以关中东部渭南地区为中心的东路秦腔对京剧、晋剧、豫剧、河北梆子、上党梆子等诸多剧种的形成均产生过重要影响。

（六）黄梅戏

黄梅戏流行于皖南一带。唱腔淳朴流畅，表演质朴细致，真实活泼。唱腔属板式变化体，有花腔、彩腔、主调三大腔系。严凤英对黄梅戏传承与发展做出了卓越贡献。常演剧目有《女驸马》《天仙配》等。

（七）梆子腔

梆子腔源于山西、陕西交界处的山陕梆子，唱腔高亢激越，以木梆击节。流传于不同地区则形成不同的梆子腔，如山西梆子、河北梆子、河南梆子、山东梆子等。

（八）高腔

高腔源于江西弋阳，又称弋阳腔。其表演质朴、曲词通俗、唱腔高亢激越、一人唱而众人和，只用金鼓击节，没有管弦乐伴奏。明代中叶后向全国各地流布，形成各地不同风格的高腔，如川剧高腔、湘剧高腔、赣剧高腔等。

第二节　表演艺术：音乐、舞蹈

一、音乐

（一）中国传统音乐的历史

中国传统音乐有数千年的历史。距今六七千年前的新石器时代，先民们已经可以烧制陶埙、挖制骨哨，夏代已经有用鳄鱼皮蒙制的鼍鼓，商代已有木腔蟒皮鼓和双鸟饕餮纹铜鼓以及制作精良的石磬，还出现了编钟、编铙等以青铜为材料的乐器。

西周时期宫廷首先建立了完备的礼乐制度，在宴享娱乐时可以看到"六代乐舞"，即黄帝时的《云门》，尧时的《咸池》，舜时的《韶》，禹时的《大夏》，商时的《大蠖》，周时的《大武》，十二律的理论和五声阶名（宫、商、角、徵、羽）也已经确立。

秦汉时期演唱的歌词称乐府诗，从最初的"一人唱、三人和"的清唱，逐渐发展为有丝竹乐器伴奏的"相和大曲"。西北边疆兴起的鼓吹乐，则以不同编制的吹管乐器和打击乐器构成多种鼓吹形式，如横吹、骑吹、黄门鼓吹等。三国、两晋、南北朝时期，由相和歌发展起来的清商乐受到重视，传统音乐文化的代表性乐器古琴趋于成熟，《广陵散》《猗兰操》《酒狂》等一批曲目问世。

隋唐两代是音乐艺术全面发展时期。唐代宫廷宴享的音乐称作"燕乐"。燕乐继承相和大曲的传统，融会九部乐中各族音乐的精华，形成了散序、中序或拍序、破或舞遍的结构形式。

宋金时期以市民音乐的勃兴为重要特征。随着都市商品经济的繁荣，适应市民阶层文化生活的游艺场"瓦舍""勾栏"产生。在"瓦舍""勾栏"中有嘌唱、小唱、唱赚，也有说唱类音乐，如崖词、陶真、鼓子词、诸宫调等。诸宫调是当时成熟起来的大型说唱艺术。随着元代戏曲艺术的发展，出现了最早的总结戏曲演唱理论的专著，即燕南芝庵的《唱论》，而周德清的《中原音韵》则是最早的一部北曲曲韵和北曲音乐论著。

明清时期的音乐具有世俗化的特点，大量音乐保留于说唱、戏曲等艺术形式之中，包括南方的弹词，北方的鼓词，以及牌子曲、琴书、道情类说唱等。南方的弹词以苏州弹词影响最大。北方的鼓词以山东大鼓、冀中木板大鼓、西河大鼓、京韵大鼓较为重要。而牌子曲类的说唱有单弦、河南大调曲子等。琴书类说唱有山东琴书、四川扬琴等。道情类说唱有浙江道情、陕西道情、湖北渔鼓等。明末清初，北方以陕西秦腔为代表的梆子腔得到很快的发展。明清时期，器乐的发展表现为多种器乐合奏的形式，如北京的智化寺管乐、河北吹歌、江南丝竹、十番锣鼓等。琴曲《平沙落雁》《流水》，琴歌《阳关三叠》《胡笳十八拍》等广为流传。

（二）中国传统乐器分类

1. 吹奏乐器

中国吹奏乐器的发音体大多为竹制或木制，可分为三类：第一类，以气流吹入吹口激起管柱振动的，有箫、笛、口笛等；第二类，气流通过哨片吹入使管柱振动的，有唢呐、海笛、管子、双管和喉管等；第三类，气流通过簧片引起管柱振动的，有笙、抱笙、排笙、巴乌等。

2. 弹拨乐器

中国的弹拨乐器分横式和竖式两类。弹拨乐器音色明亮、清脆。弹拨乐器一般力度变化不大，除古琴音量较弱，其他乐器声音穿透力均较强。典型乐器包括琵琶、筝、扬琴、七弦琴、热瓦普、冬不拉、阮、柳琴、三弦等。

3. 打击乐器

打击乐器根据发音不同可分为响铜、响木、皮革等。中国传统打击乐器不仅是节奏性乐器，而且每组打击乐群都能独立演奏，对烘托气氛有重要作用。典型乐器包括堂鼓（大鼓）、碰铃、缸鼓、定音缸鼓、铜鼓、朝鲜族长鼓、大锣小锣、小鼓、排鼓、大钹等。

4. 拉弦乐器

拉弦乐器主要指胡琴类乐器，被广泛使用于独奏、重奏、合奏与伴奏。拉弦乐器大多为两弦，少数用四弦，如四胡、革胡、艾捷克等。大多数琴筒蒙蛇皮、蟒皮、羊皮等；少数用木板，如椰胡、板胡等。少数是扁形或扁圆形，如马头琴、坠胡、板胡等。

知识链接

八　音

根据不同制作材料，《周礼》把乐器分成金、石、丝、竹、匏、土、革、木八类，称作"八音"。周末至清初的 3 000 多年中，一直沿用这一分类法。金类是金属乐器，主要是钟；石类包括各种磬；丝类包括各种弦乐器，如琴、瑟、琵琶、箜篌等；竹类包括竹制吹奏乐器，如笛、箫、篪、排箫等；球体的葫芦称匏，笙、竽属于匏类；土类就是陶制乐器，如埙、陶笛、陶鼓等；革类主要指各种鼓，以悬鼓和建鼓为主；木类少见，有柷、敔、拍板等。

（三）中国传统乐种

1. 打击乐合奏

打击乐合奏是民族器乐最先出现的一种合奏形式，指纯粹由打击乐器合奏的音乐。因为以锣和鼓为代表性乐器，所以又称清锣鼓乐。在民间节日或风俗性活动中常见。以丰富、复杂多变的节奏、节拍，以及力度的变化来表现各种气氛和情绪，或热烈红火，或轻巧活泼，或庄严雄壮。有《闹元宵》《跑马》《雨夹雪》等传统曲目。

2. 吹管乐合奏

吹管乐合奏指由吹管乐唢呐、排箫、笳、角、笛等为主要乐器，兼有少量打击乐器的合奏音乐，普遍用于民间婚丧喜庆活动中。

3. 丝弦乐合奏

丝弦乐合奏指由几件拉弦乐器和弹拨乐器合奏的音乐，又称弦索乐。丝弦乐合奏以优美、抒情、质朴、文雅见长，适于室内演奏，风格细腻。乐曲多数为短小的抒情乐曲，也有部分较长的套曲。有《倒西皮》《四句板》《节节高》等传统曲目。

4. 丝竹乐合奏

丝竹乐合奏指由弦乐器和竹管乐器合奏的音乐，主要盛行于南方。在丝竹乐中一般不用唢呐和管，也不用大锣、大鼓之类音响强烈的打击乐，具有乐队规模较小，音乐情趣轻快活泼，演奏风格精致细腻，音乐性格优美、柔和、雅致的特点。主要乐种有江南丝竹、广东音乐、福建南音、云南丽江的白沙细乐等。有《三六》《八骏马》《梅花操》《南绣荷包》《推碌碡》等传统曲目。

5. 丝竹锣鼓乐合奏

丝竹锣鼓乐合奏又称吹打乐，是民间节日风俗性活动以及婚丧喜庆中常见的器乐形式。以吹管乐器和打击乐器为主，丝弦乐器为辅，在结构中有独立完整的锣鼓段落。有《庆丰收》等传统曲目。

二、舞蹈

（一）中国传统舞蹈的历史

舞蹈是通过有节奏的、经过提炼和组织的人体运动造型来表达一定的思想感情的艺术形式。

舞蹈是原始社会的基本文化形态，狩猎、战争、祭祀、祈祷、性爱、生殖等活动或情感，都可以通过原始舞蹈表达和再现。新石器时代陶盆的舞蹈纹，展示了原始舞蹈整齐的队势及其群体性、自娱性的特点。"葛天氏之乐"则勾画了先民农业生产的生活图景。原始的歌、舞、乐三者总是融为一体，故又称"乐舞"。

周代极为重视礼乐。据《周礼·春官》所载，周王的乐舞机构中有奏乐、歌咏和舞蹈，《象舞》《万舞》《傩舞》等都是当时的舞蹈。

两汉舞蹈是俗乐舞文化的高峰。角抵百戏中的《巴渝》《盘鼓舞》均为舞蹈，舞人在鼓或盘上，踏节应乐而舞。汉代的长袖舞和巾舞，以柔软、回旋、飘逸的巾绸，抛曳、飘飞、舞动、环绕的长袖，充分展现人体的优美。汉代有即兴歌舞和宴饮中的"对舞"，至唐仍有保存的"以舞相属"就是宴饮中对舞的一种。

魏晋南北朝是艺术自觉的时代，也是舞蹈重大变革的时期。舞蹈成就主要表现在北方的杂舞和南朝的乐舞。杂舞即民间舞蹈，流传下来的有《明君》《圣主》等。乐舞主要指南朝新声，其代表性的乐舞有吴声歌曲、神弦歌、西曲、江南弄、上云乐、雅歌等。

唐代是多民族舞蹈的融合期和繁荣期。唐人"十部乐"中，仅燕乐、清商为中原乐舞，其他八部均为外来乐舞。唐代的歌舞大曲包括器乐、声乐和舞蹈，是唐代音乐的最高水平。《春江花月夜》《玉树后庭花》《踏摇娘》《破阵乐》等剧目都是唐代舞蹈的突出成就。唐玄宗所作《霓裳羽衣舞》是唐代宫廷乐舞的最高成就，表明唐代大曲已有了庞大而多变的曲体。

宋元以来舞蹈逐渐与其他艺术形式结合，尤其是与新兴的戏曲艺术形式结合。明清时期戏曲繁荣，舞蹈成为戏曲"四功"中"做""打"两项的基本内容。戏曲中常见的翎子功、毯子功、水袖功、翅子功、跷功和繁多的战器舞等，均为戏曲与舞蹈相结合的产物。

（二）中国传统舞蹈的种类

1. 傩舞

傩舞是广泛流传于各地的一种具有驱鬼逐疫、祭祀功能的民间舞蹈，也是傩仪中的舞蹈部分，一般在农历正月初一到正月十六表演。傩舞历史悠久，成型于周代的宫廷"大傩"之礼。傩舞一般都佩戴面具表演，"摘下面具是人，戴上面具是神"。其中有神话形象，也有世俗人物和历史名人形象。伴奏乐器简单，一般为鼓、锣等打击乐。剧目有《头阵》《太子》《三将军》等。

2. 踏歌

踏歌是中国传统民间舞蹈，又称跳歌、打歌等，汉唐至宋代广泛流传。据刘禹锡的《竹枝词序》记载，踏歌联唱《竹枝词》，以短笛、鼓伴奏。踏歌是一种群舞，舞者成群结队，不分男女，围成圆圈，手拉手，以脚踏地，边歌边舞，情绪欢乐。西南少数民族纳西族的阿哩哩舞、彝族的跳脚舞等，属踏歌一类。

3. 采茶舞

采茶舞是流传于民间的传统歌舞。各地的采茶舞略有差异，但都与采茶密切相关。采茶舞的动作特点是朴实大方、富于幽默感。茶公常用颤腿、屈膝作矮桩动作，舞步轻快潇洒。手中的钱尺在表演"开荒舞"时可当作锄头，表演炒茶时可作拉风箱状，动作诙谐，富有情趣。茶娘的动作多为羞涩含蓄、细碎轻盈的舞步，多用"十字步""踏步转"。场面气氛热烈，具有较强的娱乐性。伴奏乐器以二胡、笛子、唢呐为主，伴以锣、鼓、钹等打击乐器。主要曲调有采茶调、花鼓调、看相调、紫竹调、古人头调、鲜花调、凤阳花鼓调等。

4. 狮子舞

狮子舞源自汉代由西域传入的假形舞蹈，后逐渐成为人们避邪免灾、吉祥纳福的方式。可大致分为"文狮"和"武狮"两种。"文狮"表演细腻而稳重，有抢球、戏球、打滚等动作，着力刻画狮子温驯可爱的性格。"武狮"讲究武功技艺，有翻、滚、扑、跃、闪、腾等动作，也有爬高、攀索、过跷板、走梅花桩等高难度动作，刻画狮子勇猛矫健、威武雄壮的形象。

5. 秧歌

秧歌是一种用锣鼓等伴奏，将舞蹈、歌唱等融为一体的综合性民间艺术。踩跷表演的称为"高跷秧歌"，不踩跷表演的称为"地秧歌"。秧歌历史悠久，南宋周密在《武林旧事》中记载的"村田乐"即为秧歌。秧歌舞队人数少则十数人，多时达上百人，既有集体舞，也有双人舞、三人舞等。根据角色的需要，手持手绢、伞、棒、鼓、钱鞭等道具。

6. 芦笙舞

芦笙舞是西南地区少数民族侗族、水族、苗族、仡佬族、彝族、傈僳族、土家族、布依族等的传统舞蹈，主要分布于贵州东南部、西北部和广西西部山区。表演时，男子在圈内边吹笙边舞，下肢动作以矮步、蹲踢、旋转、腾跃等居多，动作繁杂，女子手拉手围成圆圈起舞，动作简单。一般先慢后快，动作幅度逐渐加大。

知识链接

维吾尔木卡姆

维吾尔木卡姆是维吾尔民族舞蹈，源于西域土著民族文化。维吾尔语"木卡姆"意为"古典音乐"，是一种集歌、舞、乐于一体的大型古典音乐综合性艺术形式，是流传于新疆各维吾尔族聚居区的"十二木卡姆""刀郎木卡姆""吐鲁番木卡姆""哈密木卡姆"的总称。"十二木卡姆"是其主要代表。

"十二木卡姆"由十二部木卡姆组成，包括拉克、且比亚特、木夏维莱克、恰尔尕、潘吉尕、乌孜哈勒、艾介姆、乌夏克、巴雅提、纳瓦、斯尕、依拉克，每一部又由大乃格曼、达斯坦和麦西热甫三大部分组成，每一个部分又由四个主旋律和若干变奏曲组成。完整演唱"十二木卡姆"需20多个小时。

第三节　造型艺术（上）：书法、绘画

一、书法

（一）汉字书体的历史演变

书法艺术是中国特有的艺术形式之一。书法艺术与作为象形文字的汉字结构特点密切相关。中国书法已有几千年的历史，历经甲骨文、金文、大篆、小篆、隶书、草书、楷书、行书等诸体的演变。

商代的甲骨文已具备了中国书法的基本要素。如商代武丁时期的《祭祀狩猎涂朱牛骨刻辞》，风格豪放，字形大小错落，生动有致。周代书法的主体是金文，流传书迹多刻于钟鼎之上，所以也称钟鼎文。金文整体风格古朴，清秀隽美，笔道首尾出锋，结构严谨，风格质朴平实，多挺拔的悬针笔法，仍带有甲骨文的影响，如武王时的利簋和天亡簋。

秦始皇统一中国后的文字称为秦篆，又称小篆，是在金文和石鼓文的基础上删繁就简而来。秦代书法以李斯《泰山石刻》《琅琊石刻》《会稽石刻》为最高成就。

汉代书法由篆书变隶书，由隶书再变为章草书、真书、行书。至汉末，汉字书体已基本齐备。隶书汉字形体趋于方正，笔法上也突破了单一的中锋运笔，为以后各种书体流派奠定了基础。在隶书成熟的同时，又出现了破体的隶变，进而发展成为章草、行书。

魏晋是书体演变承上启下的重要历史阶段，是篆、隶、真、行、草诸体兼备、俱臻完善的时期。王羲之书法章法、结构完美，树立了真书、行书、草书的美学典范，其代表作为《兰亭集序》（见彩图）。

南北朝时期以魏碑最胜。魏碑是北魏以及与北魏书风相近的南北朝碑志石刻书法的泛称，是汉代隶书向唐代楷书发展的过渡时期的书法。代表作有《郑文公碑》《敬使君碑》等。南朝书法继承东晋，以智永为代表，其《楷书千字文》用笔遒劲，结构端庄，富有虚实变化。

唐代书法是晋代之后的又一高峰。唐代的真、行、草、篆、隶各体书中都出现了影响深远的书法家。初唐书法家有虞世南、欧阳询、褚遂良等，此后有李邕、张旭、颜真卿、柳公权、怀素等。

欧阳询成就以楷书为最。其笔力险劲，结构独异，骨气劲峭，法度谨严，于平正中见险绝，于规矩中见飘逸，人称"欧体"，以《九成宫醴泉铭》（图7.2）为代表。

颜真卿书法筋力丰满，气派雍容堂正，行草既凝练浑厚，又纵横跌宕。他用笔气势充沛，巧妙自然，并有篆籀气息。颜真卿是继王羲之后成就最高、影响最大的书法家。传世作品主要有《麻姑碑》《多宝塔碑》（图7.3）等碑刻。

柳公权书法结体遒劲、严谨，字体以瘦劲著称。所写楷书，体势劲媚，骨力道健，自创独树一帜的"柳体"楷书。由于他的楷书较颜体稍均匀瘦硬，故有"颜筋柳骨"之称。代表作有《平西郡王李晟碑》《玄秘塔碑》等。

宋代书法尚抒情，重意境，为后世所推崇者有苏轼、黄庭坚、米芾和赵佶等。

图7.2 欧阳询《九成宫醴泉铭》　　图7.3 颜真卿《多宝塔碑》
（拓片，局部）　　　　　　　　　（拓片，局部）

苏轼书法在方整中有流动的气势，代表作有《寒食诗》等。黄庭坚楷书画中藏锋，着意变化；草书笔势苍劲，肥笔有骨，瘦笔有肉，劲若飞动。

元代书法宗法晋唐，总体倾向崇尚复古。元代代表书法家赵孟頫，篆、籀、隶、真、行、草均佳，作品有《汲黯传》《洛神赋》等。

明代书法以行楷居多。篆、隶、魏体作品几乎绝迹，而楷书以纤巧秀丽为美，以徐渭、董其昌等为代表。徐渭倾向于个人内心情感的宣泄，点画狼藉，不计工拙。董其昌用笔比较松弛，墨色清淡，布局疏朗。

清代的早期书法延续明代书风，中期由盛转衰，碑学逐渐兴起，晚期则是碑学的中兴。

（二）汉字书法的主要形式

中国书法有五种主要书体，即篆书、隶书、楷书、行书和草书。

1. 篆书

篆书是大篆、小篆的统称。大篆指金文、籀文、六国文字，它们保存着古代象形文字的明显特点。小篆也称"秦篆"，是秦国的通用文字，是大篆的简化字体，其特点是形体均匀齐整、字体较籀文容易书写。篆书笔法瘦劲挺拔，直线较多。起笔有方笔、圆笔，也有尖笔，"悬针"较多。

2. 隶书

字体庄重，略微宽扁，横画长而直画短，呈长方形状，讲究"蚕头雁尾""一波三折"。隶书起源于秦代，东汉时期达到顶峰，故有"汉隶唐楷"之称。

3. 楷书

楷书也称正楷、真书、正书，有小楷、大楷之分。楷书是对隶书略加改造的一种字体。大约在东汉末年形成，魏晋时期成熟，唐代达到极盛。楷书保存了隶书的结构，去掉了隶书的波挑，把隶书的扁形改为基本上呈正方形。人们常把汉字称为方块字，就是针对楷书而言。《辞海》说楷书"形体方正，笔画平直，可作楷模"。

4. 行书

行书是在隶书的基础上发展的，介于楷书、草书之间的一种字体，为了弥补楷书的书写速度太慢和草书的难于辨认而产生的。行书不像草书那样潦草，也不像楷书那样端正，是楷书的草化或草书的楷化。楷法多于草法的称为"行楷"，草法多于楷法的称为"行草"。

5. 草书

草书有章草、小草、大草、狂草之分。因草创之意，谓之草书。《说文解字》说"汉兴有草书"，就是说草书始于汉初。其特点是结构简省、笔画连绵、纵任奔逸、赴速急就。

知识链接

文房四宝

笔、墨、纸、砚是最为常用的书法工具，统称文房四宝。

笔，即毛笔，由笔管和笔头组成。笔管由竹、木、瓷、牙、漆、珐琅、玳瑁、骨等材料制成，以竹管最多，其形状多为圆柱形，亦有菱形、锥形等，有图案装饰。笔头多用兽毛、家禽毛甚至人发等制成，以狼毫、羊毫最常见。湖州产的湖笔最为著名，其余有宣州、歙州、新安、黔州和吴县等众多产地。

墨，是在描绘彩陶纹饰所使用的黑色基础上逐渐产生、发展起来的。主要分为石墨、松烟墨和油烟墨等，其中石墨出现较早，汉代以后多以松烟、桐煤制墨。

纸，约出现于西汉。书画艺术所用纸张以安徽宣城所产最佳，其纸韧洁、光亮、白净，不变色，俗称宣纸，有生、熟之分。生宣纸制作中未加矾水，吸水性强，多用于写意画法。熟宣纸多用于工笔画。

砚，用以研墨的器具。多为石质，亦有陶泥质。其形制多变，主要有长方形、方形、圆形、椭圆形等，常刻以装饰纹样。名砚有端砚、歙砚。端砚产于今广东省肇庆县羚羊峡，石质精腴细润，呈紫色，亦有夹生黄、赤、翠绿相间的圆状瑕翳。歙砚产于江西省婺源县龙尾山，以深青丝晕多金星者为佳。

二、绘画

（一）中国传统绘画的历史

中国传统绘画简称"国画"。中国绘画历史悠久，最早的形式为新石器时代的岩画。岩画大多以曲线或直线几何纹为主，线条简单、画风朴实。之后出现了彩陶纹饰，以西安出土的半坡陶盆人面鱼纹彩陶盆（见彩图）最具特色。商代的多处墓葬中发现了残存的彩绘布帛，在商代王室的墓葬中更是发现了木制品上的漆画残留。西周、春秋、战国时期都有庙堂壁画创作。秦汉绘画的主要形式是墓室壁画、画像砖、帛画等，整体风格气势磅礴，勾线流畅挺拔，庄重典雅。

魏晋南北朝时期，绘画成为一门独立的艺术，出现了顾恺之、戴逵、陆探微、张僧繇等著名的画家。最为突出的是人物画和走兽画。代表作是东晋顾恺之的《洛神赋图》（见彩图）。作品取材于曹植的《洛神赋》，曲折、细致地描绘了一曲真挚纯洁的爱情故事。画面打破时空界限，把"邂逅""定情""情变""分离""怅归"五个时间上连续的情节安排在同一个空间之中。

隋代的绘画风格具有"细密精致而臻丽"的特点。宗教、贵族生活题材的作品居多，山水画开始独立出来。山水画注重"远近山川，咫尺千里"的空间效果。

唐代的绘画在隋的基础上有了全面的发展，人物鞍马画取得了非凡的成就，青绿山水与水墨山水画先后成熟。初唐以人物画为主，宗教绘画的世俗化倾向逐渐明显和增多。以吴道子、张萱为代表的人物仕女画，描写日常生活，以"丰肥"为美，心理刻画生动细腻。山水画已经获得独立地位。花鸟画的发展虽不像人物画和山水画那样成熟，但在牛马画方面却名家辈出。中晚唐的绘画，以周昉为代表的人物仕女画及宗教画更见完备。而王墨等人的山水画则发生了变异，盛行树石题材，渐用重墨，泼墨山水开始出现。五代十国，画家荆浩开创北方山水画派，花鸟画也因宫廷贵族的喜好而逐渐发展起来。南唐画家顾闳中《韩熙载夜宴图》代表了工笔重彩的最高水平，在唐与后世的技法中有承前启后的作用。作品描绘了官员韩熙载家设夜宴载歌行乐的完整过程，包括琵琶演奏、观舞、宴间休息、清吹、欢送宾客五段场景。作品打破时空界限，把先后依次进行的活动展现在同一画面上，设色工丽雅致，富有层次感，人物的刻画以形写神，线条遒劲流畅。

北宋继承五代西蜀和南唐的旧制，在宫廷中设立"翰林书画院"。花鸟画在北宋宫廷绘画中占据主要地位。北宋人物画的主要成就表现在宗教绘画、人物肖像画、风俗画的创作上。北宋中期以后还出现了"文人画"，强调绘画要追求"诗中有画，画中有诗"的意境，主张即兴创作，不拘泥于物象的外形，要求达到"得意忘形"的境界。苏轼、黄庭坚、米芾等是其代表。张择端的长卷风俗画《清明上河图》（见彩图）生动记录了北宋都城东京社会各阶层的生活场景，是北宋绘画的最高成就。作品气势宏大、构图严谨，采用散点透视构图法，用笔兼工带写，设色淡雅，情节穿插，错落有致，繁而不乱。

元代绘画的标志是文人画的盛行，诗、书、画也进一步结合。人物画相对减少，山水、竹石、梅兰等成为绘画的主要题材。强调"古意"和"士气"，反对"作家气"，主张师法唐、五代和北宋。最重要的画家有赵孟頫、"元四家"等。

明代出现了一些以地区为中心的名家与流派。如以戴进为代表的浙派，以沈周、文徵明为代表的吴门画派，以张宏为代表的晚明吴派，以蓝瑛为代表的武林派等。明代绘画题材广泛，其中山水、花鸟成就最高。前期以仿宋"院体"为主；中期以后，以吴门各家为代表，文人画派占据画坛主流。

清代山水画、水墨写意画盛行。在文人画思想影响下，更多的画家把精力花在追求笔墨情趣方面。清早期，"四王"画派占据画坛的主体地位，江南则有以"四僧"和"金陵八家"为代表的创新派。清中期宫廷绘画得到很好的发展，清晚期上海的海派和广州的岭南画派逐渐成为影响最大的画派。

（二）中国传统绘画的类型

1. 人物画

人物画是以人物形象为主体的绘画之通称。大体分为道释画、仕女画、肖像画、风俗画、历史故事画等。力求把人物个性刻画得逼真传神、气韵生动、形神兼备。常把人物性格的表现寓于环境、气氛、身段和动态的渲染之中。东晋顾恺之的《洛神赋图》、唐代韩滉的《文苑图》、北宋李公麟的《维摩诘像》、南宋李唐的《采薇图》、元代王绎的《杨竹西小像》、明代仇英的《列女图》等均为代表。

2. 山水画

山水画是描写山川自然景色为主体的绘画。在魏晋、南北朝已发展，但仍附属于人物画，隋唐始独立。题材广泛，包括山、水、石、树、房、屋、楼台、舟车、桥梁、风、雨、阴、晴、雪、日、云、雾及春、夏、秋、冬等，又分青绿山水、浅绛山水、金碧山水等。

3. 水墨画

水墨画是指纯用水墨所作之画。始于唐代，成于五代，盛于宋元，明清及近代以来有发展。单纯性、象征性、自然性是其基本特征。以笔法为主导，充分发挥墨法的功能。主张"墨即是色"，墨的浓淡变化就是色的层次变化。唐宋人画山水多湿笔，出现"水晕墨章"之效，元人始用干笔，墨色更多变化，有"如兼五彩"的艺术效果。

4. 院体画

院体画简称"院体""院画"。一般指宋代翰林图画院及其后宫廷画家比较工致一路的绘画，亦有专指南宋画院作品，或泛指非宫廷画家而效法南宋画院风格之作。为迎合帝王宫廷之需要，多以花鸟、山水、宫廷生活及宗教内容为题材，讲究法度，重视形神兼备，风格华丽细腻。

5. 工笔画

工笔画也称"细笔画"，是中国画技法类别的一种，属于工整细致一类的画法，崇尚写实，求形似，与"写意画"对称。如宋代的院体画、明代仇英的人物画等。

6. 文人画

文人画也称"士夫画"，唐代王维首创，泛指文人、士大夫所作之画，以别于民间画工和宫廷画院职业画家之画。多取材于山水、花鸟、梅兰竹菊和木石等，借以抒发"性灵"或个人抱负，标举"士气""逸品"，崇尚品藻，讲求笔墨情趣，强调神韵，重视意境创造。

7. 花鸟画

花鸟画以花卉、花鸟、鱼虫等为描绘对象，画法有"工笔""写意""兼工带写"三种。工笔即用浓、淡墨勾勒，再深浅分层次着色，写意即用简练概括的手法绘写，兼工带写介于工笔和写意之间。

知识链接

丹　青

丹指丹砂，青指青雘，均为可作颜料的矿物质。中国古代绘画常用朱红色和青色两种颜色，所以把绘画称为丹青，把画家称为丹青手。又因其不易褪色，丹册多记勋，青册多记事，丹青又转意为"史册"。《汉书·苏武传》："竹帛所载，丹青所画。"《晋书·顾恺之传》："尤善丹青。"

第四节　造型艺术（下）：雕塑、建筑

一、雕塑

中国雕塑艺术形式以石窟雕刻、陵墓石刻、俑类为代表，另有泥雕、木雕、砖雕等。石窟雕刻与佛教传播相结合，一般规模宏大。陵墓石刻遗存多为帝王将相陵墓的附属物，并不单独存在。俑类雕塑有泥俑、陶俑、木俑等，为殉葬品。大型泥雕多见于宗教庙宇，以宗教活动为目的；小型泥雕则多见于民间，以生活情趣为主。木雕、砖雕等一般是建筑艺术的有机组成部分，起装饰作用。

中国传统雕塑的特点是追求神韵，以形写神，神形兼备，着重刻画人物的内心世界。中国传统雕塑基本处于祭祀、宗教活动或其他艺术形式的从属地位，或者介于艺术品与工艺品之间，没有走向独立形态，"为艺术而艺术"、独立存在、独立表达情趣的作品不占主流。

中国雕塑艺术历史悠久，已知最早的雕塑作品是发现于河南新密的一件小型人头陶像，产生于距今 7 000 余年的新石器时代。新石器时代陶塑居多，题材多为人和动物，作品形态粗简、夸张，随意性强。

商周至春秋战国时期的雕塑作品主要保存在具有雕塑性质的青铜礼器上。商代作品形象多是神化的人与兽，富于神秘感和威慑力，如湖南出土的人面方鼎。西周则趋于写实，有刖刑奴隶守门鬲、鸭尊、驹尊等。春秋战国时期转向繁缛华美，追求装饰性，如山西浑源出土的牺尊。

秦汉时期雕塑艺术空前兴盛。陕西临潼秦始皇陵以东发现的兵马俑雕塑群，共有 7 000 余件，体量巨大，采用写实手法，人物形象气宇轩昂，发式、服装细节具体，反映出秦帝国的自信。

三国、两晋、南北朝时期，雕塑是规模宏大的石窟。敦煌石窟、云冈石窟、龙门石窟、麦积山石窟等，均开凿于这一时期。云冈石窟的大佛坐像，庄严浑朴，是北魏盛期艺术风貌的代表。南北朝时期另一类大型雕塑是陵墓地面的石刻群，如南京及其附近的宋、齐、梁、陈的帝王、王侯陵墓的石刻群，造型趋向于劲健、华丽。

唐代是雕塑艺术鼎盛期。唐代继续大规模开凿石窟，代表性作品有位于河南洛阳的龙门石窟奉先寺石刻造像，其中，卢舍那大佛（见彩图）面相庄严、睿智，气度非凡，是唐代强大国力与自信心的反映。敦煌莫高窟的彩塑菩萨像丰颐长目、体态婀娜、璎珞遍体，超出宗教氛围。

唐代陵墓石刻雕塑群主要集中于陕西关中地区的皇帝陵墓和陪葬墓。多数帝陵依山而建，布局气势恢宏，神道旁的石刻雕塑有华表、飞马、朱雀、鞍马、驭者、石人、碑、石狮等。其雕刻手法注重单纯、完整和影像效果。其中，以献陵的石犀，昭陵的六骏，乾陵的石狮，庄、泰、建诸陵的石人等为代表。唐代晚期帝陵规模缩小，石刻造型矫饰、平庸，失去早期的恢宏气度。

俑类作品在隋唐时期也达到新的艺术高度。有泥雕、木雕、瓷雕、石雕等，其中以黄、褐、蓝、绿等釉色烧制而成的三彩釉陶器俑雕塑数量众多，也是唐代雕塑代表性的成就之一。三彩釉陶器是一种随葬品，是低温釉陶器，以黄、绿、白三色为主，所以又称唐三彩。唐三彩题材丰富，有马、骆驼、仕女、乐伎、枕头等，尤以马为最，其次是骆驼。唐三彩形体造型圆润、饱满、健美、阔硕，典型地反映了唐代艺术的审美特征。马的造型比较肥硕，尤其是臀部、颈部比较宽，眼部呈三角形，眼睛圆睁。妇女塑造体态丰腴、面相圆润、神情慵懒、长衣曳地。现藏于北京故宫博物院的唐代作品胡人牵骆驼俑（见彩图）是三彩釉陶器的珍品。作品比例和谐，神情准确。俑为白色陶胎，面部敷粉画彩，身施黄、绿、白三色釉。驼首上昂，张嘴作嘶鸣状。牵骆驼的胡人深目高鼻，双手握拳，姿势呈拉缰绳状。

宋代雕塑继承隋唐的传统，盛行佛教题材，但世俗化倾向明显。用于殿堂、寺观、陵墓建筑组群平面布局的大型仪卫、纪念性雕刻作品的雄健气概日益丧失，用以殉葬的俑类作品明显减少，供人玩赏的各种小型雕塑蓬勃发展。

宋代陵墓石刻沿袭唐陵规范，规模与艺术水平均逊于唐代，但造型严谨。宋代寺庙金属造像比较重要的有河北正定隆兴寺大悲菩萨铜像、四川峨眉山万年寺普贤菩萨金铜像、河南登封中岳庙镇库铁人等。

辽金两代石窟、寺庙造像显示出向匀称、秀美发展的趋向，如辽代的蓟县独乐寺观音像、山西大同下华严寺的菩萨等。辽代许多佛塔还有精美的浮雕。

元代以后雕塑艺术突出成就表现在宫廷、皇家园林环境雕塑方面。元大都宫殿建筑遗址出土的凤麒麟石雕、走龙栏板等建筑饰件，表现出元代雕刻富丽繁缛的特点。元代居庸关云台浮雕护法天王、十方佛、千佛、券门上的"六具"等石刻，杭州飞来峰密宗石刻等，也表现了同样的时代风格。

明清两代建筑雕刻的精华集中于宫殿、园林、坛庙等建筑中，如故宫、天坛、颐和园、圆明园等。故宫天安门前的华表、石狮，宫廷内主体建筑"三大殿"白石须弥座上的浮雕云龙、云凤的望柱，圆雕的螭首等，烘托宫殿建筑的庄严、辉煌。保和殿后的下层石雕御路，浮雕着蟠龙、海水江崖与各种图案，布局宏伟，雕刻精谨。琉璃九龙照壁、鎏金铜龙、凤、麒麟、狮、象等动物雕塑，均为精品。

明清陵墓石刻保存较完整，主要有南京明孝陵石刻、北京明十三陵石刻群、河北遵化清东陵、易县清西陵石刻群。明代雕刻风格较浑朴、有力，清代则追求精巧而流于琐细。

知识链接

泥人张

泥人张是彩塑、彩绘相结合的民间泥塑，清末天津人张明山首创。用含沙量低、无杂质的胶泥作为主要材料，经风化、打浆、脱水等工序，成型泥坯干燥后入窑烧制。泥人张属于室内陈列性雕塑，一般尺寸不大。以人物肖像为主，取材于神话、戏剧、小说以及现实生活，风格写实，随类赋彩地刻画人物性格，展示日常生活场景。创始人张明山代表作《渔樵问答》，取材于北宋儒家邵雍的著作《渔樵问对》。借两个"相逢在野"的"退仕"文人的问答，阐明天地事物的道理，表达对国之兴亡的悲痛，透露着对人生的空幻之感。

二、建筑

（一）中国传统建筑的美学特征

中国传统建筑历史悠久。原始社会晚期，黄河流域的先人就开始建造简陋的干栏式居所。夏代之前，土木混合的穴居是中国建筑的主要形式，商代宫殿建筑已具雏形。春秋战国至秦汉时期，瓦和木构架建筑的出现标志着中国建筑的成熟。魏晋南北朝建有木塔、石窟、寺院等大型建筑。隋唐时代建造了规模宏大、气势雄浑的宫殿建筑群，宋代建造了大量结构复杂的亭台楼阁，元明清宫殿建筑布局整齐、装饰富丽。

建筑的基本属性是其实用性。当建筑独特的语言、符号符合一定的美学原则，并具有一定的文化价值和审美价值时，建筑就成为一种艺术。中国传统建筑艺术往往和雕塑、绘画及书法等艺术形式结合在一起。中国传统建筑艺术特征主要包括以下几个方面：

1. 庭院式组群与沿中轴线对称布局

庭院式组群是中国传统建筑空间布局的主流组织方式。庭院由若干单体建筑和围墙环绕而成，一般是沿南北纵向中轴线均衡对称布局，重要建筑置于中轴线上，次要建筑置于中轴线左右两侧。这种布局注重时空结构的起、承、转、合，把建筑设计提升到了富有情趣的美学境界。

2. 木构架结构

中国传统建筑以木构架为主，砖、瓦、石为辅，由上、中、下三部分组成，上为屋顶，下为基座，中间为柱子、门窗和墙面。木构架一般包括柱、梁、斗拱、椽子、望板等，各个构件之间的结点常以榫卯方式结合。支撑屋檐的斗拱，承受转角屋顶的角梁，用以通风透光的窗户等构件在满足结构和功能要求的同时，也兼具审美装饰的作用。

3. 富有装饰性的屋顶

中国传统屋顶富有装饰性，符合传统审美原则，常见的有以下五种：

庑殿顶，四面斜坡，一条正脊，四条斜脊，多用于殿堂式建筑。

歇山顶，一条正脊、四条垂脊和四条戗脊，一般用于官署。

悬山顶，屋面双坡，两侧伸出山墙之外，一条正脊，四条垂脊，一般用于民居。

硬山顶，屋面双坡，两侧山墙同屋面齐平，或略高于屋面。

攒尖顶，屋顶为锥形，没有正脊，顶部集中于一点，常用于亭、榭、阁、塔等。

4. 衬托性附属建筑的应用

衬托性建筑是宫殿、寺庙等高等级建筑常用的艺术表现手法。最早的衬托性建筑是春秋时期建于宫殿正门前的"阙"。常见的富有艺术性的衬托性建筑有阙、华表、牌坊、照壁、石狮等。

（二）中国传统建筑的主要类型

1. 宫殿建筑

宫殿建筑又称宫廷建筑，规模巨大、气势雄伟，是传统建筑艺术的精华。宫殿建筑严格遵守中轴线左右对称布局，前后则划分为两个功能区，即"前朝后寝"。前朝是帝王上朝治政、举行大典之处，后寝是皇帝与后妃们居住、生活的地方。历代著名的宫殿有秦代的阿房宫、汉代的未央宫、唐代的大明宫等。

位于北京的故宫是中国现存最大、最完整的宫殿建筑群。故宫的主要建筑对称布置在中轴线上。前朝部分主要建筑有三大殿，即太和殿、中和殿、保和殿，是皇帝举行重大典礼、发布政令的地方。设计突出三大殿中心地位，而三大殿中又重点突出举行朝会大典的太和殿。太和殿建在八米高的汉白玉台基上，前面是开阔的广场，显得威严雄伟。后寝部分布局比较紧凑，主要建筑有乾清宫、坤宁宫、御花园等，各自自成院落，富有浓郁的生活气息。

2. 寺庙建筑

寺庙建筑布局与宫殿建筑相似，但规模要小许多。大多是正面中路设山门，山门内左右分别为钟楼、鼓楼，正面设天王殿，殿内有四大金刚塑像。后面依次为大雄宝殿和藏经楼。僧房、斋堂则分列正中路左右两侧。大雄宝殿是佛寺最重要、最庞大的建筑，是供奉佛祖释迦牟尼的地方。"大雄"即为佛祖释迦牟尼。

佛塔，又名浮屠，是佛教寺院的重要建筑之一。最初是用来供奉舍利、经卷或法物的地方。隋唐以前，佛塔一般建在寺前或宅院中心，隋唐以后，佛殿代替佛塔，而另辟塔院，以供奉佛舍利。

3. 陵墓建筑

陵墓建筑是中国传统建筑中最宏伟、最庞大的建筑群之一。一般利用自然地形，依山而建，四周筑墙，四面开门，四角建造角楼。布局一般是陵园前建有甬道，甬道两侧有门阙石人、石兽雕像。陵园内松柏苍翠，给人肃穆、宁静之感。内设祭享殿堂。另有陪葬墓，安葬诸王、公主、嫔妃等，如位于北京昌平的明十三陵。陵墓建筑与绘画、书法、雕刻等诸艺术门派融为一体，成为反映多种艺术成就的综合体。

4. 园林建筑

园林建筑是指建造在园林和绿化地段内供人们游憩或观赏的建筑物。常见的有亭、榭、廊、阁、轩、楼、台、舫、厅堂等。中国园林建筑布局灵活多变，力图将人工美与自然美融为一体，追求巧夺天工的效果。有皇家园林和私家园林之分。位于北京的颐和园和河北承德的避暑山庄是皇家园林艺术的精华，苏州园林则是私家园林艺术的代表。

5. 民居

中国疆域辽阔，民族众多，地理环境和生活方式各不相同，民居的样式和风格也不尽相同。最有代表性的有北京的四合院、黄土高原的窑洞、徽派民居、客家土楼和蒙古包等。

四合院是中国北方汉族地区的传统民居，合院式木构架砖、石建筑，以单层为主。通常由正房、东西厢房和倒座房组成，四面合围的中间为庭院。大门一般开在东南角或西北角。北房是正房，建在砖石砌成的台基上，比其他房屋的规模大。有时正房和厢房之间建有走廊。围墙和临街的房屋一般不对外开窗，院中的环境封闭、幽静。以北京四合院最具代表性（图7.4）。

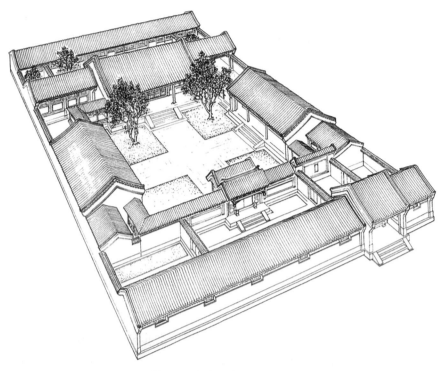

图 7.4　北京四合院

徽派民居一般为三开间或五开间的两层小楼，一侧或两侧配以厢房，以高大的围墙形成狭小的庭院或天井。木构架砖、石建筑。墙角、天井、栏杆、照壁、漏窗等处用青石条、石板等材料。墙体使用小青砖，砌至马头墙。马头墙又称"封火墙"，有防火灾的功能。马头墙高低错落，常见两叠式、三叠式。

窑洞主要分布于甘肃、陕西、山西等地区。窑洞为洞穴式民居，以生土为主要建筑材料，是中国西北黄土高原地区民居的主要形式，也是人类在严峻的生存环境下对环境的适应和对自然资源的充分利用。黄土高原的窑洞一般在靠山坡或沟壑处挖成，多为圆拱形顶，入口处的"窑脸"可以用砖、石砌成，并加以装饰。窑洞节省建筑材料，施工技术简单，保温隔音效果好，但通风采光效果差。

思考题

1. 什么是中国传统戏曲的程式？列举几种常见的戏曲程式。

2. 中国传统绘画有哪几种常见类型？

3. 常见的民间舞蹈有哪些种类？

4. 汉字书法各书体有什么特点？

5. 分别总结各类中国传统艺术门类的基本特征。

推荐阅读材料

1. 观看京剧折子戏《二进宫》或京剧全场戏《龙凤呈祥》。

【推荐理由】京剧折子戏《二进宫》以唱功见长，主要行当青衣、老生和花脸均见功力。京剧全场戏《龙凤呈祥》行当齐全，生、旦、净、丑各行均有典型表现。观看舞台戏曲，感受传统戏曲唱腔、音乐、舞美等方面的艺术魅力。

2. 参观北京故宫博物院或当地博物馆。

【推荐理由】故宫博物院是宫廷建筑，是传统建筑艺术的精华，也是中国现存最大、最完整的古建筑群。参观北京故宫博物院或当地博物馆，感受中国建筑、雕塑、绘画、书法等方面的巨大成就。

第八讲

中国古代哲学

学习目标

1.了解中国古代哲学的发展历程，了解不同历史时期哲学所关注的问题。

2.理解中国古代哲学区别于西方哲学的特点。

3.正确理解"天人合一"等中国古代哲学的重要观念。

中国哲学是中华民族特有的宇宙自然观、社会历史观、人生价值观和认知思维方式，是中国文化的精神核心。古代中国人生活的意义，以及赖以安身立命的终极根据，都是透过古代哲学加以反映、凝结和提升的。中国传统的文学、艺术、教育、科学、宗教、风俗等，都受哲学思想的引导和影响。要把握中国传统文化的精髓，就必须对中国古代哲学有所了解。

第一节　中国古代哲学的发展历程

中国古代哲学萌发于殷周之际。西周初年的《尚书·洪范》提出了五行学说，以金、木、水、火、土为构成世界的基本元素，《周易》则将原始时代的"阴阳"观念发展成八卦和六十四卦，用来说明自然现象和社会关系。五行和阴阳八卦的思想有一种将世界万物加以归类并作出相互联系思考的倾向，这种思想在以后的社会中不断得到继承和发展。西周末年的史伯提出"和实生物，同则不继"的观点，引发了"和而不同"的辩证法思想，同时期的伯阳父则提出"天地之气，不失其序"的有序性思想。这些古代先贤智慧的火花，构成了中国哲学的源头。春秋战国之际，巨大的社会变革带来激烈的动荡，社会巨变成为思想文化勃发的契机，这一时期诸子蜂起、百家争鸣，为后世留下了丰富多彩的历史画卷，中国古代哲学也由此进入建立体系、创立学派的时代。

一、春秋战国时期的诸子之学

春秋战国哲学的主要特征是诸子百家争鸣。所谓"百家"为学派的约数，见诸《汉书·艺文志》记载的诸子作品共计 189 种，对当时乃至后世产生深刻影响的则有儒、道、墨、法等。

（一）儒家思想

孔子是儒家思想的创始人，孔子哲学的基本观念是"仁"，"仁"就是关爱他人，所谓"仁者爱人"。爱的途径有忠、恕两条：所谓忠，即"己欲立而立人，己欲达而达人"；所谓恕，即"己所不欲，勿施于人"。"仁"是人之所以为人的根本，也是主体内在的意识，是自己决定自己，所谓"为仁由己"，"我欲仁，斯仁至矣"。有仁德的人会用心去对待人，既自爱，又爱人；既自尊，又尊人。孔子提出"仁"的观念是由于当时的人际纷争和社会动乱，感觉到形成合理的人际关系的重要意义，认为仁德的品质是人类生存的必须。孔子的另一个重要观念是"礼"，孔子的"礼"是周礼，周礼是借鉴了夏、商两代的统治经验建立起来的，也是当时唯一可参照的典章制度。孔子关于仁和礼的关系有诸多论述，但核心命题是"克己复礼为仁"。他希望通过社会成员的自觉来恢复社会的有序性，如果人们以礼约束自己的行为，天下就会成为仁爱和睦的社会，"一日克己复礼，天下归仁焉"。

在天人观方面，孔子肯定天是至高无上的价值理想，"唯天为大，唯尧则之"，所以人应当敬畏天命。孔子所谓的天命有客观必然性的含义，"道之将行也与，命也；道之将废也与，命也"（《论语·宪问》），"死生有命，富贵在天"（《论语·颜渊》）。孔子认为天命是可知的，他自称"五十而知天命"。尽管他敬畏天命，却又力图与之疏远，"子不语怪，力，乱，神"（《论语·述而》），而将注意力集中于人事活动。孔子从客观必然性的角度来规定天命、处理天与人的关系的观点，对后世儒家的天人观有很大的影响。

孔子去世之后，儒学发生了分流，战国时期有"儒分为八"之说，而对后世产生重要影响的是孟子和荀子两家。孟子继承和发展了孔子的仁学思想，将其发展为"仁政"，它是以善心扩充弘扬的形式来实现国家的组织行为。孟子把孔子"富而后教"的目标管理思想和需要层次论具体为"黎民不饥不寒"和"养生丧死无憾"（《孟子·梁惠王上》），包含了物质和心理、客观与主观两个层面。当物质和心理的需求都得到满足时，国家才有可能对民众施行教化，使其向善。孟子认为，施行仁政有内外两个方面，在内即得民心，要尊重民意，顺民之所欲；在外即行王道，王道的推广必然是天下一统，最终实现"王天下"的政治理想。孟子仁政说的理论基础则是性善论，孟子认为人皆有与生俱来的恻隐、羞恶、辞让、是非"四心"，它们构成仁义礼智的发端。现实中的人不能为善是环境影响不能发挥其本性所致，因此人需要通过修养来发现内心的善端。

孟子是中国哲学史上第一个对天人合一理论进行自觉阐发的学者，他的天人合一思想包括两层基本含义：首先，天是外在于人的客观必然性，它主宰人事活动，人必须摒除主观好恶顺从于天，"顺天者存，逆天者亡"（《孟子·离娄上》）；其次，天性即人心，心、性、天是同一的概念，人是通过认识自己的内心来知性、知天的，所谓"尽其心者知其性也，知其性则知天矣"（《孟子·尽心上》）。孟子提出了"万物皆备于我"的观点，因为万物的本性也由天赋予，只要向内体验到自己的本性，就能与天、万物之性相通，达到天人合一这一最高境界。

荀子的天人理论吸收了道家天道自然的思想，认为天有自身运行的规律，与人事活动无关，也不能主宰人类社会，"天能生物，不能辨物也；地能载人，不能治人也"（《荀子·礼论》）。荀子并不否认天与人具有同一性，但他更强调人对万物的超越，"水火有气而无生，草木有生而无知，禽兽有知而无义；人有气、有生、有知，亦且有义，故最为天下贵也"（《荀子·王制》）。"气"是万物同一的基础，而位于进化最高序列的人又区别于其他自然物，人可以凭借礼义法制驾驭万物。放弃人的作为而一味顺从天命才是割裂了天人之际的联系和统一。在人性界定方面，荀子持性恶论的观点，他把人的生理需求和感官享受划归人的本性，一方面认可其合理性，同时又给予其恶的否定评价。他认为人的本性虽恶，但国家可以通过教化和礼法约束使人性转化为善，可见荀子评价善恶的标准是社会的礼义法度和国家的统治秩序。

（二）道家思想

道家思想的代表人物是老子和庄子。老子的思想以"道"为核心，老子的道有两层含义：首先，道是万物之本原，"道生一，一生二，二生三，三生万物"；其次，道是事物发展变化的规律，所谓"反者，道之动"，矛盾对立面是相互转化的，事物总是朝着与其初始状态相反的方向发展变化。基于这种朴素的辩证思维，老子在人生观方面主张以柔克刚、以弱胜强，在社会历史观方面则主张清静无为，所有违反规律的人为只会加速事物朝恶化的方向转化，春秋战国乱世的形成正是由于统治者膨胀的欲望带来的相互争夺造成的。"以其不争，故天下莫能与之争"，"无为而无不为"是老子的人生智慧，也是一种政治智慧。

庄子继承了老子关于道的规定，认为道是宇宙的"本根"，天地万物为道所生并受其制约。在此基础上，庄子提出了"齐物"与"逍遥"的观点。"齐物"即万物齐一，庄子否认事物的确定性和差别性，"是"与"非"只是人认识的结果，即便生与死也无本质区别，"人之生，气之聚也；聚则为生，散则为死。若死生为徒，吾又何患！故万物一也"（《庄子·知北游》）。"逍遥"即自由，它是庄子的人生哲学，《庄子·逍遥游》中的大鹏鸟要凭借风力才能展翅高飞，因而并非真正的自由，真正的自由是"无待"。所谓"无待"，对外指放弃世俗的欲望，对内指泯灭主体的意识活动，从而摆脱纷繁的世界，求得精神的安宁，享有真正的逍遥。

道家在中国哲学史上具有深远的影响，其理论与儒家互补而共同构成中国古代思想文化的主干。魏晋玄学、宋明理学都吸收了老庄的思想，其深奥的理论和丰富的想象则启迪了后世的道教。

（三）墨家思想

墨子是墨家思想的创始人。墨子的思想体系是在批判儒学的基础上建立起来的，其核心是"兼爱"。所谓"兼爱"即不分远近、不别亲疏、不讲等差的爱，墨子反对儒家尊尊亲亲的礼制，要求打破等级任用贤才。墨子还反对儒家重义轻利的观点，认为应该兴利除害，并提倡节用。墨子也反对儒家的天命观，认为人与自然的区别在于人的力，"赖其力者生，不赖其力者不生"（《墨子·非乐》），这里的"力"指的是劳动，墨子认为劳动是人生存的手段，人可以通过强力战胜天命。

墨子作为工商业者，其学说代表了这个阶层追求社会平等的欲求，抨击了不劳而获的不合理现象。墨学在当时与儒学并为"显学"，百家争鸣期间有"非儒即墨"之说，战国以后逐渐衰微，影响远不及儒、道两家，至清中叶以后其价值才被学者们重新认识并发掘。

（四）法家思想

法家的先驱是春秋时期的邓析、子产，其学派的形成则以战国中期的李悝、吴起、申不害、慎到、商鞅等人掀起的变法运动为代表，其主张包括重法、重术、重势三个倾向。战国末期的韩非总结了前期法家的学说，成为法家思想的集大成者。法家持发展进化的历史观，认为处在不同历史发展阶段的人类面临不同的问题，因此"圣人不期修古，不法常可，论世之事，因为之备"（《韩非子·五蠹》）。要解决当代的问题必须探索新的治国之道，是古非今、泥古不化、"言必称先王"的行为如同"守株待兔"。作为荀子的弟子，韩非继承了荀子的性恶论，并将其发展到极端，他认为追求利益、贪图私利是人的天性，本无可厚非，但统治者可以利用人的贪利之心诱导其服务于国家，为国家耕战。

法家可以说是春秋战国时期把理论运用于社会实践取得最大成功的学派，秦在法家思想的引导下完成了统一大业。虽然后世的统治者多把儒家思想定为正统，但如西汉宣帝教训儿子时称汉家制度为"霸王道杂之"一样，其真实面目往往是"外儒内法"。法家思想实为历代统治者维护君权专制的理论基石。

二、两汉哲学

两汉时期，经过新的整合的儒学获得了"独尊"的统治地位，道家学说则为影响最大的非正统思想，由此形成天人感应与天道自然两大观念，前者以董仲舒为代表，后者以王充为代表。

（一）董仲舒天人感应说

董仲舒把天视为最高的主宰者和创造者，视为人类和万物的始祖。同时，天是有情感、有意志、有目的、有道德的，天意通过自然和人间的秩序来体现。天不仅给人提供了生存所需的物质条件，还赋予人以精神上的道义。天与其创造的人之间存在着感应关系，当人事活动违反天意时，天会通过自然灾害或异常天象给人以警告。董仲舒所谓的天意即仁义道德和礼乐教化。如果受到警告的人仍不知悔改就会受到惩罚，这种惩罚对统治者来说就是国家灭亡、统治垮台。反之，如果顺从天意就会得到风调雨顺、五谷丰登、国泰民安的奖励。

董仲舒的天人感应说，一方面要通过天来认可统治者地位的合法性和权威性，同时又试图借助天威对其作为进行约束。其前一方面的意图被统治者有效利用而成为现实，而后一方面的愿望则很难实现。

（二）王充元气自然论

王充认为天地万物都是由"元气"构成的，是蕴含元气的自然实体。这里所谓的"气"或"元气"相当于一种原始的物质元素，它既是万物的本原，又是构成万物的质料。气的多样性决定了物种的多样性，人作为万物的一员也是气构成的，人之所以有精神、智慧是因为人禀受了一种特殊的"精气"，因而区别于万物并高于万物。在天人关系方面，王充继承了荀子天人相分的观点，认为天道无为，人道有为，天人各有职分，不能相互替代。王充坚决反对天人感应说的观点，认为灾害或异常天象完全是正常的自然现象，与人事活动毫无关系。如果上天真的有知，何不直接选择圣贤来做君主，而要让愚蠢又缺德的人坐在统治者的位置上，然后再不辞辛苦地对他们进行警告呢？

王充的"元气说"肯定了人与万物的同一性，也否定了统治者的特殊性，是对君权神授说的大胆挑战。他用元气说明万物的构成，在理论上更为圆通，元气自然论也为后来的唯物主义世界观提供了基本理论。

三、魏晋玄学

玄学之名来自老子的"玄之又玄，众妙之门"，"玄"有深奥、玄妙之意。魏晋玄学的核心问题是名教与自然的关系问题。名教是名分教化，是礼乐制度和道德规范；自然即自然无为，是道的特性和法则。以道家观点看，名教是有为，自然是无为，由此又引申出有和无的关系问题，这是魏晋玄学的另一个主要问题。"有"既指有形有名的事物，也指有为和名教；"无"既指无形无名的事物，也指自然无为。有无之辨可谓名教与自然之辨的抽象化和理论延伸。

（一）名教自然之辨

三国时期的王弼认为名教本于自然，即自然为本、名教为末。王弼认为，名教的产生是大道离散造成的，其出现和存在都有必然性。但名教和有为毕竟不是理想状态，它存在诸多的局限性，如名教能抑制邪恶现象，却不能根治邪恶的根源；有为的方法总会招致相应的反应，统治者用权术治理人民，人民就会用智慧来应付和逃避。总之，因为名教和有为的方法是违背自然本性的，因此注定会失败。统治者应当用自然无为的方法来治理天下，才能实现长治久安。

同为三国名士的嵇康在这个问题上的观点更为极端，提出"越名教而任自然"的主张，要求抛开虚伪名教的束缚而放任自然的天性。嵇康认为，人应当淡泊名利，不受虚假的荣华富贵引诱，按自己的自然本性和真情实感去生活，即便自己的性格有为世人所不容之处，也应当我行我素，不为迎合名教而扭曲本性。嵇康对名教的批判有着鲜明的现实针对性，实际上是对司马氏以名教为政治工具谋取篡权行为的嘲讽，他最终也因此而惨遭杀害。

西晋学者郭象的观点是调和名教与自然的矛盾，他一方面肯定自然，另一方面又把名教说成是自然的体现。郭象认为，现实中的人生活在等级秩序中，每个人都有相应的名分与职责，这一切本来就是自然的。人的地位差别就像天高地卑一样自然，所以人应当安于自己所处的位置，尽自己相应的职责，这才是对天性的顺从。每个人都尽到了自己的职责，人与人之间就是平等的。郭象把名教等同于自然，是以自然的名义表达他对名教的认可。

知识链接

何谓"名教"？

钱钟书："守'名器'，争'名义'，区'名分'，设'名位'，倡'名节'，一以贯之，曰'名教'而已矣。"

唐长孺："所谓名教乃是因名立教，其中包括政治制度、人才配合以及礼乐教化等。"

余英时："事实上魏晋所谓'名教'乃指整个人伦秩序而言，其中君臣与父子两伦更被看作全部秩序的基础。"①

（二）本末有无之辨

在有无关系上，王弼持"贵无论"的观点，即以无为本，以有为末。王弼认为，世界上有形有名的事物都有其特定的规定性，这个规定性限定了一事物只能是该事物，而不能成为他事物，也不能兼备他事物的性质。因此，任何具体事物都是有限的，不可能成为涵盖天地万物的根本。只有无形无名的东西才能成为万物之宗。王弼把无作为万物的根本，实际上是把万物归结为一种抽象的观念，这一理论是比较自觉的本体论学说，体现了中国哲学理论思维在这一时期达到的新高度。

与王弼相反，西晋学者裴頠持"崇有论"观点。裴頠肯定万物有一个最终的根本，这个根本是"道"，而道在本质上是"有"而非"无"。因为无不能生有，有的消失才会产生无，所以有才是根本。裴頠也认同具体事物的有限性，但他认为，正是因为任何事物都是有限的、不能自足的，所以它必须与其他事物相互依托、相互成全才能存在，因此，所有事物都是以有为前提才能存在的。以此为出发点，裴頠是公开维护名教，反对自然的。

郭象沿着裴頠的观点走向了极端，他把具体存在的有说成是绝对的，否认在万物之上有任何终极的根本。他认为，每一个具体事物都各自成为一个独立的实体，在它们之上并没有一个更高的终极根本，万物之间没有联系，也不存在统一性，一切事物都独立地生存变化，这是郭象的"独化论"。他认为，世界上的事物千差万别，共同的特点是，它们都是独立自足、圆满无缺的，仅在这一点上，万物是齐一的。郭象

---

① 转引自宁稼雨. 魏晋名士风流 [M]. 北京：中华书局，2007:186–187.

既否认无能生有，也否认有能生无，而把所谓事物的本原抛到可知世界之外，从而消解了形而上问题的意义，在中国哲学史上可谓独放异彩。

四、宋明理学

宋元明时期，中国哲学形成了一个新的高峰，它以理学为代表形态，人们习惯上也以"宋明理学"称呼这一时期的哲学。理学是儒学的一种新的历史形态，是继魏晋时期将儒学玄学化之后，对儒学的佛道化改造，也是对隋唐以来逐步走向没落的儒学的强力复兴。理学在产生和发展过程中形成了诸多的学派，影响最大的当属程朱道学和陆王心学。

（一）程朱道学

道学之"道"乃儒家所称之大道。二程朱熹的学说皆以"理"或"天理"为核心范畴，故习惯上也称程朱理学。北宋中期的程颐、程颢兄弟被后世并称为"二程"，他们认为，"理"是宇宙万物的最高原则，也是社会伦理纲常的最高原则，它"在天为命，在义为理，在人为性"。人和宇宙是一体的，知识和真理只在人的内心，欲明天理，只需识心见性。二程的观点既传承了孟子的学说，也深受佛教禅宗的影响。

南宋朱熹是二程的再传弟子，是理学的集大成者。朱熹集中探讨了理气关系和心性关系问题，他认为，"理"是形而上的绝对真理，"气"则是由"理"派生出的形而下的具体事物。理气相合而成人，气中之理即是人性。理作为人的本质，它在逻辑上要高于实际的、具体的人。心是性与情的统一，性是人的本质规定，是内在的道德理性；情则是性的表现，是具体的情感欲念，包括了道德的情感和非道德的情感。人的心要能够主宰性情，即以主体意识和理性引导控制情感。人应当涵养心性、明德修道，使自己的情感，以及由情感引发的行为符合天理。

程朱道学有句名言为世人所熟知，即"存天理，灭人欲"。其实二程朱熹都不反对人正常的物质生活需求，他们反对的是有意识地追求欲望满足，尤其是反对私欲，如果每个人都以个体的生命价值为行为的出发点，天下之公道，即天理也就难以彰显了。

（二）陆王心学

陆王心学的基本范畴是"本心"和"良知"，心本体论则是心学的主要理论特征。孟子讲"四心"时所说的心，指个体之心，陆九渊则把它改造为不随时间空间变化的"同心"，且人心就是天理，古往今来乃至千百世之后的圣人，人同此心，心同此理。他断言"宇宙便是吾心，吾心便是宇宙"，认为人心即是真理。因此，他主张"不立文字"，反对学人埋沉于书册间，他本人也很少著述。陆九渊与朱熹同时，但学术思想有较大分歧，二人曾多次激烈辩论，却始终相互尊重与包容，堪称学者的楷模。

陆学在明代的继承者王阳明同样持"心外无物"的观点，其学说的核心观点为"知行合一"与"致良知"。他肯定知行之间的联系、包容与动态统一，甚至把人的意念、动机都看成行的开始。"致良知"即扩充良知，一方面除去心中的私欲，保持善良的心地；一方面把心中的善意表达出来，在现实生活中切实践行。良知不仅是是非观、善恶观，也是好善恶恶、为善去恶的道德自觉实践。

宋明理学的末流被统治者利用，用于维护专制的等级秩序，压制和扼杀了人的天性，其负面作用不能忽视。同时，宋明理学以道德为本体，以"天人合一"为最高的精神境界，彰显了人类的真正价值。理学的根本精神可用张载的名言为代表："为天地立心，为生民立命，为往圣继绝学，为万世开太平。"

第二节 中国古代哲学的特点

一、与西方不同的发展道路

（一）中西哲学不同的社会背景

中国哲学的发展道路是与中华民族和中国社会发展的特殊性相适应的，在整个人类的历史进程中，中国与其他国家，尤其是西方国家，虽大致都经历了一个"轴心时代"①，出现了一批标志着人类的觉醒和精神的解放的历史文化名人与一系列辉

---

① 德国哲学家卡尔·雅斯贝尔斯在1949年出版的《历史的起源与目标》中说，公元前800年至公元前200年，是人类文明的"轴心时代"，发生的地区是在北纬30°上下。这段时期是人类文明精神的重大突破时期，各个文明都出现了伟大的精神导师——古希腊的苏格拉底，犹太教的先知们，古印度的释迦牟尼，中国的孔子、老子等，他们提出的思想原则塑造了不同的文化传统，也一直影响着人类的生活。在那个时代，古希腊、以色列、中国和印度的古代文化都发生了"终极关怀的觉醒"。换句话说，这几个地方的人们开始用理智的方法、道德的方式来面对这个世界。它们对原始文化的超越和突破的不同类型决定了今天东、西方不同的文化形态。那些没有实现超越和突破的古文明，如巴比伦文化、埃及文化，虽规模宏大，但都难以摆脱灭绝的命运，成为文化的化石。而这些轴心时代所产生的文化一直延续到今天。当人类社会面临危机或新的飞跃的时候，我们总是回过头去，看看轴心时代的先哲们是怎么说的。

煌成果，但也正是在这个时期，中国与西方的文化及其哲学走上了各自不同的发展道路。

中国古代社会是建立在以血缘关系为纽带的宗法等级制度基础上的，它的经济基础是以分散的小农业和家庭手工业相结合的自给自足的自然经济。在氏族社会解体之后，中国的古代国家就是"家国同构"的组织结构和社会结构，天下为"公"和天下为"私"反映的是同一历史事实。春秋战国之后，土地的国有和私有长期共存是古代社会的基本状况。而地处地中海沿岸的古希腊，因地域狭小，可耕地少，工商业和海外贸易是其主要经济形态。希腊半岛及爱琴海诸岛复杂的地形和区域之间的相互隔离形成了城邦国家的形态，各城邦都是由不同氏族共同组成、协作管理的，由此产生了民主政治的体制。城邦的资源有限，生产力也不够发达，能供养的人口有限，因此，必须通过海外移民缓解生存压力。而跨海迁徙比陆上迁徙面临更多的危险，需要不同氏族之间的联合，为此，必先抛弃原始血缘群体。[①]工商业的发展、民主政治的建立，加上大规模的海上移民，加速了血缘关系的松弛，契约关系成为最重要的社会关系。随着工商业阶层的崛起，以平等交换为基础的商业原则促进了希腊人个体意识的觉醒与成熟，由此孕育出西方人个体本位的文化精神。社会背景的不同，形成了中西哲学不同的思维模式，中国人习惯于整体把握，西方人则更注重个体分析。

古希腊发达的工商业和海外贸易为其带来大量的社会财富，民主政治确保了希腊公民的权益，希腊宗教对享乐和纵欲持宽容的态度，这使得希腊人对他们的社会生活非常满足，他们更加关注的是自然。同时，海洋的惊涛骇浪带来的生存忧患使希腊人产生了人与自然对立的观念，也激发了他们征服和驾驭自然的野心，由此为西方自然科学的发达奠定了基础。中国古代文化的核心价值是围绕着人的社会存在而建立起来的，它既不刻意于宗教神灵的寄托，也不追求纯自然的知识，而是专注于人的社会关系的和谐与道德人格的完成。春秋战国时期的中国处于分裂和战乱之中，恢复社会秩序、实现天下统一是中国人面临的亟待解决的问题。因此，孔子与比他晚约一个世纪出生的苏格拉底有着完全不同的学术兴趣。由此也造成中西哲学在产生之初就有不同的出发点。

蛮族的入侵终结了希腊罗马文明，中世纪的欧洲形成了基督教宗教神学一统天

---

① 阿诺德·汤因比. 历史研究 [M]. 郭小凌，王皖强，译. 上海：上海世纪出版集团，2010:108.

下的局面，由此造成西方哲学的停滞乃至倒退，时间持续了大约1000年。而中国哲学在古代社会里却获得了充分的发展，始终是稳步前进的。其间虽也经历过波折，如两汉经学的神学化和隋唐佛学的兴起，但神学（主要是佛学）在古代中国社会中从来没有占据支配地位。中国哲学对神学的批判是由古代学者以自我批判的形式进行的，在12世纪的北宋王朝就已基本完成，其标志是儒、释、道三教合流和"新儒学"的出现。而西方哲学对神学的批判则是四个世纪之后开启的，其过程也充满艰难和曲折，是通过文艺复兴、宗教改革、启蒙运动三次伟大的思想解放运动，并伴随着资产阶级革命完成的。因此，中西哲学的发展道路也有完全不同的特点。

（二）西方中心论的误区

"西方中心论"是近代西方曾经流行一时的论点，认为世界文化的中心和主线是从希腊罗马开始，并在近代的欧洲发展壮大的，因此，欧洲是世界文明的中心。这个观点同中国古代"天朝大国"的观念同样荒谬。完全认同西方中心论的西方学者并不多，但它对西方学术界的影响却非常深远，不少西方学者带有强烈的西方文化优越感，对中国乃至东方文化存有各种偏见。在哲学方面最具代表性的就是近代西方最负盛名的哲学家黑格尔。

黑格尔并未全面否认东方文明的价值，甚至认为世界历史开始于中国所在的东方，他说："历史必须从中华帝国说起，因为……中国实在是最古老的国家。"但也明确表示中国、印度乃至整个东方都没有哲学，也没有哲学史。黑格尔的理由归纳起来有两个方面：首先，东方是专制社会，"在东方只有主人与奴隶的关系"，出于对一个"大力"（专制君主）的畏惧，人们的意志是有限的，不自由的，而思维的自由、意志的普遍性和无限性是哲学存在的前提。其次，黑格尔以西方哲学"物我两分""主客对立"的观点理解中国的"天人合一"，认为"人"（主体）与"天"（客体）合一的结果是主体"作为消极的毁灭的东西，沉陷在客观的实体里"，"实体（客体）与个体（主体）就漫无区别了"，"一个毫无精神意味的境界（天人合一）就出现了"。黑格尔认为，真正的哲学应该是主体既在客体之中，与客体合一，又保有主体自身的特性，即自由的、普遍的和无限的。[1] 总之，中国人的思想和意志，受到神灵和专制君主的双重制约，不是自由的、普遍的和无限的，

---

[1] 何兆武，柳卸林. 中国印象——世界名人论中国文化：上册 [M]. 桂林：广西师范大学出版社，2001:190.

因此不可能产生哲学。

客观地说，黑格尔对东方和中国哲学的批判并非完全没有道理，但这个批判及其结论从根本上讲是片面的、错误的。原因在于黑格尔对东方和中国的了解是片面的，并且他是以西方社会历史的特点和思想方法去理解东方和中国，这是完全错误的。

首先，中国古代的专制社会是允许思想自由、重视主体的地位和作用的，皇权的专制并不直接限制学术思想的自由发展，只要这个思想不直接危及皇权统治，不破坏社会秩序。笃信佛教的梁武帝对待范缜的《神灭论》也不过是发动臣僚与之论战，不仅未对范缜施以刑罚，甚至连《神灭论》也未予禁毁。以激烈言辞反对皇帝迎拜佛骨，斥责此举为"伤风败俗、传笑四方"的韩愈，也不过被唐宪宗贬谪遥远的岭南，图个耳根清净而已。如布鲁诺那样因为持"日心说"观点便被判处极刑的事情在中国古代应该是不可想象的。历史上的文字狱不过是借学术观点来罗织罪名，打击政治对手、镇压异己势力。因此，中国不仅有春秋战国时期的百家争鸣，也有汉唐时期儒、释、道三家之辩和佛教各宗派之间的论争。宋代则开启了新百家争鸣，参与的学者、门生达数千人，他们相互辩驳和自由讲论，由此促成宋明理学的产生和繁荣。没有思想的自由，不可能出现这么多各具特色的学派和丰富的学术思想成果。

其次，专制制度下的古代士人的确有以帝王意志为个人意志的软弱一面，如孔子所言，"君子有三畏：畏天命，畏大人，畏圣人之言"（《论语·季氏》）。同时，他们也有修身齐家治国平天下的崇高理想，并且他们为理想而奋斗和献身的精神也是可歌可泣的。桓谭反对谶纬被光武帝斥为"非圣无法"，嵇康"非汤武而薄周孔"乃至被杀，韩愈反佛除弊"肯将衰朽惜残年"，王安石为坚持新法而"天变不足畏，祖宗不足法，人言不足恤"（《宋史·王安石列传》）。朱熹在禁毁道学的"庆元党禁"之后，学者人人自危的情况下，仍讲学不休。王阳明宣称："夫道，天下之公道也；学，天下之公学也。非朱子可得而私也，非孔子可得而私也。"（王守仁《王文成公全书》卷二）表明真理面前人人平等，先贤圣哲也不能成为权威。张载所言"为天地立心，为生民立命，为往圣继绝学，为万世开太平"（《张子语录·中》）可以说是古代志存高远、心存良知的士人共同的理想，它是天地之心、生民之命，是一个可以传承万代的太平盛世。因此，有时对帝王的屈从也不过是达到这个目标的手段。

其三，黑格尔并未真正理解"天人合一"的含义，天人合一的命题本身，就是建立在主体的精神自由、主体的地位和作用基础上的。孟子提出了"尽心—知性—知天"的著名公式，这个"天"是仁义礼智的道德原则，它们构成人的本性。人性与天性原本是一致的，人只要充分扩充良心（尽心），就能体验到内在的仁义本性（知性），体验到了人的本性也就把握了天（知天）。因此，孟子的天人合一就是以主体的自由和普遍性、无限性为前提的，是天地万物被我心感知，而绝非将自身沉陷于天地万物。张载是中国哲学史上最早明确"天人合一"命题的学者，他要求通过长期积极有为的学习和修养，通过对"天"的体验和认识而确立内在的道德本体，最终达到"从心不逾矩，老而安死，然后不梦周公"的自由境界，从而赋予人生以自由充分实现的价值。这怎么能说是一个"毫无精神意味的境界呢"？

中西文化和哲学走的是不同的发展道路，由此形成了不同的特点，相对于西方哲学的重逻辑分析、以精确见长，中国哲学则是重系统、重整体把握。西方哲学走的是"纯哲学"的道路，中国哲学则与社会现实生活密切关联，司马迁的"究天人之际，通古今之变，成一家之言"比较恰当地揭示了古代哲人的治学宗旨。

二、辩证思维的传统

西方社会进入近代以后，自然科学和工业快速发展，与此结盟的唯物主义哲学也带上了机械论的特点，形而上学的思维方式非常流行。后来马克思总结这段历史时提出，是唯物主义将主观能动性让给了唯心主义，唯心主义则抽象地发展了主观能动性。[①] 因此，西方凡唯物主义哲学大多为机械的、形而上学的，而唯心主义哲学则讲辩证法。而中国古代无论哪一派的哲学家都没有明显的形而上学倾向，都重视辩证法，都能用整体有序、一分为二、发展变化的眼光看问题。

（一）整体有序

整体思维是把自然和人类社会看作密切贯通的整体，构成整体的各要素是相互依存的关系。孟子曰"上下与天地同流"，庄子称"天地与我并生，而万物与我为一"。可见，儒家与道家都把人与天地万物看成一个整体系统。由此我们也大致可以理解先秦典籍中大量出现的"一"的含义，如《周易·系辞下》"制天下之动者，贞夫一者也"，老子"圣人抱一为天下式"，荀子"百王之道一是矣"等。古代先民经过长期的观察、领悟，形成了由"天—地—人"三才组成宇宙整体的观念。《周易》

---

① 中共中央马克思恩格斯列宁斯大林著作编译局. 马克思恩格斯选集：第一卷 [M]. 北京：人民出版社，1972:16.

以乾卦代表天，以坤卦代表地，以象征天的阳爻和象征地的阴爻作为六十四卦的基本单元，以解说人事祸福的卦爻辞附着于象征天地变化的卦象之后，表明天地合同，万物化生，人与天地分而相合。这种宇宙系统论模式确定了人与自然合一的规范。宋代周敦颐著《太极图说》，上篇讲天地，下篇论人事，认为天地的自然秩序就是人的道德规范，人的思想、行为与自然秩序吻合，才能实现"天—地—人"宇宙秩序的统一和谐。

有序性是与整体性密切联系的，《周易·序卦》总结出六十四卦的排列次序，"有天地，然后有万物；有万物，然后有男女；有男女，然后有夫妇；有夫妇，然后有父子；有父子，然后有君臣；有君臣，然后有上下；有上下，然后礼义有所错"。注重顺序和循序是易学理论的重要特点。在古代先哲的观念里，人类的出现是自然史的继续和它精神的体现，是自然演化合乎规律的结果。顺序而生、循序而动是自然与人类共有的规律，因循于此，人类才能与天地万物形成和谐的整体。

（二）一分为二

老子认为，天下不存在孤立片面之物，所谓"有无相生，难易相成，长短相形，高下相倾，音声相和，前后相随"。任一事物或事物的任一属性，都是与对立的事物或事物对立的属性相比较而存在的。同时，事物对立的双方不是静止不动的，事物自身孕育着向其对立面转化的因素并始终处于转化的过程中，所谓"反者道之动"。事物内在的否定性是导致其向对立面转化的根源。《庄子·天下篇》提出"一尺之捶，日取其半，万世不竭"的观点，揭示了事物的无限可分性原理，只要"一"（整体）存在，就一定有构成这个"一"的"二"（部分）存在。这是从微观领域批驳了静止不变的观点。儒家把对立互反规律表述为"一阴一阳之谓道"，这一观点同样认可事物对立双方的地位不是静止不变的，双方之间的互相冲突、矛盾激荡促使一方向另一方转化。《周易·系辞下》："日往则月来，月往则日来，日月相推而明生焉；寒往则暑来，暑往则寒来，寒暑相推而岁成焉。"日月生明，寒暑成岁，这是从时间和发展的角度阐明了"一"和"二"的统一。

"二"既然是由"一"分成或生成的，"一分（生）为二"也就成为一般的观点。《周易·系辞上》称"《易》有太极，是生两仪，两仪生四象，四象生八卦"，由此提出了二分生成模式。到了宋代，朱熹在总结前人的基础上，将一分为二发展成为普遍的宇宙观和方法论，不仅宇宙的生成有赖于一分为二而取得自身的合法性，生命也只能存在于连续性和中断性的统一之中。明清之际的王夫之认为，应将一分为二与合二为一统一起来，因为一方蕴含于另一方之中。如道器、表里、虚实等的任何一方都不能孤立存在，而是聚合于一体，即合二为一；但合二为一能够成立是因为二本来就在一之中，故必然分一的属性为二。因此，一分为二与合二为一是相辅相成、相互支持的关系。整个宇宙有赖于此才生生不息。这一观点反映了中国哲学一以贯之的辩证思维传统。

（三）发展变化

中国古代哲学的辩证思维在发展变化观方面表现得尤为明显。首先，变化是宇宙生成的前提。《周易》有"生生之谓易"，又说"天地之大德曰生"，可知中国古代哲学是以生生与变易的结合解释宇宙的生成发展的。无论是太极生两仪，还是"道生一，一生二，二生三，三生万物"，这里的"生"都是以"变"为真实内容的。无生有、虚生实，都是凭借"变"的机制。严格意义的"生"只是同质的延续，加入"变"的机制才能产生异质的要素，才能形成由万物构成的宇宙。既然世界是处在发展变化之中的，所以人类应当"观乎天文，以察时变；观乎人文，以化成天下"。

其次，一切事物都是两两相对的，事物的发展规律也是向着对立面方向转化的。"天下万物生于有，有生于无"说的是"无"转化为"有"；"合抱之木，生于毫末"是"毫末"转化为"合抱之木"；"人之生也柔弱，其死也筋朋（rèn）坚强。万物草木之生也柔脆，其死也枯槁"，是"生"转化为"死"，"柔弱、柔脆"转化为"坚强、枯槁"，都是对立双方的互相转化。正因为有这样的发展规律，所以"祸兮，福之所倚；福兮，祸之所伏"。所以"塞翁失马，焉知非福"。《孙子兵法》中"乱生于治，怯生于勇，弱生于强"，及"佚能劳之，饱能饥之，安能动之"，就是充分把握事物发展变化的规律，促使其向有利于自己的方向转化，因此，"胜可知""胜可为"。

中国哲学辩证思维的传统是中国人特有的睿智，它对中国文化的影响极为深远。它使我们具有正确的历史观和发展观，《周易·系辞下》："穷则变，变则通，通则久。"《尚书·康诰》："作新民。"《诗经·文王》："周虽旧邦，其命维新。"《礼记·大学》："苟日新，日日新，又日新。"自然和人类社会都是处在不断发展变化的过程中的，一个民族要能够生存并不断壮大就必须"维新"。辩证思维方式让我们拥有正确的生活态度和正确解决问题的方法，如"天下难事必作于易，天下大事必作于细"，"胜不骄，败不馁"，再如"以柔克刚""背水一战"，乃至"投之亡地然后存，陷之死地然后生"。辩证思维方式也是我们民族的一种精神支柱，它提醒我们在繁荣昌盛时能保持谨慎，在极端困难中能满怀希望。中华民族在历史上也几经危难，但中国人从未丧失对美好未来的信心。南宋学者郑樵在《通志·总序》的末尾向皇帝表达了这一心愿："道之污隆存乎时，时之通塞存乎数，儒学之弊，至此而极。寒极则暑至，否极则泰来，此自然之道也。臣蒲柳之质，无复余龄，葵藿之心，惟期盛世。"

三、浓郁的社会情结

作为思想文化的核心，中国哲学与现实生活有着密切的联系。对于中国的哲人来说，学术的必要性不仅在于理论本身的价值，更在于满足社会国家的需要。中国古代哲学与政治、与伦理关系有着不解之缘。

首先，中国古代哲学的出发点和最终归宿都是围绕着时代的课题和现实问题来展开的。春秋时期，礼坏乐崩，如何恢复社会的有序性是当务之急。所以，孔子倡导"仁爱"，老子主张"无为"。战国时代，动乱进一步加剧，战争也更为残酷，"争地以战，杀人盈野；争城以战，杀人盈城"（《孟子·离娄上》），国家对于统一的期待更加迫切。问题在于统一的大业会由"七雄"中的哪一个完成，它应当奉行什么样的思想才能够完成。孟子认为是"仁政"，荀子认为是"礼制"，墨子认为是"兼爱"，韩非子认为是"法、术、势"，由此展开了百家争鸣。西汉初年，民生凋敝、百废待兴，所以倡导清静无为的黄老思想成为主流。西汉中期，经济恢复，国力强盛，无论是对内维护统一安定，还是对外抵御强敌匈奴，都需要统一思想，所以"罢黜百家，独尊儒术"。魏晋时期，政治黑暗，儒学危机，因此"援道入儒"的玄学应运而生。南北朝时期，国家分裂，战乱频仍，民众对宗教的向往使佛、道二教得以流布。隋唐时期，兼容并蓄，三教并行，外来的佛学得以大行其道。两宋时代，中原王朝统治力衰落，生存空间被压缩，国家面临异族的威胁，而经济的繁荣又带来人们物欲的膨胀，因此，号召"存天理，灭人欲"的理学占据上风。明清时期，封建专制制度积重难返、日趋没落，而商品经济和城市经济的发展使工商业者和市民阶层不断扩大，由此导致强调务实、注重实用的实学兴起。可以说，中国古代哲学每个历史时期的新面貌及每个阶段性的成果，都与时代课题密切相关。

其次，中国哲学立足于人际关怀，以人为本。中国古代哲学首先是要在现实社会中追求和塑造理想人格，无论是儒家推崇的"内圣外王"或"谦谦君子"，还是道家提倡的通过遵循自然规律而达到的精神自由，最终都是要实现人格的完美。同时，古代哲学也致力于整个社会的健康与和谐，每一个有历史责任感的学者都会主动承担探索"治世之道"的责任。古人的"格物致知"是为了提高个人的道德水准，再把这种道德推广开来，达到"齐家治国平天下"的目的。

第三节　中国古代哲学的重要观念

一、天人合一

中国古代哲学的根本宗旨在于探究天人之际问题，天人关系的问题贯穿中国古代哲学的始终，也贯穿古代哲学的所有理论之中，它是中国古代哲学的基本问题。

（一）天范畴的含义

天人之际的问题有一定的复杂性，因为"天"这个作为人的对立面而设定的概念较为复杂，不同的学派在论及天人关系的不同侧面时，对其范畴的界定有所不同。归纳起来，主要包括了以下几个方面。[1]

第一，自然之天。自然之天有实体和属性两个方面的含义：所谓实体，即自然万物，它既是人认识的对象，也构成人认识的前提和条件；所谓属性，即自然万物的本质及其发展变化的规律。儒道两家都肯定自然之天，但儒家的自然指有其自身职能的自然界或自然属性，如孔子所言，"天何言哉？四时行焉，百物生焉，天何言哉？"（《论语·阳货》）而道家的自然意在自然而然或自然无为，着眼点在于人对自然规律的顺应和效法，"人法地，地法天，天法道，道法自然"。

第二，主宰之天。主宰之天就是人格化的至上神，也可以理解为制约自然和人事活动的客观必然性。主宰之天表现为天命、天意，它在冥冥之中主宰着宇宙和人

---

[1] 关于天范畴的界定，参照向世陵.中国哲学智慧[M].北京：中国人民大学出版社，2000：16-17.

类，这个观点在先秦、汉唐时期很有市场。主宰之天具有无上的权威，人事活动只有在不违背天意的前提下才有意义，"获罪于天，无所祷也"（《论语·八佾》）。但天毕竟是相对于人而存在的，所以人对天并非绝对被动，人可以以自己的行为感天动地，以其行为的善恶对天施加影响。

第三，本体之天。本体之天因其取舍不同又可称为心性之天或义理之天，作为客观必然性的主宰之天也可包括在内。天作为形而上的本体是哲学体系构造的依据，它引起本体与现象、形而上与形而下的相互关系。形而上的天不能用感官感知，只能通过现象来感悟，这是宋明理学中"天"的主要规定。天人关系相应成为人与其内在本性或普遍天理的关系，它规定着人的道德本质，并为人提供行善去恶的先天依据。

第四，至善境界。天作为至善境界是人道德修养的终极目标和典范，不论是尽心、知性、知天，还是明明德、亲民、止于至善，都以天为最高境界，其人格化的表现就是儒家所谓的圣人。

（二）天人之际的两大分野

由于天与人的相对关系的差别，天与人的内涵有不同的规定。天人之际涉及天道与人道、天命与人力、天性与人为、天理与人欲等多重关系。而"天人合一"与"天人有分"则是古代哲学界定天人之际的两大分野。

首先，天人合一。天人合一之"合"主要表现在两个方面：一是人性与天性合一。人通过德行的修炼回归于天，人性与天性原本一样，都是善良的，但生于纷繁复杂的尘世的人难免受各种影响而迷失本性，要通过修炼找回天性，使自己返璞归真。二是人道与天道合一。使人事活动合于天理，唯其如此，人类社会才能长存。天人合一的观念缘于原始人类与自然的原始亲和关系以及神灵崇拜，它萌发于西周，以孟子为发端，"天人合一"这个专有名词则是宋代张载提出的。在中国古代哲学史上，天人合一主要是作为一种道德理想和精神境界发生作用的，是儒家以伦理为本位构建理想世界的产物，其基点是泛道德主义，从孟子到宋明理学家莫不如此。自然之天在儒家并不占主要地位，心性之天或义理之天才是主流。

其次，天人有分。天人有分之"分"也表现在两个方面：一是自然与人事两大领域各有其特定的职能，天意与人意无关，所谓"天行有常，不为尧存，不为桀亡"。二是天与人各有不同的性质与规定，天自然无为，"不为而成，不求而得，夫是之谓天职"；而人则需要积极有为，"制天命而用之"（《荀子·天论》）。"有分"观点出现在战国时期，以荀子为代表，而其思想的萌发应当更早。这一观点的出现缘于人们认识到人与自然的差别，着眼于对人自身价值的尊重，以及人的价值的充分发挥。唐代刘禹锡在荀子思想的基础上又提出"天人交胜"的观点，认为天与人各有各的作用，互相不能取代，也不能改变对方，人不能改变四季轮回，天不能替人制定礼义，也不能改变人类的社会规范。

天人合一与天人有分并不是互不相容的，双方是相互补充的。合一是有分前提下的合一，是把天和人分开来考察得出的结论；有分是合一整体中的有分，是把天和人放在一个体系中考察的结果。极端地主张合一或有分的观点在中国哲学史上并不多见。从整体上说，中国古代哲学是合一与有分的统一，天与人倘若完全合一，则天、人的概念亦没有了各自独立存在的必要。而事实上相信人本身的力量，相信主体能够把握客体，正是天人之际思想最合理的内容。

（三）天人合一观念对中国文化的影响

天人合一观念对中国传统文化产生了深刻的影响。从积极的方面讲，它造成了中国文化重整体系统的、辩证发展的思维方式，这种思维方式的形成促使古代的学术思想不断向前发展。它造成了中国人追求和谐的社会与和谐的人际关系的理想主义倾向，古代士人"治国平天下"的崇高志向、"天下大同"的终极理想薪火相传，至今仍激励着我们为世界和平与人类的美好未来而奋斗。它鼓励人们通过自身修养达到真善美统一的理想人格，通过人性的彰显体现生命的价值和意义。

但是，不可否认的是，这一哲学观念也给中国文化及其发展带来了负面影响：过分强调整体与系统的思维方式，缺乏必要的分析和论证，致使中国没有出现近代的实验科学；过分强调社会的和谐统一，缺乏变革精神，使中国的封建社会发展缓慢，资本主义因素生长艰难；过分注重体验而忽视客观观察，把道德实践作为根本的实践活动，很难解决社会生活中的种种矛盾，也限制了实证科学的发展。

二、中庸之道

"中庸"是中国传统文化的最高价值原则。孔子曰："中庸之为德也，其至矣乎！""德"本身就具有高尚和美好的含义，"至"则是"极高"或"最高"。《论语》中还有两处孔子言及"至德"，都是具体人物的评价："泰伯，其可谓至德也已矣。三以天下让，民无得而称焉。""三分天下有其二，以服事殷。周之德，其可谓至德也已矣。"一个是主动让贤的泰伯；一个是力量充分壮大、拥有三分之二天下却仍遵守尊卑秩序的周文王。荀子说："先王之道，仁之隆也，比中而行之。"（《荀子·儒效》）泰伯与周文王体现"至德"的具体作为虽有不同，但都合乎"中"这个标准。

（一）"中庸"的含义

作为一种辩证思维的方式，中庸之道在形式上有别于一分为二，它不是分一（中）为二，而是合二为一（中）。中庸之"中"意为"执中"，是相对于"过"与"不及"这两端而言的；"庸"意思是"常"，即经常或正常。折中狂狷、过不及为"中"，正常、平常而不走极端为"庸"。中是相对于过与不及两端的适当尺度。"过"是超过了事物的度量界限而必然引起质的变化，"不及"则是因不能满足一定质的数量而导致事物向相反方向蜕变，只有"中"才是保持事物稳定性的恰当尺度。中庸就是力求通过折中对立的两端，最终求得能概括双方特性的"中"，从而形成对于该事物最为正确的认识。

儒家经典《中庸》对"中庸"之德进行了多方阐发，提出了"时中"和"执两用中"的思想。"时中"进一步表明，所谓"中"不是固定不变的标准，而是与时俱进、因事制宜的，任何时候、任何情况下的言行都有一个恰当与否的问题。必须随时随地把握适度的标准，言行有节，才能符合"中"的要求。它不仅有时间的要求，实际上也有条件、环境、对象等方面的要求。周文王"三分天下有其二，以服事殷"的选择是"中"，周武王伐纣灭商也是"中"，因为时代发展了，形势变化了。同时，判断"中"的标准是适当与否，所以不能不讲原则地一味调和折中，必须把握事物的两端进行权衡，取其适度的"中"，即"执两用中"。如善恶本是两端，对这种对立的两端则必须态度鲜明地扬善抑恶，肯定的只有善端。要做到执两用中就需要处事者的明察与智慧。

（二）中庸为德的合理性

中国哲学立足人文关怀，其最终目的是通过道德建设达成和谐社会。人类要组成社会必须有规范，这个规范包括了法律和道德。在契约关系占主导地位的西方，法律更为重要；而注重亲缘关系的中国人则更重视道德。孔子曰"道之以政，齐之以刑，民免而无耻。道之以德，齐之以礼，有耻且格"（《论语·为政》）讲的就是这个道理。法律是防范出现最坏的结果，所以要划清底线。道德以追求人所能达成的最佳效果为目标，所以要综合考量各方面的因素，以求恰当和适度，因此合二为一的思维方式更适用。

道德的目标是"善"，任何事物都存在一个"度"的界定，善如果过了度就不能称其为善了。《孔子家语》记载了这样一个故事：曾参帮父亲在瓜田里锄草，不小心把瓜苗的根锄断了，被气急败坏的父亲用一根粗大的棍子打晕了。曾参醒来之后，一面向父亲认错，一面关切地问父亲有没有被气坏身体。孔子知道这件事后严肃地批评了曾参，说你父亲用那么粗的棍子打你，你居然不躲，万一你被打死了岂不是陷你父亲于不义吗？世上还有比这更不孝的吗？还说舜的父亲打他的时候，如果用小棍子，舜就忍着，如果用大棍子，舜就跑了，这才是真正的孝。中国古代哲学非常注重其观念的社会实践性，"善"不是一个抽象的概念，在具体的道德实践中，必须考虑各方面的因素，达到最好的效果。这一点，对于以家庭和家族为社会基本细胞和国家构成模式的古代中国尤为重要，这也是"中庸为德"在中国存在的合理性和适用性之所在。

三、知行合一

知行关系的问题属认识论范畴，但中国古代哲学的"知行"问题又不是单纯的认识论的问题，更是一个伦理道德问题。古代先哲不仅主张要认识，更强调实践，只有把"知"与"行"统一起来才能称得上"善"。在道德范畴中，认识的前提与条件，认识发生、发展的过程及其规律，认识与客观实在的关系即世界可知与否等问题，都不是最重要的。重要的问题在于，已知的真理能否及如何贯彻于社会实践。

中国人很早就明白"知易行难"的道理。《尚书·说命中》，傅说告诫武丁："非知之艰，行之惟艰。"战国时期的荀子，在总结前人思想成果的基础上形成了较为系统的认识论体系，从主体和客体两方面论证了认识的可能性，而在知行关系的问题上，荀子强调"行"比"知"更重要。他说："不闻不若闻之，闻之不若见之，见之不若知之，知之不若行之。学至于行之而止矣。……圣人也者，本仁义，当是非，齐言行，不失毫厘，无它道焉，已乎行之矣。故闻之而不见，虽博必谬；见之而不知，虽识必妄；知之而不行，虽敦必困。"（《荀子·儒效》）荀子在这里强调"知"的重要性，但行才是知的目的，能够把"知"落实于"行"才是真正的智慧，否则丰富的知识只能带来困惑，所谓圣人就是能"学至于行"的人。

对于"知"与"行"之间的关系，程颐认为是"知先行后"，朱熹也赞成这一观点，"论先后，知为先；论轻重，行为重"。同时，朱熹更重视"行"与"知"之间的密切联系，"知、行常相须，如目无足不行，足无目不见"（《朱子语类·卷九》）。因此，"知"与"行"共同构成一个统一体，强调"行"的重要是着眼于知识的社会意义，离开了"知"，"行"也就失去了方向。不过，在朱熹的学说里，"知"与"行"仍是相对独立的，不可分离的两个部分共同组成了一个整体。真正把"知"和"行"合为一体的是明代的王阳明。

王阳明认为知行是一回事，不能分成两截，道德意识和道德行为是分不开的，二者互为表里，不可分离，道德意识必然导致道德行为，不能带来"行"的"知"就算不上"真知""良知"。良知，无不行；自觉的行，就是良知。"知是行的主意，行是知的工夫。知是行之始，行是知之成"（《传习录·卷上》）。在道德指导下产生的意念活动是行为的开始，符合道德规范要求的行为是"良知"的完成。至此，"知"与"行"最终合为一体。王阳明的知行合一学说打通了道德意识与道德实践的关联，一定程度地克服了程朱理学"知先行后"的弊端，却也抹去了朱熹知行学说中知识论的成分，有利于道德培养，却忽视了客观知识的学习，这是其弊端所在。

知识链接

思想与德行

中国思想与西方思想有一个极大的不同点。西方有所谓哲学家，但中国则一向无哲学家之称。西方有所谓思想家，但中国也一向无思想家之称。若我们说孔子是一个哲学家，或者说是一个思想家，我们终觉得有些不合适。……我们中国人，一向不大喜欢说某人的哲学理论如何好，或某人的思想体系如何好，却总喜欢说某人的德行如何好。这一层，我们可以说在中国思想里，重德行，更胜于重思想与理论。换言之，在中国人心里，似乎认为德行在人生中之意义与价值，更胜过于其思想与理论。[1]

---

① 钱穆.中国思想通俗讲话 [M].北京：生活·读书·新知三联书店，2002：4.

思考题

1. 为什么说中国哲学是中国文化的精神核心？

2. 先秦诸子的思想有怎样的现实意义？

3. 为什么中国哲学有浓郁的社会情结？

4. 谈谈你对中庸之道的认识和理解。

推荐阅读材料

1. 冯友兰.中国哲学简史 [M].涂又光，译.北京：北京大学出版社，2013.

【推荐理由】冯友兰先生的这部哲学简史在世界各地已有 30 多种译本，内容深入浅出、通俗平易，是非哲学专业的学生学习中国哲学的首选。习惯在线阅读的，也可在网上找到其电子版。希望更加全面和深入地了解中国哲学，可选读其两卷本《中国哲学史》。

2. 易中天.先秦诸子百家争鸣 [M].上海：上海文艺出版社，2009.

【推荐理由】该书为易中天先生在央视百家讲坛讲座的文稿，内容不仅包括诸子百家的思想，也包括诸子的人生经历、性格为人，趣味盎然，引人入胜。也可到央视网看讲座视频。

第九讲

中国古代的宗教信仰

学习目标

1. 了解中国宗教的特点及其形成的原因。

2. 了解中国的多神信仰与三大崇拜。

3. 了解佛教与中国文化。

4. 了解道教与中国文化。

宗教是一种社会意识形态，是人类文明的重要成果，在人类的文化史上一直占有非常重要的地位。不论哪一种宗教，都相信在现实世界之外存在着一种超自然、超人间的神秘力量，主宰着自然和社会，叫人甘愿承受现世的苦难，而把希望寄托于虚幻的来世、天国、彼岸和神仙境界。一般宗教都宣扬顺从、忍受和超阶级的友爱，并把自然和社会现象的因果关系归结为反科学的宿命论。宗教作为一种文化是扭曲的、畸形的，与人的发展和社会的进步背道而驰，其神秘色彩来自上古人类的愚昧。但这绝不是说宗教文化毫无价值，恰恰相反，由于宗教在很长一段时间内影响了人类的思想感情和生活方式，制约着人类社会的发展，并且直到今天它的文化形态依然存在，仍继续发生着作用。因而它是我们了解、认识人类历史和民族文化最有价值的社会现象之一。宗教所创造的文化成果，是人类共同的财富，是任何人也抹杀不了的。在现代社会，宗教原有的解释世界和司法审判的功能已经淡化或消失，科学和司法已经从许多宗教中分离出来，但其道德培养和心理安慰的功能依然存在，其作用对于宗教传统深厚的民族，是其他方式无法替代的。

第一节　中国古代宗教的特点

宗教在中国有着悠久的历史，中国的宗教乃至中国人的宗教信仰观念都具有民族自身的特点。[①]

一、贫乏性

相对于世界其他民族，大多数中国人的宗教观念历来比较薄弱，对于宗教的信仰不那么坚定和执着，宗教情感也不那么强烈。甚至有学者认为中国是没有宗教的，

[①] 关于中国宗教的三个特点，参照陈江风 . 中国文化概论 [M]. 南京：南京大学出版社，2002：166–171.

如梁启超先生在《论中国学术思想变迁之大势》中称："吾国有特异于他国者一事，曰无宗教是也。"[①]这种状况是中国特殊的社会背景和发展历史造成的。

首先，人本思想抑制了中国原始宗教的发展。同世界上的许多民族一样，中国在上古时期也产生了多神信仰的原始宗教。但由于特殊的历史机缘，以人为本的思想在中国出现较早，从而有效地抑制了中国原始宗教的发展，它的原始特点始终没有褪去，也未能发展成为近代意义的宗教。《礼记·表记》借孔子之口说："殷人尊神，率民以事神，先鬼而后礼，先罚而后赏，尊而不亲；其民之敝，荡而不静，胜而无耻。周人尊礼尚施，事鬼敬神而远之，近人而忠焉，其赏罚用爵列，亲而不尊。"从中可以看出，商周易代之际，中国人的思想观念已完成了从"尊神"到"尊礼"的转变，把关注的要点从鬼神转向人事。周人虽仍把鬼神置于高尚的地位，却使其远离政教活动。

其次，中国人传统的文化观念有效抵御了外来宗教的侵袭。西方文化以基督教为核心，也叫基督教文化。但基督教既不是欧洲人创立的，也没有诞生在欧洲。它原本是诞生于西亚地区的犹太教的一个分支，但这个外来的宗教最终征服了几乎整个欧洲，随着欧洲殖民者进入美洲、非洲和亚洲，欧洲以外地区的原住民也有不少皈依了基督教。历史上，许多境外宗教进入中国，不仅有佛教，也有摩尼教、伊斯兰教、基督教等，但最终都未能征服中国，在中国大行其道的佛教也经过了中国人的改造而与印度原生佛教大相径庭。其原因在于中国人有自己根深蒂固的文化观念，这些观念常驻中国人的心中，是任何外来的宗教神祇无法取代的，如基于血缘关系的宗法观念和敬天法祖的观念等。《礼记·大传》称："人道亲亲也，亲亲故尊祖，尊祖故敬宗，敬宗故收族，收族故宗庙严，宗庙严故重社稷，重社稷故爱百姓，爱百姓故刑罚中，刑罚中故庶民安，庶民安故财用足，财用足故百志成，百志成故礼俗刑，礼俗刑然后乐。"这是中国人以自然亲情为纽带，以宗法观念为杠杆构建的理想社会，而超越了亲情的平等、博爱是中国人难以接受的。中国人自古信天命，就是孔子"五十而知"的"天命"，它操控着自然和人类社会的终极命运，因为"获罪于天，无所祷也"，所以人必须"修身以立命"。即便是"奉天承运"、替天行道的天子也要明白"天命靡常""惟德是辅"的道理，要注意自己的德政，否则就

---

① 梁启超. 饮冰室合集·文集之七 [M]. 北京：中华书局，1989.

会遭到天谴。这种天命思想类似于宗教，本质上却不是宗教，它指向天际，关注的却是人间。

其三，皇权对神权的制约。中世纪的欧洲，宗教神权凌驾于世俗王权之上，无论以何种途径登临王位的国王，都要由教皇戴上王冠才是正统。中国则不同，宗教神权始终被控制在世俗皇权之下。中国历代的封建统治者，对宗教一般都给予其合法的地位，允许其存在与传播，并给予他的臣民以充分的宗教信仰自由，前提是这个宗教必须处于他的统治之下，不能危及其"天子"地位和统治的秩序。历史上历次打击宗教势力的事件，如北周武帝毁佛、唐武宗灭佛，并非因为信仰的分歧，而是因为宗教势力的过分膨胀。在中国，宗教机构始终受制于政府，包括宗教僧侣的执业资格也是由政府颁发的。中国宗教建筑的规模，在京城远逊于皇宫，在地方也不及官衙。皇权对神权的制约限制了宗教势力的发展。

其四，中国普通民众重视现实利益的心态阻碍了宗教观念的植入。中国文化是农耕文化，传统的农民以自耕自足的小农经济为本，这种经济形态造成了中国人讲求现实利益的文化心态。在中国历史上，为国捐躯、舍生取义者数不胜数，而献身宗教者却为数不多。

二、实用性

宗教把人生的意义寄托于来世，而把现世的痛苦当作必然或必须的。如基督教就是以现实和理想的分离、灵与肉的分裂和痛苦为代价，追求精神的超越、心灵的净化及与上帝感通的狂热与陶醉，把人生的意义寄托于上帝和来世的天国。对于中国人来说，这种对现实生活毫无实用价值的宗教是没有多少意义的。中国人以现世的生活为中心，对来世不甚向往，如孔子所言"未能事人，焉能事鬼？""未知生，焉知死？"如果说中国人对宗教的天国并非毫无向往之意，那么这种向往也总是保有一份迟疑和犹豫，如宋代大文豪苏轼那首著名的词里所说："我欲乘风归去，又恐琼楼玉宇，高处不胜寒。起舞弄清影，何似在人间。"天国固然好，但是活着的人没去过，去了的人回不来，所以，它真的好吗？而且，按照生活的经验，越往高处越寒冷，那在天上的天国的温度我们能承受吗？况且，人间虽然充满苦难，却也不乏美好，可以"起舞弄清影"。

因此，中国人信奉宗教也是寄希望于获得现世的利益，企望得到神灵的保佑，为自己的人生带来福祉。汉化佛教的一大特征就是缩短了由现世通向天国的距离，直至讲究顿悟、返心成佛，甚至"放下屠刀，立地成佛"，原生佛教中来世才收获的报应也被中国人改成了"现世报"。而中国本土的道教则干脆把现世的福寿和长生不老作为理想，完全消弭了灵与肉、尘世与天国的界限。

三、兼容性

世界各地的宗教几乎都具有排他性的特点，每一个宗教都将其他宗教或教派视为异端，每个人一旦选择皈依一种宗教就不能心有旁骛，作为上帝的子民就不能再修炼成佛或修道成仙。在历史上，不同宗教之间，乃至同一宗教的不同教派之间往往是截然对立，甚至是势不两立的。中世纪的十字军东征，宗教改革兴起后基督教新教与罗马公教之间的战争，就是这种对立的集中体现。

在中国传统文化中，宗教是实用性和工具性的，它自身并没有什么既定的内在价值。在普通中国人的观念里，各宗教神灵都是为人的现世生活提供佑护和福祉的，相互之间并无矛盾冲突。福祉自然越多越好，只要是神都不妨拜一拜。出门在外，遇到道观就烧一炷香，遇到佛寺再拜一下佛或菩萨，遇到教堂也不妨点一根蜡烛，只要是神，拜一下总没有坏处。就宗教本身而言，不同宗教的教义和教规可以是完全矛盾、甚至水火不容的，但在中国都能长期并存，相安无事，不同宗教或教派的教徒也可以和睦共处，互相宽容和理解。官方的宗教政策也基本是兼容并包，使各种宗教拥有同样的发展机会。在中国，从未发生过西方那样因宗教冲突而导致的流血战争。美国学者 J.M. 肯尼迪说："在中国漫长的历史上并没有发现诸如十字军那样的宗教战争的痕迹，也没有发现诸如在宗教改革运动以及此后很长一段时期当中令新教和天主教双方都大为丢脸的那种宗教迫害的痕迹。"[①] 中国的宗教政策和宗教状况所带来的最终结果是促使中国古代三大思想——儒、释、道的合流，在这个过程中，儒家则凭借自汉代以来的官学地位，以及在中华民族中根深蒂固的影响，将佛、道二教的大量思想吸收进自己的学说体系，建立了一个熔三教于一炉的"新儒学"，即宋明理学，成为一种具有宗教功能的政治伦理哲学，对中国社会产生了深刻的影响。

---

① J.M. 肯尼迪. 东方宗教与哲学 [M]. 董平，译. 杭州：浙江人民出版社，1988：158.

第二节　多神信仰和三大崇拜

同世界其他各民族一样，中国的原始宗教为多神崇拜，包括了自然崇拜、灵物崇拜、图腾崇拜、祖先崇拜、英雄崇拜和灵魂崇拜等多重形式。在中国人眼中，物物是神，处处有神，如天神、地神、日神、月神、山神、河神、风神、雨神、雷神、火神等不一而足，即便烧火做饭的灶头也有灶王爷，家门口也有门神守护。但比较而言，中国人对天地、祖先、君师的崇拜是最突出的。在古人看来，天地是生存环境，祖先是人的生理纽带，君师则是引导社会前进的人物，三者缺一，人就不能平安地生活在世间。《荀子·礼论》称："天地者，生之本也；先祖者，类之本也；君师者，治之本也。无天地，恶生？无先祖，恶出？无君师，恶治？三者偏亡，焉无安人。故礼，上事天，下事地，尊先祖而隆君师。"

一、天地山川崇拜及祭祀

天地是中国古代所有信仰中最神圣的，天神称为"皇天上帝"，地神称为"后土地祇"，合称"皇天后土"。"皇"是"大"的意思，"后"是"厚"的意思，皇天覆盖万物，把阳光雨露带到人间；厚土负载万物，献衣食用具于世上。要风调雨顺、五谷丰登、祈福避祸，就需要对天地神灵顶礼膜拜。古代祭祀天地最隆重的仪式是封禅，封是在泰山顶上祭天，禅是在泰山附近的小山梁父祭地。选择泰山来祭天，是因为古人认为泰山为五岳之独尊，是最接近天的地方，可以直接与天对话。同时，泰山为五岳之东岳，东方主生，为万物起始、阴阳交错的地方，天子受命于天，当于此祭告皇天，才算是名正言顺地登上了天子之位。泰山位于齐鲁大地，泰山封禅的神圣与正统也与当地文人的炒作有很大关系，《史记·封禅书》载：齐国名相管仲认为，泰山封禅的活动早在伏羲氏之前的无怀氏时代就开始了，其后陆续封禅者有 72 位，其中包括三皇五帝、夏禹、商汤。鲁国的孔子也曾"登泰山而小天下"。

传说泰山封禅远古时候就有，但有确切史籍记载的泰山封禅第一人则是秦始皇。秦始皇统一六国后的第三年，自泰山南侧登顶而封，自北侧下山禅于梁父。此后，赴泰山行封禅礼的有汉武帝、光武帝、唐高宗、唐玄宗和宋真宗，其中的唐高宗曾三往封禅。武则天不仅作为皇后陪同唐高宗前往泰山封禅，她在登上皇位之后，又以皇帝的名义再行封禅以告祭天地，不过她的封禅地选择在了中岳嵩山，之后改阳城县为登封县，赐名驻跸地为告成镇。

泰山封禅神圣而庄严，为历代帝王所向往，但毕竟路途遥远，且因规模浩大而耗资靡费。所以，真正施行的是少数，宋真宗是最后一位。古代祭祀天地还有庙祭和郊祭，这两种形式都起于周代。庙祭是修建庙宇，由天子行祭祀。西周已建有天帝庙，春秋以后，天帝庙都建在雍州（今陕西凤翔），因为周秦西汉时期，关中地区都是国家的政治经济中心，而雍州是关中地势较高的地方，离天最近。郊祭则是在京城的郊外举行祭祀，周代已规定冬至日在南郊祭天，夏至日在北郊祭地，因为冬至而转阳，天属阳；夏至而转阴，地属阴。古人有"天圆地方"的观念，所以祭天于圜丘，祭地于方丘。今北京的天坛、地坛就是明清两代为祭祀天地而建的。

山川是大地的组成部分。古人崇拜高山，是因其高大巍峨，云遮雾绕而能兴风雨，幽深神秘似有神灵居住；崇拜大河是因其终年不舍昼夜地奔流，生生不息而神力无边。古代的山川祭祀以"五岳""四渎"最为重要，五岳为东岳泰山、西岳华山、南岳衡山、北岳恒山、中岳嵩山，四渎为黄河、长江、淮水、济水，这是古代直接流入大海的四条大河，后济水几经改道后已不能直接入海。《礼记·王制》称："天子五年一巡守……柴而望祀山川。"春祭东岳，夏祭南岳，秋祭西岳，冬祭北岳。这里叙述的是周代的制度，可以看出当时的疆域。秦统一中国之后，版图更广，所祭祀的名山有12座，大川则有13条。今五岳庙都保存完好，其中尤以嵩山中岳庙规模最大。隋唐以降，东渎淮河祭于唐州（今河南桐柏），南渎长江祭于益州（今四川成都），西渎黄河祭于同州（今陕西大荔），北渎济水祭于济源（今河南济源）。其中河南桐柏的淮渎庙和济源的济渎庙仍保存完好。

此外，在我国各地还遍布各种山神庙、河神庙等，由当地居民在这些庙宇中举行独具地方特色的祭祀活动。对山川等自然神灵的祭祀活动，一方面表达了人对自然伟力的敬仰，同时也有祈求山川造福人间的含义。

二、祖先崇拜及祭祀

世界上的许多民族在远古时代都经历过生殖崇拜的阶段，中国的祖先崇拜也由此发展而来。西周初年，随着宗法制度的形成，祖先崇拜也被制度化了。在中国古代，不仅帝王要祭祖，官员百姓也要祭祖。先秦时期，天子及诸侯、大夫、士以宗庙来祭祖。根据宗法制度的规定，不同等级的贵族所拥有的宗庙的数量和规模不同，天子七庙，诸侯五庙，大夫三庙，士一庙。秦统一中国之后，规定只有皇帝可以拥有宗庙，官民不得擅建，宗庙由此成为帝王祭祀祖先的专用场所，后世称太庙。古代皇宫建筑遵循左宗庙、右社稷的制度，今北京故宫左侧即为明清两代的太庙，中华人民共和国成立之后曾改为劳动人民文化宫。

帝王以太庙祭祖，官员百姓祭祀祖先则用宗祠。古代中国人往往聚族而居，一姓一族居住在一起，为敬奉祖先及本族杰出人物，而立宗祠来祭祀。宗法制度在中国延续了几千年，这样的宗祠曾遍布中国各地，进入现代之后逐渐消失，现在已所剩无几。我国现存最古老的一座宗祠是山西闻喜县礼元镇的裴氏宗祠，它始建于唐太宗贞观年间。裴氏是自魏晋南北朝至隋唐时期河东地区的名门望族，数百年间涌现出不少杰出人物。

三、君师圣贤崇拜及祭祀

君师圣贤是历史上有突出贡献的杰出人物，君是历代明君，师是可以为万世师表者。

中国封建时代的历代统治者都要祭拜先世的帝王，自唐代起就在京城建造祭祀历代帝王的庙宇。现坐落于北京阜成门内的历代帝王庙为明清两代祭祀历代帝王的场所，始建于明嘉靖年间，供奉有三皇五帝、大禹、成汤、周文王、周武王、汉高祖、唐太宗、宋太祖等，其中多半为开国皇帝。而赫然缺席的是秦始皇，因为古代中国人把他视为暴君，由此可以看出中国人评价历史人物的倾向。

被中国人普遍认为称得上是"师"的有两位：孔子和关公，一文一武体现了古代治理国家的两大机制，也是封建国家赖以长存的两大支柱。对孔子的祭祀起源很早，孔子去世的第二年（前478年），鲁哀公把他的旧居加以改造，供奉孔子牌位，岁时祭祀。历史上第一位祭祀孔子的帝王是西汉的开国皇帝汉高祖刘邦，考虑到秦统治的时间非常短暂，可以说，中国在进入统一帝国时代之初就开启了祭孔的先河。这也说明在孔子去世后的200多年里，他的影响力始终没有衰减。汉武帝"罢黜百家，独尊儒术"之后，孔子的地位进一步提升。东汉立国之后，光武帝刘秀不仅亲往祭孔，并规定要在学校中祭孔。唐太宗贞观年间，诏令天下各州县立孔庙，实行全国性的祭孔，孔子由此成为古代读书人必须朝拜的对象。古代皇帝祭孔的仪式非常隆重，皇帝本人要着祭祀的礼服，率群臣三拜九叩，其间鼓乐之声不绝于耳。

关公即关羽。相比于孔子，对关公的祭祀开始得很晚，他的显赫也跟后来道教的发展有密切关系。关羽去世300多年后，他的故乡山西运城解州镇才出现了第一座祭祀他的小庙，此后的 400 多年间也没有多大影响，只有荆州一带把他当作鬼神祭拜。到了北宋后期，关羽的地位突然大幅度提升，崇信道教的宋徽宗以关羽的忠义封其为"忠惠公"，并视其为道教张天师手下的神将，后又加封为"武安王"。此后道士相传关羽多次在荆州地面显灵，引发佛、道两家争相以关羽为本教护法神。由于长篇小说《三国演义》的艺术渲染，关公成为民间信仰中的保护神，获得了普通百姓的更多拥戴。清顺治年间，清政府为笼络汉族臣民，封关羽为"忠义神武关圣大帝"。孔子获得的最高封号不过是唐玄宗时的"文宣王"，关羽则为"关帝"，可见对关羽的祭祀大有后来居上之势。

孔子和关公同为祭祀对象，但祭孔和祭关是有很大区别的。孔子作为"至圣先师"仍是人间的圣哲，因成就巨大而地位崇高；关帝位列道教神祇，已脱离人间而进入神界，其宗教意味更加浓重。祭孔表现了封建国家对主流意识形态的强化，也是政府尊崇教育的一种体现，其仪式要隆重得多。尊孔的作用在于让读书人崇教尚学，孔子的影响力也主要在读书人中间，所以孔庙只出现在州县治所。关公作为民间的保护神，给社会各阶层提供心理上的安全感，所以，关帝庙几乎遍及中国的城乡。

在孔子和关公之外，周公、姜太公、屈原、韩信、陶渊明、李白、杜甫、苏轼、岳飞、文天祥等也是中国人崇拜和祭祀的对象。圣贤崇拜是中国传统信仰的重要内容，这些圣贤都是为中华民族的发展做出过贡献和牺牲的杰出人物，对他们的祭祀也是最具文化意蕴的历史现象。同时，中国的圣贤崇拜和祖先崇拜从本质上讲并非鬼神崇拜，而是英雄崇拜，表达的是对为中华文明乃至世界文明做出贡献的伟人的敬仰，从对这些先贤的祭祀中，我们可以看到中华民族崇尚伟大人格、追求民族进步的精神。

第三节　中国的佛教文化

佛教是当今世界三大宗教之一，创始人是古印度迦比罗卫国（在今尼泊尔境内）王太子乔达摩·悉达多（约前 565—前 485 年），后人尊称其为"释迦牟尼"，意为释迦族的圣人。传说释迦牟尼因目睹人世间生老病死等各种苦难，遂毅然出家，经多年苦修却毫无收获，后来在一棵菩提树下经过 49 天的冥思，最终悟出了一个"真理"：世间万物都是因缘（条件）和合而成，一旦条件发生变化，事物就不复存在了。因此，一切事物都是因缘造成的假象，都是"空"。既然如此，人们就不该对任何事物执着地追求，放弃了追求和执着就摆脱了烦恼。释迦牟尼悟道成佛之后就开始收徒传教。佛教的基本教义包括"四谛说"（苦集灭道）、"缘起论"、"业报轮回说"等。佛教经典分为经（教义）、律（戒律）、论（教义和戒律的解释）三部分，称为"三藏"，佛家尊称通晓三藏的僧人为"三藏法师"。佛教在释迦牟尼去世之后分为许多派别，早期佛教注重个人解脱，称"小乘佛教"；后来发展为强调慈悲普度，故称"大乘佛教"。早期佛教强调以"空"求解脱，故称"空宗"；后来考虑到"一切皆空"会把佛国也"空"掉，于是提出作为世间诸法本原的"识"是真实的，即"万法唯识"，称"有宗"。佛教虽流派纷呈，不外大小二乘、空有二宗。佛教最初只流行于恒河两岸地区，孔雀王朝阿育王（约前 273—前 232 年在位）时代，开始在古印度各地流传，并向境外传播，向西到希腊、埃及，向南到斯里兰卡，向东入中国，并经中国传入日本、朝鲜。

一、佛教在中国的传播与中国化

佛教传入中国的时间，历来说法不一，官方记载正式传入时间是东汉明帝时。永平七年（64 年），汉明帝因夜梦神人飞行于殿堂，遂派遣大臣蔡愔等西行寻访，于大月氏国请得西域高僧摄摩腾、竺法兰。永平十年（67 年），蔡愔一行携二位高僧返回洛阳，他们所带的经典及佛像由一匹白马驮运，次年建白马寺译经，所译《四十二章经》为第一部汉文佛典。刚进入中国的佛教并不能适应中国社会，中国人对它的了解也很肤浅。人们把它当成一种能驱灾辟邪的方术，它也主要活动于以宫廷为中心的上层社会，还没有普及到民间。当时由外籍人士翻译的经典不仅数量少，质量也不高。

魏晋南北朝时期，中国陷入分裂和动乱，也带给生活在那个时代的人们深重的灾难和巨大的痛苦，马克思说："宗教是被压迫生灵的叹息，是无情世界的感情，……宗教是人民的鸦片。"[1] 陷入水深火热的中国人需要宗教的精神慰藉，佛教

---

[1] 中共中央马克思恩格斯列宁斯大林著作编译局. 马克思恩格斯选集：第一卷 [M]. 北京：人民出版社，1972:2.

也由此获得了可以生长的土壤。曹魏时允许国人出家为僧，始有华籍僧人。三国两晋时期，始有中国僧人西行求法，如朱士行、法显。并且，这一时期开始有中国学者翻译佛经，中国人在译经时采用"格义"的方法，即以儒、道思想解释佛经，并剔除其与中国文化不符之处。"格义"的出现标志着佛教中国化的开端。南北朝时期，佛教有了更大的发展。南朝宋、齐、梁、陈四代帝王都崇佛，尤以梁武帝为甚，他曾四次舍身同泰寺，大臣们只得出重金将他赎回，实际上是变相地为寺院募捐。据学者统计，梁代有佛寺 2 840 所，僧尼 8 万多人。北朝佛教势力更盛，北魏之世，佛寺有 3 万多所，僧尼数量则超过 200 万人。由于受到政府扶持，佛教寺院拥有大量的财富，不仅占有大量土地，甚至开设抵押借贷业务，中国后世的当铺就起源于这一时期的寺院。

隋唐时代为中国佛教的鼎盛时期，拥有数量极为庞大的信徒，几乎形成一种全民信仰的宗教。政府的资助和社会各阶层的布施使寺院拥有丰厚的资产，大片的田产甚至要雇佣大量佃农和奴婢来耕种。各寺院还开设酒肆、客店、车坊接待各方香客，并经营金融借贷业务。唐代佛经翻译的数量和质量远超前代，佛学研究非常兴盛。在这一基础上，汉传佛教发生分流，形成宗派林立的状况，中国佛教宗派的出现标志着其中国化的完成。随着佛教在古印度的衰落乃至溃灭，世界佛教的中心也东移到了中国。

宋、元、明、清时期，佛教已经与中国文化融为一体，出现了儒释道三教合流的局面。但从佛教本身的发展来看，尽管仍然宗派林立，寺院、僧人的数量甚至还有所增加，但其势力、影响的总趋势却是每况愈下，再未能重现隋唐时期的盛况。

佛教在唐代传入西藏地区之后，经过长期发展，逐渐形成藏民族全民信仰的宗教，即藏传佛教，并一度成为蒙古族全民信仰的宗教。藏传佛教后来逐渐分成宁玛派、萨迦派、噶举派、格鲁派四个教派。明清以降，格鲁派逐渐占据统治地位，达赖、班禅都属于格鲁派。藏传佛教的"显教"部分与汉传佛教大致相同，其"密教"部分及"活佛转世"制度和政教合一体制则为汉地佛教所无。

二、汉传佛教的宗派

佛教产生之后，随着历史的发展及其广泛的传播，不同时期、不同地区及不同社会阶层的人对其教义的理解会产生分歧，由此产生不同的宗派。隋唐时期，中国的汉传佛教产生了有影响的八大宗派，包括唯识宗、净土宗、密宗、律宗、三论宗、华严宗、天台宗和禅宗。

唯识宗创始人是玄奘及其弟子窥基，因他们师徒长期居于长安慈恩寺，故又称慈恩宗。它所依据的经典是《瑜伽师地论》，又称瑜伽宗。其基本理论在于深入辨析事物（法）的各种表现（相）及其产生的原因，所以也称法相宗。这一派的特点是用烦琐的心理分析来论证客观万物是人的主观精神的派生物，同时主张并非一切众生都有佛性，这当然很难被普通民众接受。所以历时不久即告衰微，几成绝响，直到近代才又受到人们的重视。

净土宗创始人为东晋的慧远，所依据的经典为《无量寿经》和《观无量寿经》。该宗认为现世是尘世秽土，而西天佛国是"净土"，凡往生西方净土的人，先投生莲花中，莲花开放后便生活在净土中了。只要信徒能一心专念阿弥陀佛的名号，死后就能进入西方佛国的极乐世界。

密宗在中国形成，其创始人是三位印度僧人善无畏、金刚智、不空，他们以《大日经》《金刚顶经》为经典，自称受大日如来佛秘密传授教旨。三人在华传教受到朝廷礼遇，不空曾为唐玄宗、肃宗、代宗三代国师，他翻译了大量经典，授徒以千万计，其中惠朗、惠果成就最高。惠果以长安青龙寺为道场，唐代著名诗人贾岛曾在此出家，并写下"鸟宿池边树，僧敲月下门"的著名诗句。密宗后由印度传入西藏，与西藏原有本教结合，形成西藏密教传统，称"藏密"。该宗传入日本，称"真言宗"，也称"东密"。

此外，律宗是以研习戒律为主的宗派，所依据的经典是《四分律》，其创始人道宣常驻终南山，所以又称南山宗。道宣一生著述颇丰，其再传弟子鉴真东渡日本传道，并创立了日本律宗。三论宗是以研习鸠摩罗什翻译的《中观论》《百论》《十二门论》形成的宗派，隋代发展壮大，唐初由朝鲜僧人传入日本。华严宗所依据的经典为《华严经》，其始祖为隋末唐初的杜顺，三祖法藏被称为"贤首国师"，故又称贤首宗。天台宗，因其创立地在浙江天台山而得名，创始人是陈、隋间的智顗，因智顗以《法华经》为教义，故又称法华宗。该宗后由日本僧人带回日本，形成日莲宗。

禅宗是汉传佛教中最具中国特色且影响最大、传播最久远的一个宗派。禅的本意是思维修养、静虑定心，本为印度佛教的一种修炼方法，传入中国后逐渐形成一个宗派，产生了一整套理论体系和修行体系。其特点是教外别传，不立文字，以心传心，因而不用背诵经卷，只要坐禅即可。该派初祖为印度僧人达摩，传之五世祖弘忍，分为南北两派，北宗神秀，南宗慧能。相传神秀是弘忍门下大弟子，本可以继承衣钵，但弘忍让其弟子各作一偈（佛经中的唱词，梵文本意为"颂"）以表达自己对禅的见解。神秀先成，曰："身似菩提树，心如明镜台，时时勤拂拭，勿使惹尘埃。"这时，正在烧饭的慧能也成偈一首，曰："菩提本无树，明镜亦非台，本来无一物，何处惹尘埃？"弘忍认为慧能见解更为透彻，便秘密将衣钵传给他。慧能得到衣钵随即南下，至广州光孝寺，时寺内众僧正争论风吹幡动的问题，一说风动，一说幡动，慧能则认为是"仁者心动"。众僧皆以为高见，拜其为师，遂前往曹溪宝林寺（今广东韶关南华寺）传道，是为禅宗六祖。慧能所创南派禅宗，以孟子的"性善论"改造佛教，主张众生皆有佛性，强调识心见性、我心即佛、顿悟成佛。相对于北禅宗倡导的"渐悟"，其"顿悟"说更适应中国人的心理，因而影响更广。安史之乱后，北禅宗渐渐衰落，南禅宗却日渐兴盛，成为禅宗的主流。

三、佛教的神灵与节日

（一）佛教的主要神灵

佛或佛陀是梵文音译，中国古代也写作"浮陀""浮屠"，意思是"觉悟"或"觉悟者"。小乘佛教认为"佛"就是释迦牟尼，大乘佛教则认为除释迦牟尼外，还泛指所有觉行圆满者。如来佛是释迦牟尼十种名号之一，"如"指佛教宣扬的绝对真理，"如来"即循着真理达到佛的觉悟。弥勒是释迦牟尼弟子，他先于释迦入灭，传说他将继承佛位，50亿年后降临人间，传布佛法。五代时，在浙江奉化有一僧人名契此，平日常以杖挑一布袋在市井中乞讨，随处寝卧，临终前口念一偈："弥勒真弥勒，分身千百亿，时时示时人，时人自不识。"当时人们以为他即弥勒佛化身，于是在寺院内依照他的形象塑成大肚弥勒佛以供奉，这一做法流传至今。

菩萨为梵文音译，意思是上可以求菩提、下可以化众生的人，在佛教中的地位仅次于佛，原是释迦牟尼修行尚未成佛时的称号，后泛指大乘思想的践行者。古印度的菩萨是穿僧衣的，但传到中国后多为世俗装束。中国菩萨的形象在唐代已大致定型，上身多赤裸，北宋以后虽然穿上天衣，但仍袒胸，两足丰圆，身上还佩戴项圈、臂钏（chuàn）等饰物。中国化的菩萨女性化特征明显，具有健美的脸庞和匀称的体态，其形象显然是以唐代贵族妇女或歌舞伎为模特塑造的。由于菩萨可以降临人间，为人们排忧解难，因此特别受到中国人的欢迎，并逐渐被人们单独信仰。隋唐之后，在中国逐渐形成了文殊、普贤、地藏、观音四大菩萨。

文殊为梵文音译，在诸菩萨中，他的智慧才识属第一。他的形象一般是头顶结五髻，骑乘狮子，手中持宝剑，象征其智慧之锋利。汉传佛教把山西五台山作为他的道场。普贤象征理德、行德，其形象多骑白象，手持如意。汉传佛教把四川峨眉山作为他的道场。文殊和普贤分别为释迦牟尼的左、右胁侍，与释迦牟尼佛合称"华严三圣"。

地藏为梵文意译，意思是大地一样包藏无量善根种子。佛教四大菩萨中，只有地藏菩萨是出家人形象，穿僧衣，右手执杖，左手持如意宝珠。这一形象的原型为唐代来华求法的新罗国王子金乔觉，他在九华山修行，99岁高龄时圆寂，肉身不腐，以全身置于塔中。九华山是其道场。

观音原称"观世音"，唐代因避李世民名讳，省称"观音"，玄奘译《心经》时曾改为"观自在"。据说众生遇难时，只要念他的名号就会前来解救，他救人不分贵贱，因此被称为"大慈大悲救苦救难观音菩萨"。隋唐时观音在社会上受到普遍信仰，敦煌莫高窟的隋唐壁画有许多内容是表现观音的。其形象原为男性，自南北朝起开始女性化，现在的形象多作女像。汉传佛教以浙江舟山的普陀山为其道场。

罗汉为梵文音译，为佛祖的得道弟子，常驻人间，普度众生。早期佛经只有四大罗汉，据说释迦牟尼临终前，指派他的四个大弟子留在人间传播佛法。由于这四个弟子都曾亲耳聆听过佛的言传，所以又称他们为"四大声闻"。南北朝时罗汉已增加到16位，唐、五代时增加到18位。因佛经中说释迦牟尼传道时有500门徒，又有500罗汉之说。随着罗汉在中国人心目中的地位不断提高，中国艺术家发挥了丰富的想象力，创造了许多栩栩如生的罗汉形象，关于这些罗汉的传说也丰富了中国的小说、戏剧、绘画、雕塑的题材和内容。

四大天王，也称四大金刚。佛教根据古印度神话认为，须弥山四面的山腰各有一天王守护，他们都属于护法神。中国寺院内的天王形象分别是：衣白色、手持琵琶者为东方持国天王；衣青色、持宝剑者为南方增长天王；衣红色、手缠龙者为西方广目天王；衣绿色、持伞及银鼠者为北方多闻天王。

（二）佛教的重要节日

佛诞节，也称浴佛节。汉传佛教以农历四月初八为释迦牟尼诞生日，每年以此日为佛诞节，举行诵经拜佛及浴佛等活动。传说释迦牟尼诞生时，一手指天，一手指地，说"天上天下，唯吾独尊"，大地为之震动，九龙吐水为之沐浴。故每逢佛诞节，寺院要以香汤沐浴释迦诞生像（也称太子像）。释迦诞生像仅数寸高，为童子形象，平日藏于内殿。

盂兰盆节，也称盂兰盆会。据佛经记载，释迦牟尼的弟子目连初具神通之后，用道眼观察，看到故去的母亲堕入饿鬼道中受苦，瘦到皮骨连在一起。他连忙用钵盛饭送给母亲，母亲抓起饭就吃，谁知尚未入口，饭就化为炭火。于是，目连苦求佛祖设法解救，佛祖说他母亲罪孽深重，须借十方众僧的道力才行，并告诉他，7月15日是众僧安居修行圆满之日①，在这一天，准备丰盛的盂兰盆供，以百味饮食供养十方众僧，方可借他们的威力解救母亲。目连照此办理，终使母亲脱离饿鬼道。此后，佛教徒在此日举行盂兰盆会，为去世的父母超脱，为在世的父母祈福增寿。盂兰的梵文意思是倒悬，盂兰盆会有解救倒悬之意。这个节日符合中国的孝道，因此很快被中国人接受。宋元以后，它与道教的中元节结合，成为祭祀亡人的日子。除家庭的祭祀活动，这一天的寺院也会举办水陆道场，以及放河灯、烧法船等活动，由此使这个节日具有了民间游乐的色彩。

此外，农历二月初八为佛出家日，腊月初八为佛成道日，二月十五为佛涅槃日，这三个日子也是佛教的节日，其中成道节流传最广。据佛经记载，释迦牟尼出家苦修多年无果，当他饥饿疲惫时，吃了一个牧羊女送来的乳糜而恢复了体力。于是，他到河中沐浴，洗去污垢，在菩提树下冥思而觉悟成佛。后世佛教在这一天诵经纪念，并效仿牧羊女献乳糜，以谷物、果实煮粥供佛。此后，吃腊八粥演变为中国的传统民俗，民间流传着许多与之相关的故事，其佛教意味反倒淡薄了。

四、佛教与中国文化

佛教对中国的哲学、文学以及绘画、雕塑、建筑等艺术形式都产生了深刻的影响，为我们留下了宝贵的文化遗产。

中国古代哲学被概括为先秦诸子学、两汉经学、魏晋玄学、隋唐佛学、宋明理学等几个阶段，自魏晋以后，它就与佛教结下了不解之缘。魏晋玄学崇尚黄老思想，主张"以无为本，以有为末"，否认客观世界的存在，很容易与佛教的出世思想合流，由此导致主张"万法皆空"的《般若经》开始流行。东晋之后，玄学逐渐失去发

---

① 按佛教戒律，僧人每年4月15日至7月15日不得外出云游，须在寺院修行，称"安居"。7月15日安居期满，众僧聚集一堂，各自忏悔并指出他人过失，称"自恣"。

展势头，而为佛学所取代。隋唐时期，随着佛教的鼎盛，佛学成为最具影响力的思潮。今天的许多学者都主张把隋唐佛学与儒家哲学同等看待，都看成是中国传统文化的嫡派真传。宋明理学中的天理、天道、本心、良知等都是不同程度地吸收佛教的心性论思想而形成的，如果说魏晋玄学是援道入儒，宋明理学则是援佛入儒。二程、朱熹的理学借用了华严宗的某些命题，陆九渊、王阳明的心学则吸收了禅宗的某些思想。宋明理学在思维模式、修行方法等方面都受到佛教的深远影响。

佛教对中国文学的影响是显而易见的。以诗歌为例，从魏晋的玄言诗，到南北朝的山水诗，从唐诗到宋词，都受到佛教的深远影响。两晋山水诗集大成者谢灵运是佛教徒，对佛教义理颇有造诣。唐代诗人中，李白名为"诗仙"，且一生追随道教，但也有"宴坐寂不动，大千入毫发"的诗句；"诗圣"杜甫崇尚儒学，也留下"身许双峰寺，门求七祖禅"的咏叹；"诗佛"王维的名和字都取自《维摩诘经》，其禅诗在中国诗歌史上有举足轻重的地位；白居易则佛道兼修，在仕途失意后，寄情山水诗酒之间，转而炼丹服食，继而皈依佛教，自号"香山居士"。宋代的苏轼、黄庭坚等词坛巨匠都与当时的高僧大德友谊深厚，在交往酬唱中留下不少名篇佳话。佛教不仅给中国文学提供了创作题材，如《西游记》及《三言》《二拍》中的一些篇目；同时，它也影响了中国古代文人的世界观、人生观、生活情趣和审美情趣；佛教的思想也深刻影响了中国古代的文学理论。总之，佛教对中国古代文学的影响是全方位的。

佛教对中国传统艺术的影响以绘画和雕塑最为显著。印度的佛教艺术以犍陀罗（今巴基斯坦白沙瓦一带）和阿旃陀（在今印度德干高原）的石窟艺术最具代表性，前者以雕塑著称，后者以壁画闻名。而中国的石窟艺术正是它们的继承和发展。今新疆境内的石窟艺术，如拜城县克孜尔千佛洞、库车县森木赛姆千佛洞等，不仅开凿时间早于中原，其艺术风格也更接近犍陀罗。中原地区的石窟雕塑已吸收融合了中国的艺术风格，造像也多为中国人的形象，但印度雕塑的某些特点仍得以保留，如佛寺内的罗汉就有印度人的形象。佛教传入之后，极大地丰富了中国宗教绘画的素材，出现了吴道子等著名的宗教画家。

佛教传入中国后，对中国的语言也产生了巨大的影响。随着佛教的广泛流传，佛典、佛偈、佛语进入普通人的社会生活，在广泛使用过程中逐渐失去了其原有的佛教含义而具有了社会含义，成为人们常用的词语、习惯用语、成语、俗语、歇后语等。现代汉语中仍经常使用的来自佛教的词语很多，如世界、实际、觉悟、烦恼、解脱、方便、平等、相对、绝对、知识、泡影等，再如清规戒律、一针见血、三生有幸、三头六臂、功德无量、大慈大悲、心猿意马、快马加鞭、皆大欢喜等。从佛教典故转化的成语，如大千世界、天女散花、天花乱坠、当头棒喝、醍醐灌顶、极乐世界、现身说法、泥牛入海、借花献佛、痴人说梦等。从佛教生活衍化出来的俗语、歇后语，如丈二和尚摸不着头脑、无事不登三宝殿、跑了和尚跑不了庙、平时不烧香临时抱佛脚、和尚打伞无法无天等。

另外，佛教为中国许多风景名胜赋予了文化内涵，如佛教的四大名山，也留下了许多著名的佛寺、佛塔等古代建筑，曾经的佛教圣物也成为珍贵的文物。这是中国文化一笔宝贵的遗产。

知识链接

龙门石窟与卢舍那大佛

龙门石窟开凿于北魏孝文帝迁都洛阳（494 年）前后，是山西云冈石窟的继续，历经东魏、西魏、北齐、北周、隋、唐、五代和北宋诸朝，相继大规模营造长达 500 多年，特别是北魏和唐代达到了高潮。据统计，现存有窟龛 2 100 多个，佛塔 40 余座，碑刻题记 3 600 多块，造像 10 万余尊，是一座名副其实的石刻艺术宝库。

奉先寺位于龙门西山南部，唐上元二年（675 年）竣工，是龙门石窟中规模最大、艺术最精、最具代表性的石窟。奉先寺的雕像，不但吸收了北魏石刻艺术的精华，而且融入汉族的艺术传统，创造出唐代佛教艺术的新意境。寺中那尊卢舍那大佛（见彩图），高 17.14 米，仅头部就有 4 米，耳长 1.9 米。远远看上去，如一座石峰顶立寺中。大佛虽身材伟岸，但容貌丰满慈祥，那含蓄的微笑略显神秘，耐人寻味。据碑文上记载，在雕造这尊大佛龛时，武则天曾"助脂粉钱二万贯"，并派官员督造。这一方面是出于政治上的需要，为扩大佛教在中国的影响；另一方面也反映了武则天这个中国历史上唯一的女皇帝，希图通过大佛的建造来树立自己的统治形象。①

---

① 杨宜滨.洛都胜景属龙门——谈龙门石窟 [M] //《文史知识》编辑部.佛教与中国文化.北京：中华书局，1988：432-435.

第四节　中国的道教文化

一、道教的产生和传播

（一）思想渊源

道教是中国土生土长的宗教，它产生于佛教传入中国之后，并且在很多方面受到佛教的影响。但是其思想渊源却非常古老，并且内容繁杂，归纳起来主要有四个方面：

一是古代的原始宗教和巫术。远古时代，人们无法理解自然的变化和人的生老病死，认为有一种超自然的神力支配着一切，因而产生了自然崇拜和祖先崇拜，并以祭祀和祈祷的方式求得神灵的保佑，这就是巫术，从事巫术活动的"巫"被认为是可以沟通人与神之间关系的人。这些巫术被后来的道教继承和吸收。

二是神仙方术。战国时期的"楚辞"、《庄子》展示了神仙的形象和仙境，庄子笔下的神仙吸风饮露、不食人间烟火。稍后在燕齐一带出现了通奇术、好神仙的方士，他们鼓吹借助于采药炼丹可以成仙而长生不老的方术，也叫仙术。秦汉时期，方术非常盛行，秦始皇、汉武帝都迷信方士，派人寻找海上仙山。神仙方术的思想也成为道教的重要来源。

三是阴阳五行学说。战国时期邹衍的阴阳五行学说到秦汉之际已大为流行，儒、道两家都受其影响，方术也借其形成理论基础，它也成为道教内、外丹学的重要理论依据。

四是黄老思想。黄帝和老子都主张以清静无为之术治理天下，都倡导清心寡欲，他们被后世道教奉为创始人。道家所崇尚的"道"具有神秘化的倾向，道家的养生理论也包含了长生不老的思想，这些思想都被道教所吸收。

（二）道教的产生

东汉后期，政治黑暗、民不聊生，造成人民痛苦和灾难的现实世界就是宗教滋生的气候和土壤，道教因此应运而生。早期道教有两大派别：五斗米道和太平道。

五斗米道由东汉顺帝时的张陵（又称张道陵）创立。他在四川鹤鸣山（今四川大邑县境内）修道时，造作道书，以符水和中草药为人治病，创立了宗教组织。凡入道者须缴纳五斗米，故称"五斗米道"。张陵被道徒尊为"天师"，所以也称天师道。五斗米道奉老子为教主，以《道德经》为主要经典。张陵死后，由其子张衡继天师位，张衡死后又将天师位传于其子张鲁。经过三代传道，加上与地方军阀势力的结合，在川北、汉中形成政教合一的地方割据政权。张鲁统治汉中30年，得到当地汉族和各少数民族的拥护。后张鲁投降曹操，被封侯，五斗米道也得到了官方的保护。

太平道之名来自《太平经》（也称《太平清领书》），该书为东汉顺帝时的于吉自称神仙所赠，共170卷，内容颇为庞杂，主要讲阴阳五行和神仙咒符等。至东汉灵帝时，河北巨鹿人张角奉《太平经》为经典创立太平道，他也以符水和咒法给人治病，并把传教与发动农民起义结合起来，以"苍天已死，黄天当立；岁在甲子，天下大吉"为口号，十余年间，信徒数量达10万。其信徒头裹黄巾，称"黄巾军"，后发动声势浩大的黄巾起义。五斗米道和太平道都属于原始宗教，教义也相差不多。黄巾起义被镇压之后，太平道受到致命打击，后转为民间秘密信仰，也有部分教徒归附五斗米道。

（三）发展与传播

两晋南北朝时期，道教得到了重大发展，有四个杰出人物对道教的发展做出了重大贡献，分别是晋代葛洪、北魏寇谦之、刘宋陆修静、齐梁间的陶弘景。

葛洪，号抱朴子，著有《抱朴子》内外篇70余篇，内篇讲神仙方药、鬼神变化、养生延年、驱灾辟邪，外篇言人间得失、世事臧否。葛洪主张外儒内道，以儒家"六经"治国安民，以道家方术养生修仙，丰富和发展了道教理论。葛洪崇尚金丹，讲究药物养生，创立了道教的丹鼎派。寇谦之生当北魏之世，18岁即入嵩山修道，20多岁时自称太上老君授予他"天师"之位，后又声称老子让他辅助北方的"太平真君"，因此深得北魏太武帝信任，奉其为"国师"。在寇谦之的鼓动下，原本就对佛教心存不满的太武帝极力灭佛，提倡道教，并命他改造天师道。《魏书·释老志》称其"除去三张伪法"，制定乐章颂诫新法，"专以礼度为首，而加之以服食闭练"，由此创立了北天师道。南朝道士陆修静在刘宋王朝的支持下，系统整理了道教的经典，剔除了早期道教中一些原始粗野的部分，借鉴佛教仪式制定了各种斋戒仪范。陆修静使道教的理论和组织形式更加完备，并创立了南天师道。陶弘景是陆修静的再传弟子，他在道教理论、医药、炼丹方面都有一定的造诣。他搜罗了道教尊奉的700多位神仙，编成《真灵位业图》一书，区分出神仙的等级、品位，构想出一个等级森严而又宏大细密的神仙谱系，使道教形成一个庞大的信仰体系。

经过南北朝时期的改造，道教由分散原始的状态进入相对统一的成熟阶段，由民间形式逐渐向上层发展，逐渐获得官方的认可。上层化了的官方道教从形式到内容都逐步得以健全和充实，也成为维护统治的工具，以后便一直受到封建统治者的崇奉和扶植。

从隋唐到明中期，均系道教兴盛和发展的时期，道教的理论不断深化，制度也日趋完善。在唐代，道教始终得到统治者推崇，地位曾处于儒、释之上而居于三教之首。唐高宗追封老子"太上玄元皇帝"，令各州县修建道观予以供奉，唐玄宗亲自为《道德经》作注。其他道家人物如庄子、列子也被尊为"真人"，他们的著作被列入道教经典，科举考试中设立道举科，《道德经》成为王公大臣和科场举子的必读之书。宋代统治者也尊道，真宗、徽宗尤为突出。宋真宗尊黄帝为赵氏始祖，还虚构出一个所谓的赵玄朗与老子同为教主，命学者编辑校勘道教经典。宋徽宗迷信道教更甚，自号"教主道君皇帝"，曾设置道官，崇信重用道士，在全国推行道教，诏令各地求仙访道，并在太学设置《道德经》博士。

唐宋时期，在统治者的大力提倡下，研究道教经典蔚然成风，出现了一批著名的道教学者，如唐代的孙思邈、司马承祯、吴筠、吕洞宾，北宋的陈抟、张伯端、陈景元等。他们都是道教史和学术史上的重要人物，在道教理论、历史、修持方法和医学、药物学、养生学，以及哲学、政治、军事思想等方面都做出了贡献，对古代学术文化产生了很大的影响。

元代，道教分为两大教派。南北天师道合并为正一道，以江西龙虎山为基地，教主称"天师"，均为张陵后裔。在北方，王重阳创立的全真道受到元代统治者尊崇，其弟子丘处机曾在70多岁时，远赴中亚大雪山（今阿富汗兴都库什山）觐见元太祖，被赐号"神仙"。王重阳主张道与儒释相通，道教徒不仅要读《道德经》，也要读《孝经》和《心经》。全真道徒不结婚，素食，住宫观清修，称"出家道士"；正一道徒有家室，不住宫观，可以饮酒食肉，称"在家道士"。全真、正一两派明清以降世代相传，直至现代。

明代统治者也崇信道教，尤其信奉正一道。明代帝王大多迷信方术，有的甚至醉心于服食丹药以求长生不死，其中尤以嘉靖皇帝为甚。清代统治者对道教兴趣不大，其政治地位日渐下降，活动也逐渐衰微。但在上层官方道教衰微的同时，民间通俗形式的道教活动却很活跃。许多民间秘密宗教组织在思想上乃至组织上，同道教都有一定关系，属于变相的道教，如明末清初的白莲教、八卦教，清末的义和团等，都属于这一类宗教团体。

相比于佛教，道教发展轨迹较为平稳，未有大的起落，未如佛教那样曾遭大规模的禁毁，也不曾出现佛教在隋唐那样的辉煌。

二、道教的基本信仰和理论

道教的基本信仰一言以蔽之曰：尊道贵德，羽化登仙。道教奉老子为教主，其基本信仰为"道"。道教的"道"来自老子的"道"，又赋予了其宗教的含义。道教认为，"道"是先天地而生的，是造化之根、天地之源，万象以之生，万物以之成。又认为"道"是清虚自然，无为自化，所以人应当清静无为，清心寡欲。这些方面基本上是老子的道家学说。但道教把老子神化了，认为他就是"道"的化身，历代都会降临人间。"德"也是道教的主要信仰，在老子的学说中，"德"是"道"的具体体现，行为符合"道"的人为有"德"之人，也是道家推崇的圣人。道教则认为，有"德"方可羽化登仙、长生久视。

世界各宗教有一个共同的特点，理想世界只存在于彼岸，来生方可到达。唯独道教认为人可以不死，肉体可以成仙，且"一人得道，鸡犬升天"。道教还为此虚拟了一个神仙境界，作为万物之本原的"道"生"元气"，气化生为天，所谓"一气化三清"："玉清境清微天"由元始天尊居住，"上清境禹余天"由灵宝天尊居住，"太清境大赤天"由道德天尊（即太上老君）居住。三清境之上有"大罗天"，之下还有"四梵天"，再下还有"三界二十八天"，每层天都有神仙居住，可谓天外有天，仙外有仙。不仅天上有神仙，地上也有，地上神仙居住的地方有三十六洞天、七十二福地，连人迹罕至的海上也有神仙居住的十洲三岛。

为了达到成仙的目的，道教探索了各种修炼的方法。首先是精神修炼，通过循序渐进地修道，使自己具备道教所推崇的道德，去除对物质利益的追求，对名位的奢望，真正做到恬淡寡欲，乃至无欲无求，如《庄子·在宥》所言："必静必清，无劳女形，无摇女精，乃可以长生。"另外，修炼的方法还包括服食丹药、引导行气、辟谷、诵经等。炼丹是道教最早开始的追求长生的实践，也是道教最主要的活动，它又分为外丹和内丹。外丹术源于神仙方术，它是把丹砂、雄黄、雌黄等矿物质及硼砂、胆矾、硝石等化合物在炉子里烧炼，丹砂为硫化汞，高温时分解，还原为汞，再与其他原料反应生成汞化合物，如此反复多次，成"九转还丹"，也称金丹。这些原料含有剧毒物质，自古服食丹药者，未见有长生的，中毒身亡的却比比皆是。所以汉代的《古诗十九首》中就有"服食求神仙，多为药所误"。外丹的失败给内丹术的兴起和发展提供了条件。内丹是把人体当作丹炉，把构成人生命的精、气、神做药物，循着一定的经络，按照一定的步骤进行修炼，最终在体内形成丹，达到精、气、神与形体的统一，就可以长生不老。引导行气就是呼吸修炼，通过修炼使自己的呼吸能最大限度地吐出体内的污浊、吸入天地间的四时正气，在这个基础上，通过进一步的修炼达到不用口鼻呼吸的最高境界——胎息，即如婴儿在母体中的呼吸状态，这样可以保持体内的元气不外泄，元气长存则可长生。辟谷就是不吃食物，这是一个循序渐进的过程，从吃少量限定的食物，到吃特定的中草药，再到只饮水。在这个过程中还要结合扣齿、搅舌、咽津液等修炼方法。诵经则是虔诚地诵读道教经典，不同教派选择的经典也会有所不同。

知识链接

道教诸天 [①]

圣境四天	大罗天（36）	
	三清境	玉清境清微天（35） 上清境禹余天（34） 太清境大赤天（33）
四梵天	贾恋天（32）　梵度天（31） 玉隆天（30）　常融天（29）	

① 传芟.漫谈道教的几个基本信仰 [M]//《文史知识》编辑部.道教与传统文化.北京：中华书局，1992：308.

续表

三界二十八天	无色界四天	秀乐禁上天（28） 翰宠妙成天（27） 渊通元洞天（26） 皓庭霄度天（25）
	色界十八天	无极昙誓天（24） 上揲阮乐天（23） 无思江由天（22） 太黄翁重天（21） 始黄孝芒天（20） 显定极风天（19） 太安皇崖天（18） 元载孔升天（17） 太焕极瑶天（16） 玄明恭庆天（15） 观明端静天（14） 虚明堂曜天（13） 笠落皇茄天（12） 曜明宗飘天（11） 玄明恭华天（10） 赤明和阳天（9） 太极濛翳天（8） 虚无越衡天（7）
	欲界六天	七曜摩夷天（6） 元明文举天（5） 玄胎平育天（4） 清明何童天（3） 太明玉完天（2） 太皇黄曾天（1）

三、道教与中国文化

道教是中国本土的宗教，它诞生之后成为近2000年封建文化的重要组成部分，对中国文化的各个部分都有深远的影响，古代文化的有些成果有赖于道教的传承才得以保存下来，其影响至今仍在延续。

道教对中国古代科学的贡献最为巨大。科学与宗教原本是完全对立的，宗教的产生在很大程度上是由于科学不够发达，近代以来，科学也是反对宗教束缚的有力武器。但中国的历史却为我们提供了这样一个事实：即中国的古代科学与道教关系密切。道士炼丹的过程是一个高温下发生化学反应的过程，因此，炼丹的实践客观上是对物质变化过程的观察和总结，从中也积累了科学实验的经验。中国四大发明之一的火药就是道士炼丹过程中发明的。同时，为了控制反应的进程，还必须采取措施控制丹炉的温度。因此，道士炼丹的实践不仅开启中国化学实验的先河，也为古代冶金工业积累了经验。

道教对中国古代医学和养生学贡献也很大。道教徒为了修炼成仙，就需要祛病延年。同时，治病救人也往往是道教吸引教众的重要手段。道教的宗教领袖几乎都懂医道，其中不乏成就卓著的医学家、药学家。葛洪的《抱朴子》有专门介绍中草药的篇目，此外，他还有《金匮药方》100卷、《肘后备急方》8卷和《神仙服食药方》10卷传世，这些著作至今仍是我们进行药物研究的重要资料。其中《肘后备急方》对天花、结核病等传染病颇有研究，对免疫法也有较为科学的认识。陶弘景对药物研究很有造诣，所著《本草经集注》《效验方》《肘后百一方》等，对古代医学、药物学都有重大贡献。隋唐之际的道士孙思邈医术高超，著有《千金要方》《千金翼方》各30卷，相传他活到100多岁，民间至今流传着他的养生秘诀。

宗教总是与文学艺术有不解之缘，道教也不例外。以中国的古典小说为例，从六朝至宋明的许多作品都深受道教影响。六朝的志怪小说有许多作品是专为道教而作的，如《汉武帝内传》《海内十洲记》《洞冥记》等；有些作品则与道教思想关系密切，如《搜神记》《后搜神记》。六朝以后的历代都有以神仙道教为题材的传奇、小说，如唐代的《枕中记》、宋代的《太平广记》、明代的《封神演义》等。明代的"四游记"除《西游记》为佛教题材外，《东游记》《南游记》《北游记》均为道教神仙题材，内容包括八仙、灵官大帝、真武大帝等。宗教不仅为文学艺术提供创作素材，宗教的思想也会深刻影响文学家的创作倾向，激发他们的浪漫思维。中国古典文学的主要体式诗歌也有许多表现道教神仙的作品。汉代即有仙游诗，唐代的李白更是"五岳寻仙不辞远，一生好入名山游"，他的作品为我们展示出浪漫洒脱、仙风道骨的性格形象。之后的李贺、李商隐的诗作也颇受道教影响。

道教对中国民俗的影响尤为广泛而深远，有些影响一直延续至今。例如，对城隍、土地、灶君的崇拜和祭祀几乎遍及全国各地，包括许多少数民族地区。这些信仰的源头是原始宗教，但这些神灵后来都成为道教的底层神灵，对他们的祭祀也列入道教的仪式。中国人无论是否信仰道教，对这些与他们日常生活息息相关的神灵都十分恭敬，祭拜也很殷勤。在各种节庆、婚丧等重大民间活动中，道教对民俗的影响尤为明显，中国许多重大节日贴门神、灶马，画桃符、钟馗，迎赵公元帅的习俗等都是来自道教。鉴于道教与中国民俗的密切关系，鲁迅先生曾说过："中国根柢全在道教……以此读史，有多种问题可以迎刃而解。"[①]

---

① 鲁迅.鲁迅全集：第九卷 [M].北京：人民文学出版社，1956：285.

思考题

1. 为什么说中国人宗教信仰的观念比较淡薄？

2. 中国人的祖先崇拜是否就是鬼神崇拜？为什么？

3. 为什么在古代外来的佛教比中国本土的道教具有更大的影响力？

4. 道家思想与道教有哪些相同之处？

5. 通过社会调查，了解某地区的民俗有哪些是和佛教或道教有关的。

推荐阅读材料

1.《文史知识》编辑部. 佛教与中国文化 [M]. 北京：中华书局，1988.

2.《文史知识》编辑部. 道教与传统文化 [M]. 北京：中华书局，1992.

【推荐理由】这两本书同属"文史知识文库"系列丛书，其中收录了我国著名学者论述佛教与道教的相关论文，内容涉及佛教与道教的产生与发展、基本教义、宗教活动等，内容深入浅出，通俗易懂。

第十讲

中国的语言文字与典藏图书

学习目标

1.了解中国境内语言文字的状况。

2.了解汉语汉字的发展历程。

3.了解汉语言文字的特点。

4.掌握古代图书的主要类别。

语言文字是民族文化的重要组成部分，也是文化成果的重要载体。汉语汉字与中国文化有着极为密切的关系，对中国文化的传播、传承和发展做出了重要贡献。要了解中国文化，就需要我们具有一些基本的汉语、汉字知识。

第一节　中国境内的语言文字

一、中国境内的语言

中国是一个多民族国家，自古以来，在中华大地上居住着许多民族。民族指人类在历史上形成的有着共同语言、共同地域、共同经济生活以及共同文化心理的共同体。在构成民族的诸多特征中，语言是最重要的因素之一，因为语言的发展变化比较慢，当民族的其他特征发生变化时，语言往往还保持统一。同时，语言能较全面而深刻地反映民族特点，积淀民族的历史和文化，传承民族传统，增强民族认同感和凝聚力。

现代中国境内有 56 个民族，但使用的语言在 80 种以上，分别属于五个语系：汉藏语系、阿尔泰语系、南亚语系、南岛（马来—波利尼西亚）语系和印欧语系。近代语言学将世界上的各种语言分成九大语系，语系是有共同来源的诸多语言的总称，语系之下再根据语言亲疏程度细分为语族、语群、语支、语言、方言、土语等。如藏语属于汉藏语系藏缅语族北部语群藏语支，维吾尔语属于阿尔泰语系突厥语族西匈语支，而汉语作为一种语言则独占汉藏语系中的汉语族。

在中国，大多数民族的语言界限和民族界限是一致的，即同一民族使用同一语言，如汉族使用汉语。但也有不一致的情况，有的民族使用一种以上的语言，如瑶族使用三种语言：勉语、布努语和拉珈语。也有不同民族使用同一语言的情况，如回族、满族已基本转用汉语。造成这种语言和民族界限不一致情况的原因主要是民族间的交往和融合。中国自古以来就是多民族的国家，汉族与周边各民族之间有着频繁的交往，社会生活的各个方面都有相互影响。中华民族在历史上也有过多次民族融合，现在的汉族就是经过多次民族融合形成的。随着民族的交融，语言也处在不断的交流与融合中。在这个过程中，有些民族转变了语言类型，有些则转用或兼用其他民族的语言。汉语在发展过程中也受到其他民族语言的影响，现代汉语中的许多词汇就来自少数民族的语言，如胡同是蒙古语，喇嘛是藏语，孜然是维吾尔语，萨其马是满语，等等。

在中国的各民族中，汉族占绝大多数，人口分布最广，在历史上社会、经济、文化的发展水平相对较高。因此，以汉族为主体的多民族关系始终制约着各民族的语言关系，汉语成为跨民族、跨地区的通用语言。中国幅员辽阔，遍布全国各地的汉语在不同地区又形成了具有地方特色的方言，它是汉语的地域性变体。现代汉语大致有七大方言：①北方话。可分为北方官话、西南官话和下江官话，北方官话分布在淮河与终南山以北的广大地区，西南官话分布在四川、重庆、云南、贵州、湖北的大部分地区和湖南西部，下江官话分布在江苏北部、安徽中部及湖南和江西的一小部分地区。②吴语。分布于江苏南部和浙江的大部分地区。③湘语。分布在湖南湘江、资水、沅江流域。④客家话。分布在江西南部、广东梅县以及台湾、湖南和四川的一小部分。⑤赣语。分布在江西赣江流域。⑥粤语。主要分布在广东、广西、香港，也为相当一部分海外华人使用。⑦闽语。可分为闽南语和闽北语，前者以厦门和广东潮汕为中心，延伸至台湾、海南岛及南洋，后者以福州为中心。中华人民共和国成立之后，为使汉语统一规范且具普及性，规定普通话为现代汉民族的共同语言。普通话以北方话为基础方言，以北京语音为标准，以典范的现代白话文著作为语法规范。现在，普通话不仅是汉民族的通用语，也是中华民族的共同语言，为加强各地区、各民族的相互交流，促进中华民族的统一做出了重要贡献。

近年来，随着普通话推广取得的巨大成果，方言使用则呈现式微之状。这种状况也引起一些人士的担忧，有人呼吁有关方面出台保护方言的政策和措施，也有人出资资助保护方言的相关项目。不可否认，方言是文化的重要成果，是传承地域文化的重要载体，也是亲情、乡情的一种体现。推广普通话的目的并不是要消灭方言，而是要消除不同地区之间的语言隔阂与障碍，其巨大的积极作用在今天已得到充分的体现，而如何保护方言这一中国独特的文化，有待于我们进一步的探索。

二、中国境内的文字

当今中国的 56 个民族当中，除汉族之外，还有 24 个民族拥有代表自己语言的文字。有些少数民族使用一种以上的文字，如蒙古族、景颇族、傈僳族各使用两种文字，傣族、苗族各使用四种文字。所以，24 个少数民族现在使用的文字有 30 多种，其中壮、侗、苗、瑶、白等十多种少数民族文字是中华人民共和国成立之后新创立的，全都是以拉丁字母为基础的拼音文字。现行少数民族文字中，除彝文是表意文字之外，其他文字均为拼音文字，只是字母来源不同，有使用拉丁字母的，有使用古印度字母、叙利亚字母、斯拉夫字母的，也有独创字母的。

中国不仅是一个多语种的国家，也是一个多文种的国家，除汉族之外的其他民族也有不少在很早的历史时期便创制了本民族的文字。在历史发展的进程中，伴随着民族融合与变迁，有些民族文字逐渐被人们弃用了，如粟特文、于阗文、回鹘文、西夏文、契丹文、女真文等；也有不少民族的文字被一直沿用至今，如蒙古文、藏文、维吾尔文、哈萨克文、傣文、锡伯文、彝文等。无论是历史上曾经使用过的民族文字，还是现行的民族文字，都是各民族历史文化的重要载体，为促进民族的发展和进步产生了重要的作用。但对于一个多民族的国家来说，仅有民族文字是不够的，必须有一种全民族的通用文字，才能有利于民族间的交流，确保全民族的统一。由于汉民族在各民族中所处的主导地位，汉字一直被用作中华民族的通用文字，它也是传统文化最重要的载体。

汉语、汉字是中华民族通用的语言文字，但它并不具有凌驾于其他民族语言文字之上的特权。我国宪法规定："各民族都有使用和发展自己的语言文字的自由。"民族语言是民族的重要特征之一，民族语言问题也是民族问题的一个重要组成部分。在多民族的国家里，各民族语言文字平等是民族平等的重要标志。

第二节 汉语言文字的产生与发展

文字的历史不过几千年，与之相比，语言的历史则漫长得多。人类要求得生存，就需要有群体的共同努力和广泛的合作，要达到这种目的就必须凭借语言。所以，语言是人类生存的基本工具。

一、汉语的历史

语言由三个要素构成：词汇、语音、语法。汉语有着悠久的历史，在不同的历史时期，这三个要素都有不同程度的变化。其中，变化最快的是词汇，其次是语音，而语法的变化则相对较为缓慢。

与世界上其他语言一样，汉语词汇的发展也是积累式的，新词不断产生，同时也有少量旧词消失。随着社会的发展，新事物不断出现，各个历史时期都在产生新词，词汇的总量不断增多。据学者统计，甲骨文中表达衣、食、住的字只有 15 个，金文中累积到 71 个，汉代的《说文解字》中则增加到 297 个，几乎是甲骨文的 20 倍。越是社会变革时期，词汇积累的速度越快，如先秦百家争鸣时期、近代城市文化发展时期、现代民主革命和社会主义革命时期、当代改革开放时期，乃至进入 21 世纪之后的信息社会时期，都是汉语词汇积累的高峰期。文化交流和语言接触是汉语词汇不断丰富的另一个途径，这种现象在不同的历史时期都存在。汉代就吸收了来自匈奴的"骆驼""琵琶"，来自西域的"葡萄""苜蓿"，来自梵语的"袈裟""菩萨"等。20 世纪以来吸收的外来词语则远远超过了以往，如"幽默""吉他""法兰绒"等，进入互联网时代之后则又有"博客""粉丝"等新词汇出现。旧词的消失有一些是反映了旧事物的消亡，如"耒""耜""衮"。有一些词的消失则并不意味着它所表示的事物或概念的消亡，而是随着人们思维的发展和社会生活的变化，淘汰了那些概括性太差的词，而代之以短语，如上古没有"鞋"字，不同用途或不同材质的鞋各有单独的名称，如"屦""舄""鞮"等。"鞋"字出现之后则代之以"皮鞋""布鞋""运动鞋""休闲鞋"等。汉语的词汇系统处在不断变化的过程中，但其历史上的基本词汇却保留至今，有一些词的基本词义也未发生根本性改变，它的稳固性使新词的出现有了坚实的基础。

汉语的语音由声母、韵母和声调三方面组成。古代没有录音器材，我们今天不可能获得古代语音的确切资料，但通过文献的记载还是可以找到汉语语音变化的一些轨迹。大致说，声母的变化主要是浊音清化。浊音是发音时有声带震动，声带不震动的则是清音。韵母的变化主要是入声韵尾的消失，今天在闽方言和粤方言中还保留了几种入声的韵尾。古代汉语有平、上、去、入四声，后入声消失，今天普通话的四声为阴、阳、上、去。

语法具有很大的稳定性，在整个汉语的发展历史上，汉语句子的基本词序变化不大，大致保持了这样的格局：主语在谓语之前，修饰语在被修饰语之前，动词在宾语之前的格局也在先秦时期基本形成。汉语语法是逐步发展的，其总体趋势是在句式日益丰富的同时，句子结构日益严密化。

汉语发展史上有一种特殊的现象，即言文脱节，就是口头语言与书面语言相分离。新文化运动之前，汉语正统的书面语一直使用的是文言，它是以先秦口语为基础形成的书面语。秦以后，汉语的口语随时代的发展而不断变化，但模仿先秦经史文献的书面语则相当固化，直到20世纪初的白话文运动兴起之前没有本质性变化。古代汉语（文言）与现代汉语（白话）是时代距离很大的汉语不同阶段的语言，现代人不通过专门的学习很难读懂古代作品。但他们之间的传承关系也是很明显的，古今汉语的语法有一部分是完全相同或大同小异的，古今词汇和语义虽然随时代而不断变化，但基本词汇也是相当固定的，古今之间并无鸿沟。古代汉语是现代汉语的源头，要用好现代汉语就需要古代汉语的相关知识。古代书面语言在2 000多年间的相对固化，使汉语成为世界上最具悠久历史又富于稳定性的语言之一，它是中国文化持续发展的重要保障。同时，书面语的相对独立性对口语的发展演变形成一定的制约，尤其是限制了各地方言的过分异化，也确保了中国文化的统一性。

二、汉字的产生

汉字究竟在什么时候产生，现今的考古资料还不能给出准确的答案。我们借以推测其产生时间的依据有二：一是历史典籍中的记载，二是从19世纪末开始出土的甲骨文。

中国古籍中记载了仓颉造字的传说，《吕氏春秋》中有"仓颉作书"，人们习惯上也把仓颉作为中国文字的始祖。实际上，文字作为一种约定俗成的交际符号，不可能由一个人创造，而像汉字这样构造复杂、数量众多的文字，也绝非凭一个人的聪明才智能造得出来的。所以真实的情况可能如《荀子·解蔽》中所说的那样："好书者众矣，而仓颉独传者，壹也。"所谓"壹"是"专一"，仓颉对文字有专一的研究，他应该是对文字的整理统一做出了贡献。章太炎在其《造字缘起说》中说道："仓颉者，盖始整齐画一，下笔不容增损。由是率尔著形之符号，始为约定俗成之书契。"这段话肯定了仓颉在汉字规范化方面的贡献。《汉书》和《说文解字》称仓颉是黄帝的史官，如果这一说法可信，那么距离现在大约是 4 600 年。如果在 4 600 年前已有可供仓颉整理的文字，那么文字的产生至少要在 5 000 年前。

从 1898 年起，在河南安阳殷墟遗址等地陆续出土了大量刻有文字的甲骨，到目前为止，数量已逾 10 万片，这就是在中国文化史上占据重要地位的甲骨文。甲骨文已具备如下特点：首先，甲骨文中的象形字已是用线条表示的符号，已完成了从绘画到符号的进化；其次，甲骨文中一些文字的用法已不是原始的意义，而是借用它的声音用作别的意思，如"凤"字是借凤鸟之"凤"；再次，从甲骨以及陶器上书写的文字，可知当时已使用毛笔和黑色颜料，书写工具已相当完备；另外，已初步形成"下行而左"的书写规范。从中我们可以看出，商代的甲骨文已是很成熟的文字。这些证据也表明，中国文字起源于 5 000 年前的说法并不夸大。

三、汉字的规范化历程

文字产生之后，其规范化是一项艰巨而漫长的工程，对汉字这样的象形文字尤其如此。我国历史上的历代统治者都很重视文字规范化工作，出现过几次大规模的文字规范化运动。秦代的"书同文"是历史上第一次由中央政府领导的正字运动。战国时期，七国争雄，各自为政，言语异声，文字异形。秦始皇统一中国后，把各国原有的文字统一为小篆。为了使统一后的文字得以推广，秦始皇在巡游各地时，所到之处用标准的小篆刻石记功，还用小篆书写大量诏令。秦代的"书同文"虽因统治时间短暂而未起到应有的效果，但它对促进经济、文化发展和巩固国家统一仍有重大意义。

汉代是隶书的成熟期。而汉字经过隶变，异体字激增，造成经籍文字讹谬，人们竞相以己意讲解字形。东汉学者许慎面对文字使用和讲解中的混乱情况，以小篆字形为主，作《说文解字》，展示出汉字是一个相互联系的体系，牵一发而动全身，不可妄自解说。后人给《说文解字》以极高的评价，所有的文字都以《说文解字》作为重要参照。但是《说文解字》所收字形为小篆，与当时使用的隶书和后来的楷书之间均有差距。所以，人们所面临的文字规范化任务依然艰巨。东汉灵帝熹平年间（172—177 年），著名学者蔡邕等受命用汉隶刊刻成著名的熹平石经，为《周易》《尚书》《鲁诗》《仪礼》《春秋》《公羊传》《论语》七种经书提供了石刻标准本，这是中国历史上第一次用碑刻经书的方式对经典语言文字进行规范的伟大工程。据《后汉书·蔡邕传》记载，石经刊刻之后，"其观视及摹写者，车乘日千余辆，填塞街陌"。这项工程对语言文字的统一和文化的传播起到了重要的作用。60 多年后，魏正始年间，以古文、小篆和汉隶三种字体刊刻《尚书》《春秋》和部分《左传》。正始石经又被称为三体石经，它的隶书文字与熹平石经是同一时期的正规文字，字形是一致的。

到了唐代，经过魏晋南北朝的战乱，文字讹谬现象又趋严重。并且，这一时期在隶书向楷书转变的过程中形成大量异体字，文字书写非常混乱。为了适应政治上大一统的需要，也为了维护儒学的正统地位，颜师古奉诏考订五经文字，作《五经定本》颁行天下，作为经书的标准本，他还将自己考订五经文字的成果编成正字著作《颜氏字样》。从此，唐代许多学者致力于正字学，产生了一些有影响的正字著作，如颜元孙的《干禄字书》、张参的《五经文字》、唐玄度的《九经字样》等。其中《干禄字书》经著名书法家颜真卿书写后摹刻上石，造成了广泛影响。唐代以后，楷书通行，历代政府仍通过刊刻石经来对语言文字进行规范、统一，并有不少学者致力于正字研究工作。清代康熙皇帝钦敕编纂的《康熙字典》是古代汉字正字工作的总结之作，为汉字的定型、定音、定义做出了贡献。

尽管文字规范化工作受到历代统治者的重视，语言文字学者也做出了不懈的努力，但由于种种原因，整个封建时代语言文字的规范化程度依然很低。中华人民共和国成立之后，政府非常重视语言文字规范化工作。一方面大力推广普通话，另一方面成功地推行了简化字方案。普通话和简化字的大力推行，保证了语言文字的健康发展。

第三节　汉字的形体结构与书体演变

一、汉字的形体结构

人们对汉字结构的研究早在先秦时期就开始了。东汉学者许慎总结了前人的成果，在其《说文解字》中对汉字的构成规则进行了概括，界定了汉字构成的六种类型，即"六书"：象形、指事、会意、形声、转注、假借。但这六书不是从同一角度来说的，前四种是分析汉字的构成得出的不同结构类型，而转注和假借则是从历史的角度揭示汉字滋生衍化的两种方式。因此，汉字的形体结构实际上只有四种，人们也把六书区别为"四体二用"。

①象形字。许慎："画成其物，随体诘诎（ jié qū，意为弯曲、曲折 ），日月是也。"意思是画成那个东西，随着它的形体而曲折，如 "☉""☽"。在古文字的初创时期，汉字以象形为基本原则，它在甲骨文、金文中占绝大比例。象形字通常只用于表示有一定形体的物体，多为名词，由此为指事、会意、形声的构成创造了基础。

②指事字。许慎："视而可识，察而见意，上下是也。"意思是，一眼看去就可以认识大体，仔细观察就能发现意义所在。如 "⌣""⌒"，这两个字都是甲骨文，在一画上面加一短横表示"上"，在一画下面加一短横表示"下"，这个短横是指事字表意的关键。指事字在汉字中数量不多。

③会意字。许慎："比类合谊，以见指挥，武信是也。""会意"的字面意思是会合成意，即由若干个表意的符号互相构成一种联系来表达某种意义。这种意义跟每个偏旁的意义都不相同。比如"武"（♂）由两个符号组成，其中 "⌐"（戈）是兵器，"⅄"（止）是人的脚，合在一起表示出征打仗。这类字意义比较抽象，很难用象形的方法来表现。会意字的意符基本上是由它的形象来会意的，而不是通过意符独立成字时的文字意义来会意。如"武"字中的"止"是脚，表示步行前进，而不是制止、停止。春秋以后流传的"止戈为武"的说法，是不正确的。不过，春秋以后开始出现了用意符的文字意义来会合成意的会意字，如少力为"劣"、不正为"歪"等。

④形声字。许慎："以事为名，取譬相成，江河是也。"形声字通常由两部分

构成：一部分表示字义或字义的属类，称形符或意符；另一部分大致地表音，称声符。如"江、河"两个字中的"氵"是形符，表示其水的属性；"工"和"可"是声符，表示其发音。形声字的声符不是准确地表发音，而只是发音的一种提示。分析象形、指事、会意字都离不开古文字，然而，分析形声字只要根据没有简化的楷书就可以，只有少数形声字的结构经过讹变，必须按古文字才能加以分析。形声字占今天全部汉字的九成左右，且这一汉字结构便于后来为新出现的事物造字，元素周期表中多半化学元素的汉字都是新造的，如"锂""硒"等。

今天已知的汉字，其结构一般都不出象形、指事、会意、形声四种类型，只有个别字的结构很难归类。

二、汉字的书体演变

我们今天看到的最早的汉字是甲骨文，它是刻在龟甲或兽骨上的文字，内容多为占卜记录。甲骨文是用刀刻的，因此线条瘦硬，多有方折。甲骨文已是较为成熟的汉字，但毕竟是处在早期阶段，有些字的笔画与朝向，以及部分字的构件还不固定。金文是在钟、鼎等青铜器上铸造的文字。它先用毛笔书写，再翻铸在青铜器上，因此线条肥厚粗壮、圆浑丰满，字形庄重美观，大小趋于一致，排列整齐。小篆是秦始皇统一中国后"书同文"政策采用的文字。它的书写已完全线条化，象形性减弱。小篆已是相当严密的文字系统，构件写法趋于一致，异体字也大量减少。

隶书是在汉代成熟且通行的字体，它打散了小篆的线条，实现了书写的笔画化，从此汉字完全失去了象形性。为了书写的快捷，隶书对小篆的结构进行了全面的调整，同一个构件为了布局的需要形成不同的写法，不同的构件因形体的变异而变得混同，许多字的构件被减省或合并。隶书对汉字形体的简化符合汉字发展的规律，但它也破坏了汉字的形义结构，使通过字形解释字义变得困难。楷书流行于魏晋，成熟于隋唐。它吸收了行书和草书便于书写的特点，形成了相互配合的笔形系统。楷书结构严谨，便于识读，也便于书写，因此历千年不变，一直被沿用到今天。

汉字的发展演变可分为两大阶段：自甲骨文至秦代小篆通称古汉字，它的书写单位是线条，这些线条随事物的形体变化而曲直形变，带有明显的图形性。隶书和楷书阶段为今汉字，它的书写单位是笔画，这些笔画经过人为的调节逐渐变得规整，样式固定、数量有限、书写规范，汉字的原始图像性业已淡化乃至消失。

汉字的书体演变

甲骨文	金文	小篆	隶书	楷书

第四节　汉语言文字的特点

世界上的语言大约有 5 000 种，但使用人口超过百万的语言不过 140 种，其中汉语使用人口最多，并且是六种联合国工作语言之一。

一、汉语的特点

汉语的特点，归纳起来大致有三：

首先，单音节。与一切拼音语言不同，汉语的一个字（不是词）就是一个音节，而拼音语言往往一个字（也是词）不止一个音节。拼音语言不能用一个字代表许多音，汉语则能。同时，汉语的一个音节能对应多个词。因多词同音，单凭词音往往不能领会词义，必须借助于文字。

其次，分声调。汉语是有声调的语言，古汉语有"平、上、去、入"四声，现代汉语普通话有"阴平、阳平、上声、去声"四个声调。汉语用声调来区分词意，辨识一个词的意思，不仅要听其音，还要辨其调，单凭语音会发生理解的歧义。如"梅花"和"美化"、"简短"和"间断"、"卖盐"和"买烟"都是声调不同构成的不同词语。

其三，词形固定。汉语的词用在句子里时，没有表示语法关系的词形变化，每一词的功用、意思以及词与词之间的语法关系，主要借助于虚词与词序来表示。如"文人"与"人文"，"形成"与"成形"，因词序不同，意思是不一样的。因此，汉语的词序很严格，不能随意变动。《清稗类抄》中有这样一则笑话：有一个官员为母亲做寿，他的一个下属送来四个金字：德、配、孟、母。谁知悬挂起来时将顺序搞错了，结果成了"母配孟德"。同样的四个字，只因顺序排列不同，意思完全不一样，原来的赞颂之词成了令人尴尬的滑稽语。

知识链接

赵元任：施氏食狮史

石室诗士施氏，嗜狮，誓食十狮。施氏时时适市视狮。十时，适十狮适市。是时，适施氏适市。氏视是十狮，恃矢势，使是十狮逝世。氏拾是十狮尸，适石室。石室湿，氏使侍拭石室。石室拭，氏始试食是十狮。食时，始识是十狮，实十石狮尸。试释是事。

二、汉字的特点

世界上的文字按照文字形体直接显示的信息可分为两大类：表音文字和表意文字，汉字属于表意文字。世界上的文字大都起源于图画文字，表音和表意是图画文字发展的两大趋势。古埃及文字和两河地区的楔形文字都经历了从图画文字向表意文字的发展过程，我们也称之为象形文字。但这些古老的象形文字因为种种原因，最终都失去了使用价值，被历史的尘埃所湮没。只有汉字在数千年的历史发展中，始终顽强地维护着自己表意文字的特点，成为世界上最古老、最有严密系统的文字，它也是中国文化源远流长、不曾中断的最有力证明。

汉字的特点大致可归纳为以下几点：

首先，二维构形。就字的形体而言，汉字是在一个二维平面上构形的。这个二维度的空间，为汉字构件的结合提供了许多区别因素，除了不同构件可以组合成不同汉字之外，相同的构件也可以组成不同的汉字。如"木""林""森"是构件多少的差别造成的，"叶""古""呆""杏"是构件位置排列不同造成的。

其次，形式之美。汉字的形式之美缘于其方正的字形结构，所以，刻板印刷则具有堂皇、典重、严肃、匀称、统一之美感。事实上，自殷商的甲骨文就极讲究行文的整齐划一。周代的青铜器铭文有些已画成方格，配合行数字数，很有规律。汉字的方块字结构，使其字句可以结合成任何需要的形式，因此中国有四言、五言、七言的诗，也有讲究对仗工整的四六体骈文，汉语可以使用对偶的修辞方式，对联也是汉语言文字所独有的形式。拼音文字也可追求形式上的美观，但毕竟不如汉字成功。

其三，文字本身是一种艺术。所有的文字，其原始形态都属于图画。但文字进化之后就逐渐脱离了图画形式，成为语言的符号，而不再具有审美价值。唯有汉字仍然是一种艺术，这是汉字相对于世界其他文字而言所具有的独特现象。这一方面是因为汉字使用毛笔作为书写工具，使构成汉字的构件及笔画富于变化；另一方面则是因为汉字的方块字形，字形本身容易显示对称划一之美。因此，中国从古至今产生了许多书法家，书法作品与绘画、雕塑等其他艺术作品一样，为人们珍藏，使中国文化多了一宗遗产，这是其他文化所不具备的。

第五节　中国古代的典藏图书

文字产生之后，经不断地发展，从只能简单地记事，到可以形成洋洋洒洒的文字作品，各种形式的文字作品又成为书籍被广泛传播并流传后世。中国是世界上拥有古代典籍最多的国家，古代典籍则是保存文化成果的主要形式。阅读古籍是我们学习传统文化的重要方式，因此，我们需要掌握一些古代图书的基本知识。

一、古代图书分类

我国在古代就非常重视图书的分类。西汉时期，著名学者刘向奉诏整理和校阅皇家图书，主要工作是订正讹误、编排次序，然后写成正本，最后编订书录。刘向后来把编订的各种书录汇集在一起，称为《别录》，这是我国最早的目录学专著。刘向之子刘歆子承父业继续这项工作，他在《别录》的基础上写成了《七略》。"略"就是"类"的意思，"七略"是按照图书的性质将其分为七类，包括：辑略（即总目录）、六艺略（诗、书、礼、易、乐、春秋等六经）、诸子略、诗赋略、兵书略、术数略（天文、礼法等）、方技略（医、卜等）。其中除了总目录，实际上只有六类，但因《七略》之名，人们习惯上还把它叫作"七分法"。遗憾的是，《七略》后来亡轶，我们只能从《汉书·艺文志》中了解其大概。刘向父子因此被视为中国图书分类和目录学的开山鼻祖，也是我国最早的古籍校勘专家。

晋代学者荀勖提出了四分法的观点，四个部分的内容经过后世的调整，至隋代最终确定为"经、史、子、集"，而佛、道两类则不列入四部之内。至此，中国古代图书的四分法正式形成，一直被沿用至近代，清代的《四库全书》、20 世纪 20 年代的《四部丛刊》都是按照这个分类法编辑的。经部是正统的儒家经典，以及研究和解释这些儒家经典的著作；史部是史书，也包括研究、评论史书的作品；子部是儒家之外诸子的作品，也包括未被列入经部的儒家作品，内容涵盖政治、法律、军事、农业、医药、算术等方面；集部是文集，主要是历代作家的诗、词、曲、赋、散文等文学作品。

二、经书与子书

经部作品是最正统的儒家经典。"经"字的本意是纺织物的经线，先秦时期已被用来指代言简意赅、寓意深刻的作品。西汉"罢黜百家，独尊儒术"之后，只有儒家经典可以称为经。最早被列为经的有《周易》《尚书》《诗经》《仪礼》《春秋》五部作品。至唐代，《春秋》的"三传"（《公羊传》《谷梁传》和《左传》）和"三礼"中的《周礼》《礼记》，以及《孝经》《论语》《尔雅》也被加入经部，至宋代又加入了《孟子》，共 13 部。因此，古代有所谓的"十三经"。

经部作品反映的是中国封建时代的正统思想，受到统治者大力推崇，是科举考试的内容，为历代学者必修科目，因此影响深远。这 13 部作品不仅入选经部有先后，其地位和影响在不同的历史时期也有所不同。最早的"五经"地位要高过其他经书，只是到明代，《礼记》取代了《仪礼》的位置，成为"五经"之一。《礼记》地位的提高是有原因的，它原本是汉代学者戴圣编选的一部论文集，到了宋代，其中的两篇论文受到宋儒的推崇，一篇是《大学》，相传是孔子的得意门生曾子所作；另一篇是《中庸》，相传为孔子的孙子，也是曾子的弟子子思所作。同时受到推崇的还有《论语》和《孟子》。朱熹为《大学》《中庸》分章断句，加以注释，并为《论语》《孟子》作注，合为《四书章句集注》，作为初习儒学的入门读物。此后，便有了"四书五经"的概念，而"四书"的地位还要高于"五经"。明清两代都以朱熹解释的"四书"，再加上"五经"为科举考试的指定教材，四书五经就此成为古代社会读书人安身立命的根基。

经部作品的重要地位不仅在于它承载的是封建时代的正统思想，还因为不同时代的学者对其理解和解释是有所不同的。为经典作注是古代进行学术研究的重要方法，学者们是通过解释经典来阐述自己的学术观点的。经部作品不仅包括了 13 部经典的原文，也包括了研究和解释这些经典的著作，《四库全书》共收录作品 3 503 部，而其中经部作品的数量则达到 802 部，超过了 1/4，由此可见经部作品包含的古代思想文化成果的丰富。

子部作品在古代社会虽未占据正统地位，但它对中国思想文化的影响也非常深远，如道家思想的代表作《老子》和《庄子》，对古代士人思想观念和世界观的影响实在不亚于儒家经典。两汉以后的儒家思想大量吸收诸子的思想进行改造，诸子的作品也是历史上不断修正和调整正统思想的依据。在这个过程中，子部作品的价值也不断地被人们发现，用以充实经部作品。唐以前的《论语》和宋以前的《孟子》都是子部作品。子部作品内容更加丰富，不仅包括古代学术思想，还包括了法律、军事、科技等各方面，是我们借以了解古代文化的重要源泉。

三、史书及其类别

崇古重史是中国文化的一个显著特征，历代统治者都重视"以史为鉴""以古为镜"，历朝历代都对修史非常重视。相传早在黄帝时代就有史官，周代则在中央设立太史以掌管天文历法和历史记载，司马谈、司马迁父子皆为汉代太史令。

因此，中国古代不仅有洋洋二十四史，其他体例的史书数量更为巨大，这是世界其他文明古国不能相比的。同样，今天亚洲地区其他国家研究本国的历史也离不开中国的历史典籍。古代史书的类别很多，其中比较重要的有编年体、纪传体、纪事本末体、典章制度史、史评等。

编年体是以时间为中心，按照年月顺序记述史事。其优点是史实与时间结合紧密，给人以明确的时间观念，容易了解历史事件发生、发展的时代背景及因果关系。中国有确切纪年是公元前841年（西周共和元年），此后的各诸侯国均有自己的编年史，在当时都名为"春秋"（春播秋收在一年当中最为重要，故名），但只有鲁国的"春秋"流传了下来。因此《春秋》是我国第一部编年史，编年体也成为最古老的史书体例。《春秋》讲究微言大义，叙事非常简略，解释《春秋》的《左传》则是中国第一部纪事详细的编年史。其他著名的编年史包括《竹书纪年》《汉纪》《资治通鉴》等。司马光的《资治通鉴》问世之后影响很大，补撰、续写之作层出不穷，其中南宋李焘的《续资治通鉴长编》和清代毕沅《续资治通鉴》较为著名。

纪传体是"以人为经，以事为纬"的体例，即以人物为中心，按照时间顺序为历史人物写传。司马迁和班固为纪传体的创造者。《史记》包括本纪、表、书、世家、列传五体。"本纪"记一个历史时期最具代表性的人物，一般为天子，兼记国家大事，它起编年的作用。"世家"是重要历史人物的传，而对春秋战国这段历史而言，兼有为各诸侯国编年的作用。列传是各类历史人物的传，有专传、合传、类传等，也包括少数民族乃至外国的传。"表"是年表，按年月记载历史大事。"书"是专门史或专项史，用于记载典章制度及特殊领域的社会生活。此外，每篇之后，司马迁以"太史公曰"的形式评价人物和史事，为后世纪传史效仿，也启发了史评这一史书类别的出现。《汉书》作者班固将纪传史简化为纪、传、志、表四体，纪记录帝王事及国家大事，其他人物均用传，志取代了书，保留了年表。纪传体以人物为中心，便于考察人物活动的情况，也便于阅读，因而成为封建时代最流行的史书体例。清代确定了24部纪传体史书作为"正史"，称"二十四史"，包括：《史记》《汉书》《后汉书》《三国志》《晋书》《宋书》《南齐书》《梁书》《陈书》《魏书》《北齐书》《周书》《隋书》《南史》《北史》《旧唐书》《新唐书》《旧五代史》《新五代史》《宋史》《辽史》《金史》《元史》《明史》。其叙述的历史上起传说中的黄帝（约公元前25世纪），下至明崇祯十七年（1644 年）。1921 年，中华民国大总统徐世昌下令将《新元史》列入正史，于是有了"二十五史"之说。但许多人并不接受这个结果，而是将成书于民国时期的《清史稿》取代《新元史》，构成"二十五史"。

纪事本末体是以历史事件为中心的史书体裁。编年体与纪传体各有优点，但其缺点是不能连续记载重大历史事件。南宋学者袁枢独出心裁地创立了这种史书体例，它跨越了纪年的界限，将由众多历史人物参与的历史事件作完整的叙述，每个历史事件独立成篇。袁枢将《资治通鉴》改编为 239 个专题的《通鉴纪事本末》，受到了人们的认可。此后又有学者仿照这一体例写史，如《宋史纪事本末》《元史纪事本末》等。

典章制度史是记述历代政治、经济、文化等制度沿革的专项史。唐代史学家杜佑用 30 多年的时间写出了《通典》，上起远古，下至唐肃宗、代宗之际，把历代的典章制度分为食货（土地财政）、选举（官员的选拔与考核）、职官、礼、乐、兵刑（军事与刑法）、州郡（地理沿革）、边防（境外邦国）八个方面，按朝代顺序编次叙述，引录了前人的评论，也写入了自己的看法。南宋郑樵仿《史记》体例作《通志》，并将"志"改为"略"，全书 200 卷，共 500 余万字，虽属于通史，却以记载典章制度的"略"为精华，其 20 篇略，内容不仅涉及礼、乐、选举、职官等，还包括氏族、都邑、金石、昆虫草木等独创内容，为修史开创了一种新思路。宋末元初的马端临在《通典》的基础上加以增补，写成《文献通考》348 卷，全书共 24 考，内容包括了政治、经济、军事、文化等方面的制度。后世将《通典》《通志》《文献通考》合称为"三通"。之后又不断有学者按此体例续修，最终形成"十通"，时间的下限则延续到了清末。

史评是专门评价历史事件、历史人物及史书的作品。汉代已有品评历史人物和事件的文章。唐代刘知几著《史通》一书，评论了史书的体例与修撰方法，论述了史籍源流及前人修史的得失，它是中国乃至全世界第一部系统的历史学理论专著，也被认为是最早的史评类史书。这一体例到清代发展至极盛，最著名的作品为王夫之的《读通鉴论》《宋论》和赵翼的《廿二史札记》。

四、类书与丛书

类书是辑录各个门类或某一门类的资料，经过编排以供人查阅的工具书。我国最早的类书出现在三国曹魏时期，有几个大臣将"五经"等书分类编排，供皇帝阅览，故名《皇览》，原书今已失传。此后，隋朝虞世南曾编修《北堂书钞》，唐代欧阳询曾编写《艺文类聚》，宋代则编撰了两大著名的类书：《太平御览》和《册府元龟》。宋太宗于太平兴国年间命李昉等人编成《太平总类》，书成之后，太宗皇帝非常兴奋，他决定每天阅读三卷，用一年的时间将其读完，所以又改名为《太平御览》，成语"开卷有益"的典故即出于此。该书共1000卷，按天、地、人、事、物的顺序分为55部，部下再分子目，共有子目4558个。它摘引的古籍达1690余种，而其所引古籍大多失传，因此在保存历史文献方面贡献巨大，历史价值极为珍贵。宋真宗在位期间，命王钦若等人编撰《册府元龟》1000卷，"册府"即书库，"元龟"是大龟，古人认为它可以预测未来，供人借鉴。该书按照事类和人物编次，非常便于查找。

我国古代史上规模最为宏大的类书是明代编修的《永乐大典》，它是明成祖命解缙、姚广孝等人主持编撰的，参加这一浩大工程的人员多达2169人，前后耗时五年。全书总计22937卷，约3.7亿字，仅目录就达60卷，装订成11095册。书成之后，仅缮写了一部，藏于南京"文渊阁"，迁都后运至北京。因卷帙浩繁，始终没有刻印，嘉靖末年才抄写了一部副本，这个副本清代被移送翰林院收藏。遗憾的是，这部鸿篇巨制的正本在明亡时被毁，副本则由于散失、被盗和八国联军焚毁，到清末仅余64册。中华人民共和国成立后，又陆续收集到100多册，国内现藏共215册，流到国外的有约160册。《永乐大典》比英、法两国的大百科全书早300多年，在世界文化史上占有辉煌的地位，可惜已无法看到其全貌。我国现完整保存的古代最大规模的类书是清康熙、雍正年间由陈梦雷编撰的《古今图书集成》，全书共6汇编，32典，6109部，总字数达1.6亿。

丛书是将很多书汇集于一起，形成一套书，并确定一个总的书名。南宋的《儒学警语》收录了六种图书，被认为是我国最早的丛书。而古代最为卷帙浩繁的丛书则是清代的《四库全书》。它由乾隆皇帝亲自主持和组织，参与编撰的有纪晓岚等多位高官和学者共计360多人，参加抄写工作的有3800多人，耗时13年之久。所收录的3500多部图书按经、史、子、集四部进行分类排列，全书总计约8亿字。书成之后共抄写了七部，分藏于全国各地。先抄好的四部分别收藏于北京紫禁城文渊阁、辽宁沈阳文溯阁、圆明园文源阁、河北承德文津阁，即所谓"北四阁"。后抄好的三部分别收藏于扬州文汇阁、镇江文宗阁和杭州文澜阁，即所谓"南三阁"。这七部《四库全书》有三部完整地保存了下来，其中北京文渊阁藏本现藏于"台北故宫博物院"。

思考题

1. 推广普通话是否是对方言这一地域文化的破坏，我们应该怎样看待方言与普通话的关系？

2. 你怎么看待汉字的优点与缺点？

3. 中国古代为什么非常重视史书的编修？

4. 查阅资料，了解清代编修《四库全书》对中国文化的贡献与破坏。

推荐阅读材料

1. 李学勤. 古文字学初阶 [M]. 北京：中华书局，2006.

【推荐理由】了解一些古文字常识对于我们学习汉字和传统文化都有极大的帮助。李学勤先生这本小书内容通俗浅显，且有大量插图，可借以了解早期汉字的状况。书中还推荐了专业性的学术著作。

2. 崔文印. 古籍常识丛谈 [M]. 北京：中华书局，2009.

【推荐理由】该书内容涉及古籍的流传与版本、校勘与注释，古代书籍的刻印，古代藏书与相关机构，古代不同时期的禁书等，内容较为翔实，是了解古代图书常识的不错选择。

参考文献

［1］卞敏.中华民族精神研究[M].北京：光明日报出版社，2008.

［2］曹锡仁."文化"概念辨说[J].海南大学学报：社会科学版，1990（1）：64-68.

［3］陈华文.文化学概论新编[M].北京：首都经济贸易大学出版社，2009.

［4］陈江风.中国文化概论[M].南京：南京大学出版社，2002.

［5］陈师曾.中国绘画史[M].北京：中华书局，2014.

［6］顾伟列.中国文化通论[M].上海：华东师范大学出版社，2005.

［7］郭孟良.中国茶史[M].太原：山西古籍出版社，2003.

［8］郭预衡.中国古代文学史：二[M].上海：上海古籍出版社，1998.

［9］黄留珠.中国古代选官制度述略[M].西安：陕西人民出版社，1989.

［10］蒋勋.艺术概论[M].北京：生活·读书·新知三联书店，2000.

［11］兰宇.中国传统服饰中深衣的民族文化涵义和美学意蕴[J].理论导刊，2007（6）：110-116.

［12］梁思成.中国雕塑史[M].天津：百花文艺出版社，1997.

［13］梁思成.中国建筑史[M].北京：生活·读书·新知三联书店，2011.

［14］林坚.文化概念演变及文化学研究历程[J].文化学刊，2007（4）：5-16.

［15］彭林.中国古代礼仪文明[M].北京：中华书局，2004.

［16］沈从文.中国古代服饰研究[M].上海：上海书店出版社，2002.

［17］王道成.科举史话[M].北京：中华书局，1988.

［18］王立.心灵的图景——文学意象的主题史研究[M].上海：学林出版社，1999.

［19］王宁.中国文化概论[M].北京：外语教学与研究出版社，2015.

［20］王学泰.华夏饮食文化[M].北京：商务印书馆，2013.

［21］王烨.中国古代礼仪[M].北京：中国商业出版社，2015.

［22］韦政通.中国文化概论[M].长沙：岳麓书社，2003.

［23］《文史知识》编辑部.道教与传统文化[M].北京：中华书局，1992.

［24］《文史知识》编辑部.佛教与中国文化[M].北京：中华书局，1988.

［25］《文史知识》编辑部 . 古代礼制风俗漫谈：一 [M]. 北京：中华书局，1983.

［26］《文史知识》编辑部 . 古代礼制风俗漫谈：二 [M]. 北京：中华书局，1986.

［27］向世陵 . 中国哲学智慧 [M]. 北京：中国人民大学出版社，2000.

［28］徐复观 . 中国艺术精神 [M]. 北京：商务印书馆，2010.

［29］徐艺霏，徐伟中 . 传统等级制度对中国古代服饰影响摭谈 [J]. 科技视界，2013
（24）：156.

［30］许嘉璐 . 中国古代衣食住行 [M]. 北京：北京出版社，2002.

［31］袁行霈 . 中国文学史：1—4 卷 [M]. 北京：高等教育出版社，1999.

［32］张岱年，方克立 . 中国文化概论 [M]. 北京：北京师范大学出版社，2004.

［33］张玲 . 中国古代服饰的文化符号内涵及制度规范 [J]. 服饰导刊，2014（1）：81-
85.

［34］张岂之 . 中国传统文化 [M]. 北京：高等教育出版社，2005.

［35］张永和 . 打开京剧之门 [M]. 北京：中华书局，2009.

［36］赵洪恩，李宝席 . 中国传统文化通论 [M]. 北京：人民出版社，2003.

［37］赵志强，王冬梅 . 从古文献看中国古代的佩饰 [J]. 兰台世界，2009（20）：64-
65.

［38］《中国大百科全书》编辑部 . 中国大百科全书·戏曲·曲艺 [M]. 北京：中国大
百科全书出版社，2009.

［39］《中国大百科全书》编辑部 . 中国大百科全书·音乐·舞蹈 [M]. 北京：中国大
百科全书出版社，2009.

［40］周锡保 . 中国古代服饰史 [M]. 北京：中央编译出版社，2011.